Joias da Sabedoria

À Luz dos Ensinamentos de Blavatsky

Barend Voorham

Joias da Sabedoria

À Luz dos Ensinamentos de Blavatsky

EDITORA
TEOSÓFICA

Joias de Sabedoria –
À Luz dos Ensinamentos de Blavatsky
2022

B 645 Voorham, Barend

Joias da sabedoria – à luz do ensinamentos de Blavatsky.
Brasília: Editora Teosófica, 2022
276 p.

ISBN 978-65-88797-48-8

CDU 141.332

Revisão: Fernando Mansur, Julieta Botafogo Lamarão e Solimeire de Oliveira Schilling.
Diagramação: Ana Paula Cichelero
Capa: Usha Velasco

Agradecemos ao autor e ao Projeto Pioneiros, que gentilmente cederam os direitos autorais da tradução e da publicação para a Editora Teosófica.

Sumário

Prefácio

O ser humano consegue acessar a sabedoria perene de diversas formas pelo mundo. Muitos textos filosóficos, religiosos ou científicos contêm fragmentos dessa sabedoria. Como Helena P. Blavatsky uma vez falou: "O potencial da humanidade é infinito e todo ser tem uma contribuição a fazer por um mundo mais grandioso. Estamos todos nele juntos. Somos UM."

A própria HPB foi uma das grandes auxiliares nos tempos modernos para que tivéssemos acesso a centenas, ou porque não dizer milhares, desses fragmentos de sapiências de diversas civilizações e culturas. Quem já se debruçou em seus livros sabe nitidamente do que estamos falando.

Em relação à sua obra magna, *A Doutrina Secreta*, muitos estudantes relatam diversas dificuldades, tanto no entendimento do conteúdo quanto na conexão desses ensinamentos com a vida diária. Nesse sentido, este livro poderá ajudar de forma surpreendente não só os estudantes que já leram a referida obra, como também aqueles que ainda não o fizeram, pois o autor foi bastante esclarecedor, explicando e exemplificando os temas fundamentais daquela obra magna, conectando-os com a arte de viver.

Perceberemos na presente leitura, de forma ainda mais factível, a afirmação de Sócrates: "Sábio é aquele que conhece os limites da própria ignorância." Outro ponto a perceber é a importância da prática meditativa no auxílio da desidentificação com a personalidade, pois a percepção de uma existência profunda, do nosso interior, é essencial para a solução das questões que surgem no exterior.

Em outro livro de HPB, *Ocultismo Prático*[1], ela afirma: "O motivo correto para a busca do autoconhecimento é aquele que pertence ao conhecimento e não ao eu. O autoconhecimento vale a pena ser buscado em virtude de ser conhecimento, e não em virtude de pertencer ao eu. O principal requisito para a aquisição do autoconhecimento é o amor puro. Busca o conhecimento por puro amor, e o autoconhecimento finalmente coroará o teu esforço. O fato de um estudante progredir com impaciência é a prova evidente de que ele trabalha por recompensa, e não por amor, o que por seu turno prova que ele não merece a grande vitória que está reservada para aqueles que realmente trabalham por puro amor."

Desejamos elevadas inspirações e que este livro estimule de forma decisiva a leitura da *magnum opus* da nossa querida Helena P. Blavatsky.

Ígor Mendonça Câmara
Presidente da Editora Teosófica

[1] BLAVATSKY, H, P. *Ocultismo Prático*. Ed. de luxo, 2021, p. 16. (N.E.)

Apresentação

Com grande satisfação e graças aos muitos amigos, apresento este livro de ideias teosóficas. Essas ideias me ajudaram muito em minha vida, e espero sinceramente que elas possam dar o mesmo apoio aos outros.

Como é que um estudante de Teosofia holandês publica um livro escrito em português? Para explicar isso, vou contar brevemente algo sobre minha vida.

Conheci a Teosofia aos 21 anos. Meu pai era um ateu convicto. Para ele, toda religião era ópio para o povo. Ele era um homem altruísta, que fazia muito pelos demais. Entretanto, não concordava com os modos ilógicos de pensar da doutrina pregada nas igrejas e não conhecia outras filosofias. Em tenra idade, eu também era muito ativo social e politicamente, mas de tempos em tempos eu me perguntava se poderia trazer mudanças ao longo do caminho político. Além disso, havia questões da vida para as quais eu não tinha resposta, ou tinha uma resposta insatisfatória.

Quando eu tinha 21 anos, um amigo me levou a uma palestra da *Theosophical Society Point Loma*. O Sr. D.J.P. Kok, o então líder, deu a palestra. Fui a essa palestra com um livro, para que eu pudesse ler se a palestra fosse chata ou desinteressante. O livro permaneceu fechado! Se eu tivesse que descrever minha experiência em uma só palavra, ela seria *surpresa*. Fiquei extremamente surpreso ao ver que, por meios filosófico-religiosos, se pudesse chegar às mesmas conclusões em relação a um ideal que eu estava tentando realizar por meios políticos. Eu não podia imaginar que o pensamento teosófico pudesse ser tão consistente. Isso me desafiou a descobrir onde poderia haver "uma falha no sistema". Após 45 anos, eu ainda não encontrei esse erro.

O que me chamou particularmente a atenção foi que a ideia da imortalidade da consciência não foi explicada dogmaticamente, mas logicamente. Não nos foi pedido que acreditássemos, foi-nos pedido que explorássemos as ideias. Tratava-se de usar a própria mente e o próprio coração. Somente com o livre-arbítrio poderíamos entender a doutrina.

Eu conhecia apenas religiões dogmáticas, que não podiam me satisfazer de forma alguma; sim, até mesmo me opunha fortemente a elas, e muitas vezes as considerava a causa de muita miséria. Como fiquei surpreso que o Sr. Kok, na primeira palestra que ouvi dele, também tivesse apontado o perigo da religião; porém havia uma alternativa a ela e que era desconhecida para mim até então.

Outro elemento decisivo foi o fato de eu ter começado a perceber que as mudanças sociais reais só podem ser duradouras se houver uma mudança de mentalidade. Isto requer uma filosofia lógica e inspiradora. E qualquer um que já tenha ouvido o Sr. Kok falar sabe que ele sempre se concentrou na parte suprapessoal dos ouvintes. Ele procura despertar o ideal em você. É a Teosofia na prática!

Também importante foi a atmosfera do local, a Blavatskyhouse. Lembro que nenhum dos funcionários queria coisa alguma de mim. Não houve "necessidade de conversão". Mesmo assim, demorei um pouco para me tornar sócio. Quando fui à Blavatskyhouse pela primeira vez, eu já estava com uma passagem de avião no bolso. Quando parti para a América do Sul, em minha mochila estavam os *Fragments* de D.J.P. Kok, livrinhos com o núcleo das ideias teosóficas, que reli muitas vezes e dos quais ainda agora posso reproduzir literalmente passagens.

Já em minha juventude, eu era fortemente atraído pela cultura portuguesa, e mais tarde pela cultura e música brasileiras. A Revolução dos Cravos, ocorrida em Portugal em 1974, me levou a aprender esta língua difícil, o português. Viajei pelo Brasil por um longo tempo, fiz muitos amigos, sempre encontrei uma acolhida calorosa. Ainda hoje, quando coloco os pés em solo brasileiro, me sinto em casa. Agora sei que este forte vínculo deve vir de uma vida anterior. A simpatia é uma potente força de ligação,o que me fez conhecer nesta vida muitas pessoas nascidas no Brasil e em Portugal, com as quais, sem dúvida, tive uma conexão também em minha vida anterior. Minha esposa, Alaíde, com quem estou casado há quase 30 anos, e que há 30 anos tenta melhorar o meu português, é um forte exemplo disso.

Quando voltei à Holanda após minha viagem pela América do Sul, preenchi o formulário de solicitação do curso "Pensar Diferente". Como regra geral, este curso é feito antes de a pessoa se tornar membro da ST. Eu sabia que estava fazendo uma conexão duradoura com a Teosofia, ou, como estou pensando agora, reconfirmei essa conexão.

Este curso ensina as pessoas a conhecerem sua mente, sua consciência e alguns princípios teosóficos básicos. Os ensinamentos não são apresentados como dogmas. Pelo contrário, a intenção é que os estudantes reconheçam os pensamentos em suas próprias vidas e no mundo. Este conceito tem sido meu princípio orientador em todo o meu trabalho teosófico.

O Sr. Kok foi meu professor no curso. A uma pergunta minha sobre por que Teosofia não tinha mais influência no mundo, ele respondeu com um ditado bíblico: "Os campos já estão brancos para a colheita, mas os trabalhadores são poucos." Esse pensamento ficou comigo. E depois de uma noite de curso, fiquei um pouco tímido na sala e disse ao Sr. Kok que gostaria de fazer algo. Assim começou meu trabalho teosófico, o que me trouxe mais satisfação e alegria na vida. Naturalmente, o verdadeiro trabalho é *viver* a Teosofia 24 horas por dia – essa é uma tarefa que todos nós enfrentamos. Quando aceitei minha filiação, minha intenção era que nunca recusaria nenhum trabalho para a ST, não importaria o que pudesse ser. É por isso que sempre digo, em tom de brincadeira, que tive dois empregadores: um me deu dinheiro, o outro me custou dinheiro. O primeiro empregador foi a educação. Trabalhei toda a minha vida como professor. O outro foi a Sociedade Teosófica.

Se você quer se dedicar à Teosofia, tem que estudar Teosofia a fundo. Fiz isso primeiro sob a liderança inspiradora de D.J.P. Kok e depois sob a de Herman Vermeulen, com quem trabalhei de perto durante quarenta anos, dando palestras, editando nossa revista holandesa e inglesa *Lucifer, o Portador da Luz*, organizando simpósios e inúmeras outras atividades. O artigo "Como Provar a Teosofia", que está incluído neste livro, foi escrito em colaboração com ele.

Herman Vermeulen conseguiu formar um grupo de funcionários fieis, e todos, voluntariamente, trabalham em estreita colaboração para difundir a Teosofia. Com todos esses colegas, aprendi muito. Juntos estudamos o trabalho de H.P. Blavatsky. Muita sabedoria e discernimento vieram das obras esclarecedoras de Gottfried de Purucker, o quarto Líder da ST Point Loma. Se há alguma sabedoria neste livro, ela pode ser rastreada até todas essas pessoas.

As atividades internacionais de Herman Vermeulen também me fizeram encontrar teosofistas brasileiros. O ITC (Conferências Teosóficas Internacionais) já havia sido estabelecido nos EUA. Herman e sua esposa, Joke Vermeulen, participavam dessas conferências. Isto resultou no interesse de uma maior quantidade de pessoas na Europa pelo ITC. Quando o ITC foi realizado em Naarden,

Holanda, em 2014, conheci o então presidente da Seção Brasileira da ST, Adyar, Marcos Luís Borges de Resende. Também encontrei Paulo Baptista Vieira, da Ilha da Madeira, Portugal. Ainda sou grato a Paulo por ter traduzido alguns artigos de nossa revista *Lucifer* para o português: "Como provar a Teosofia"; "Três níveis de recordação"; "*Kāli-Yuga*" e "*Rāja* e *Hatha Yoga*". Todos os quatro estão incluídos neste livro.

Marcos Resende me perguntou se eu queria ministrar cinco palestras durante a "Escola Internacional de Inverno", em 2016, no Paraíso na Terra, em Brasília. Fiquei extremamente surpreso, pois nunca esperei que meu português fosse de nível para dar uma palestra sobre Teosofia, muito menos cinco palestras. A confiança de Marcos em mim foi tão grande, porém, que dissipou minhas dúvidas. Ele abriu para mim uma porta de entrada para muitos amigos de língua portuguesa, tanto no Brasil quanto em Portugal.

Naquele ano, dei cinco palestras sobre as cinco Joias da Sabedoria. Três dessas palestras eu reorganizei em artigos para este livro. Durante minha estadia no Paraíso na Terra, conheci um grande número de membros brasileiros; com alguns deles passei a ter contato regular por e-mail. Em 2017, na Sede Internacional da ST – Adyar, na Índia, os laços se fortaleceram, especialmente com Fernando Mansur. Com ele, surgiu um contato vivo sobre todos os tipos de questões teosóficas.

Entretanto, eu também havia sido convidado por José Manuel Anacleto para dar palestras em Lisboa. As duas palestras que ministrei em Lisboa, em 2018 e 2019 – respectivamente, "As Três Proposições de *A Doutrina Secreta*" e "O Segredo da Consciência" – também estão incluídas neste livro.

Finalmente, em 2019, dei uma palestra em Brasília – "*Karma* e o poder da não violência" – e outra em Brusque (SC), na Escola

Anual de Verão, da ST do Brasil – "O segredo da felicidade". Ambas também estão incluídas nesta obra.

Neste ano (2020), Fernando me propôs agrupar todos os artigos em língua portuguesa. É claro que fiquei muito honrado. No entanto, eu tinha algumas dúvidas. Essas dúvidas residem no fato de que eu não gosto de exibir as penas dos outros. Quero dizer: sou apenas o retransmissor da Sabedoria Antiga. Minha única contribuição é que eu, tendo dominado razoavelmente a língua portuguesa, fui capaz de formular estes pensamentos sublimes em português. Entretanto, estou muito feliz que este livro seja publicado, pois ele pode contribuir para uma maior compreensão da Teosofia, tão necessária em nosso mundo muitas vezes dilacerado. Além disso, em minha experiência, este livro é uma cooperação mais estreita dos teosofistas de diferentes partes do mundo e de organizações teosóficas diferentes.

Esta colaboração está tomando cada vez mais forma. O ITC-2020 deveria acontecer em Brasília, mas tendo em vista a pandemia do coronavírus, não foi possível realizá-lo. No entanto, com esforço criativo foi planejado um ITC *online*, em que José Manuel Anacleto, em Portugal, e Josy da Silva Mansur Barbosa, no Brasil, contribuíram. As palestras deles foram traduzidas para o inglês, para que outros também pudessem ouvi-las. Por outro lado, as contribuições em inglês foram traduzidas para o português. Isto pôde fortalecer os laços fraternais entre teosofistas de diferentes países, contribuindo para o Núcleo da Fraternidade Universal ficar ainda maior e mais forte.

A Teosofia é, por definição, universal, e nunca está vinculada a fronteiras nacionais. É Sabedoria Universal. Não pertence a ninguém em particular. Foi-nos dada por seres muito à nossa frente em Evolução. Esses seres não fazem distinção entre humanos. Portanto, a Teosofia é nosso patrimônio comum, ao qual todos deveriam ter acesso. É a bússola que aponta para a humanidade errante a direção certa.

Vivemos em uma época de mudanças. Poderíamos levar nossas vidas e a sociedade em uma direção diferente se olhássemos mais dentro de nós mesmos, mudando assim nossos objetivos e moldando a verdadeira fraternidade universal em nossa vida diária.

As decisões que tomarmos agora terão grande influência em nosso futuro. Podemos escolher viver na ilusão de estarmos separados dos outros, o que leva à ganância, ao nacionalismo exacerbado e ao egoísmo. Ou podemos optar pela abnegação, cooperação e compaixão. Se este livro fizer algo para nos ajudar a escolher a última opção, não foi escrito em vão.

Barend Voorham
Blavatskyhouse, 2020

H. P. Blavatsky

Espaço HPB

As Três Proposições Fundamentais de *A Doutrina Secreta*[2]

Por Barend Voorham

Quando se folheia pela primeira vez a *magnum opus* de H.P. Blavatsky, *A Doutrina Secreta*, não se descortinam imediatamente na obra referências a uma sociedade baseada na compaixão e na fraternidade universal. Talvez o livro seja considerado demasiado erudito, misterioso, ou até enigmático, pelo que poucos se aperceberão de que *A Doutrina Secreta* tem um relacionamento direto com a prática da vida diária. Estudar essa obra monumental de Blavatsky, pensar profundamente sobre as três proposições que formam a base deste livro e aplicá-las na vida quotidana conduzirão indubitavelmente a uma mudança na sociedade.

Hoje em dia, muitas pessoas têm uma posição cínica sobre a ideia de uma sociedade fraterna. Mas por quê? Realmente, não há argumentos razoáveis para que não possamos construir uma sociedade baseada na fraternidade universal.

Numa sociedade assim, todos contribuem, pois se existe fraternidade universal – o que, em nossa opinião, é um fato da Natureza –, existe também uma igualdade absoluta. Obviamente, existem diferenças no desenvolvimento. Para nós, igualdade não significa que todos sejam iguais no sentido em que "temos que pensar, crer,

[2] Este capítulo constitui a base da conferência proferida em Lisboa pelo autor a 8 de maio de 2018, na Exposição "Helena Blavatsky – Sabedoria Universal". Publicado na revista portuguesa *Biosofia*, Nº 47 – Centro Lusitano de Unificação Cultural (www.biosofia.org)

sentir e vestir de forma idêntica", mas, sim, que temos a mesma origem. No âmago dos nossos corações, somos Um só. A mesma vida flui em todos nós. Claro que somos diferentes nas nossas manifestações, e felizmente é assim, porque essas diferenças tornam a vida mais interessante. Uns desenvolvem mais faculdades intelectuais ou espirituais do que outros. De fato, porém, isso é de importância secundária.

Também há diferenças entre a raça humana e os reinos animal, vegetal e mineral, contudo, igualmente, essas diferenças não são fundamentais, porque tudo o que vive provém da mesma fonte. Imaginemos uma sociedade harmoniosa onde, trabalhando juntos, todos irão dar o melhor de si mesmos e sacrificá-lo, por assim dizer, no altar de toda a humanidade. Haverá paz, harmonia dinâmica, compaixão e felicidade. As pessoas não procurarão riquezas terrenas mas, sim, tentarão desenvolver-se espiritualmente.

Tais sociedades são descritas em obras sânscritas antigas por referência à era de *Satya Yuga*, a Idade de Ouro. Nas escrituras gregas e romanas, essa idade é referida como o tempo de Saturno. A sociedade ideal também é descrita nos *Atos dos Apóstolos*, quando cada um se entregava para o benefício do todo.

Talvez o leitor esteja pensando: "Meu amigo, você viveu nos últimos anos dentro de uma caverna? Não lê jornais? Não sabe que há guerra, millhares e milhares de refugiados, que os países constroem muros para proteger as suas fronteiras e que milhões de pessoas estão deprimidas? Você está, na verdade, descrevendo uma utopia."

Sim, eu sei de tudo isso, todavia acho que não descrevi uma utopia. Espero mostrar que a Fraternidade Universal é um ideal realista. E para evidenciar isso, precisamos das três proposições fundamentais de *A Doutrina Secreta*.

Ilimitabilidade

Há Unidade, porque tudo o que existe provém da mesma Fonte. Por isso, tudo é uma parte dos outros.

No fundo do seu próprio coração, qualquer pessoa sabe como tem que pensar e agir. Portanto, ninguém precisa dizer como o outro tem que se comportar. Não queremos impor essa ideia como um dogma. Cada pessoa deve determinar por si mesma a veracidade dela. Só se pode considerar algo como verdadeiro quando o seu coração e a sua mente o experimentarem dessa forma.

Ora, o melhor argumento para a unidade essencial, que é a base da enorme diversidade de expressões da vida, é a ilimitabilidade. A ilimitabilidade é a primeira asserção da Doutrina Secreta ou da Teosofia. Porque, de fato, a Doutrina Secreta – e agora não me refiro à obra – é sinônimo de Teosofia. Este ponto de partida – a ilimitabilidade – é o princípio mais importante da Teosofia. Abrange tudo. Abrange o espaço – não há limites no espaço; abrange o tempo, ou melhor, a duração. Tudo sempre existiu e sempre existirá. Abrange as possibilidades, as qualidades, os talentos. Existem possibilidades ilimitadas. Se aplicarmos essa ideia ao homem, então o homem tem possibilidades infinitas. Há inúmeras oportunidades de crescimento.

O leitor poderá se perguntar: por que a ideia da infinitude é um argumento forte para a ideia de unidade? Porque, se a ilimitabilidade existe realmente, ela nada exclui. Tudo é parte dela. Todo ser humano lhe pertence, e da mesma forma animais, plantas, estrelas igualmente lhe pertencem. Se algo ou alguém não pertencesse à ilimitabilidade, esta já não seria ilimitada. E se tudo é ilimitado, existe, portanto, unidade. Então, somos partes uns dos outros. Somos, portanto, irmãos uns dos outros; irmãos no sentido em que nós emergimos da mesma fonte.

A palavra "fonte" é, na verdade, uma palavra errada, porque pressupõe que a ilimitabilidade fica em algum lugar, e deste lugar emerge outra coisa. A verdade, porém, é que não se pode apontar para um lugar onde resida a ilimitabilidade. Se ela estivesse em algum lugar, não estaria em um outro lugar. E está em toda a parte, porque se não estivesse em todos os lugares não seria ilimitada.

Procuramos palavras para exprimir o que não pode ser expresso. Simplesmente, não há palavras que possam expressar essa ideia elevada.

Lao Tsé – o mestre do taoísmo – disse que o Tao do qual se pode falar não é o Tao eterno. Tao é o nome chinês para Caminho, ou Via, ou Ilimitabilidade. Uma vez que é dada uma denominação à infinitude, esta deixa de ser ilimitada.

Esse é o grande paradoxo do Ser: somos ilimitados, contudo, não podemos entender o ilimitado. Poderia dedicar uma palestra inteira a esta primeira proposição fundamental, ou até uma série de palestras, e no final de todas elas concluir que ainda não se conseguiu compreender a essência daquela primeira proposição.

E por quê? Porque um ser limitado não pode compreender a ilimitabilidade. E cada ser é, por definição, limitado, porque se não fosse limitado, seria tudo, seria todos os seres. Não haveria alguma coisa que não pudesse ser. Não seria, portanto, um ego. Não haveria nada que pudesse espelhá-lo. E não poderia crescer, porque o infinito não pode crescer.

Cada ser, no entanto, é a ilimitabilidade no âmago do seu coração. No fim de contas, a ilimitabilidade não pode excluir qualquer coisa, e por isso é tudo. É o leitor, sou eu, assim como os átomos em sua mão. Nós somos o Ilimitado – e o Ilimitado é tudo, não é nada em especial. Não é uma coisa, não é isto ou aquilo, porque é o TODO. É infinito.

Por essa razão, há Unidade. É por isso que uma sociedade baseada na Fraternidade Universal pode ser realizada, e a percepção desta Fraternidade pode sempre crescer, aprofundar-se. O Ilimitado está em nossa essência, no mais profundo dos nossos corações, mas não podemos realizá-lo; nunca poderemos realizá-lo. Não podemos dar-lhe expressão, porque senão seríamos tudo. Estamos sempre na estrada, por assim dizer, estamos sempre caminhando para atingir o Ilimitado. Estamos em uma peregrinação na qual aprendemos a dar mais e mais expressão ao Ilimitado.

Em *A Doutrina Secreta,* H.P. Blavatsky descreve essa proposição fundamental da seguinte forma:

> Um PRINCÍPIO Onipresente, Eterno, Sem Limites e Imutável, sobre o qual toda especulação é impossível, porque transcende o poder da concepção humana e porque toda expressão ou comparação da mente humana não poderia senão diminuí-lo. Está além do horizonte e do alcance do pensamento, ou, segundo as palavras do *Māndūkya,* "é inconcebível e inefável".[3] [O *Māndūkya Upanixade* é uma das "escrituras sagradas" da Índia.]

Se examinarmos cuidadosamente esta proposição, notaremos que lhe é dada uma definição negativa, ela diz o que *não* é: não tem limites, não pode mudar, não tem causa, pois está além de qualquer compreensão. Cada palavra, cada descrição que usamos, mutila este Princípio Sem Limites, diminuindo-o e descrevendo-o de modo incorreto. O Tao que pode ser expressado não é o Tao verdadeiro.

Tais pensamentos podem ser encontrados em quase todas as grandes religiões. Pode-se encontrar, por exemplo, nas escrituras de Nag Hammadi – as antigas escrituras gnósticas que foram en-

---

[3] Helena P. Blavatsky, *A Doutrina Secreta,* Vol. I, Ed. Pensamento, São Paulo, 1973, p. 81.

contradas no Egito –, uma descrição completamente negativa de Deus.[4] Quer dizer: só se pode descrever o que o Divino não é: não é um ser, não é uma entidade, não tem forma, não tem fronteiras, não tem limites, não tem características, não tem propriedades. Se algo não tem características ou propriedades, é um princípio, igual ao Tao dos chineses, ou ao Princípio Sem Limites de Blavatsky. Por isso o budismo fala de *Sūnyatā*, o grande Vazio. Se estudarmos profunda e esotericamente o conceito de Allah do Islão, concluiremos que, na verdade, Allah é também um termo para o Ilimitado.

Pensar antropomorficamente

Agora impõe-se a pergunta: se existe infinito, se há unidade na vida, por que não vemos isso? Por que é que muitos de nós nos sentimos separados dos outros seres humanos, o que leva à inveja, à luta e à guerra?

Adiante, quando discutirmos a segunda e a terceira proposições fundamentais, a nossa resposta se tornará mais clara – pelo menos assim esperamos –, mas podemos já adiantar que o fato de não percebermos a unidade está relacionado com a nossa maneira antropomórfica de pensar. Tendemos a julgar tudo a partir da nossa visão pessoal. O que não entendemos, traduzimos para os nossos pequenos padrões humanos, resultando em uma degeneração da ideia original. Basta ver o que aconteceu com a ideia de ilimitabilidade.

Ao longo de séculos, o ser humano tentou continuamente antropomorfizar este Princípio. Em outras palavras: tentou-se fazer do Princípio um deus, uma entidade, um homem. Inicialmente, começou-se com uma imagem de um ser muito elevado, uma es-

---

[4] *The Apocryphon of John*, The Nag Hammadi Library in English, Editor geral James M. Robinson, publicado pela E. J. Brill, p. 106.

pécie de super-homem, em todos os aspectos nobres; todavia, com o passar do tempo, a religião degenerou, e o Deus criado pelo homem recebeu todos os traços egoístas e detestáveis que os seres humanos muitas vezes apresentam. Este Deus superaria os seres humanos em egoísmo, em vaidade e em crueldade. Nem teria hesitado em destruir toda a humanidade, que ele mesmo havia criado, em um dilúvio.

Pensemos em todos aqueles atos cruéis das chamadas guerras santas, travadas porque Deus teria dado ordens para que fossem feitas. É uma degradação grave da ideia de infinitude, que começa quando alguém concede qualidades humanas, ou qualquer atributo específico, ao Princípio ilimitado. É inspirador pensar, meditar, sobre o Princípio ilimitado, mas nunca devemos permitir que nosso pensamento se torne um dogma. Devemos manter o nosso pensamento flexível. Katherine Tingley, sucessora de William Quan Judge na Sociedade Teosófica de Point Loma, disse que focar os pensamentos no incognoscível é uma força espiritualizadora. O nosso grande desafio é viver na convicção de que temos ilimitabilidade, quer olhemos para o passado quanto para o futuro. Como diz Krishna na *Bhagavad-Gitā*[5]: "Eu, em verdade, em tempo algum, nunca deixei de ser, nem tu, nem estes príncipes entre os homens; nem daqui por diante, em verdade, nenhum de nós jamais deixará de ser."

Esta percepção imediatamente nos dá paz e tranquilidade. Nunca podemos deixar de ser. Nós somos a ilimitabilidade. Tudo é o Ilimitado, e na imensidão nenhuma parte pode perder-se ou ser destruída. Nós sempre fomos e sempre seremos. Mesmo o átomo, ou uma partícula de um átomo, não se pode perder ou ser destruído. Se uma entidade fosse destruída, todo o Universo entraria em um colapso, em um nada intangível. Isso, contudo, não é possível.

[5] *Bhagavad-Gitā*, II Discurso, verso 12, Editora Teosófica. Em toda a obra, o autor faz citações a partir da tradução livre de edição em inglês. (N.E.)

Ciclicidade

Isso não significa que tudo permanece sempre inalterado. Pelo contrário, tudo muda constantemente. *A Doutrina Secreta* afirma que a mudança é a única realidade no Universo, conforme evidenciam a segunda e terceira proposições fundamentais. A segunda proposição pode ser descrita como a lei da ciclicidade:

> A Eternidade do Universo *in toto*, como plano sem limites; periodicamente "cenário de Universos inumeráveis, manifestando-se e desaparecendo constantemente", chamados "as Estrelas que se manifestam" e "as Centelhas da Eternidade".[6]

Eis aqui uma descrição da primeira lei fundamental na Natureza: a lei da ciclicidade. É essa lei – esse padrão de hábito – que todos conhecemos muito bem. É o ritmo de acordar e dormir, de atividade e descanso, de fluxo e refluxo, e de vida e morte. É também o que se chama, nos seres humanos, de reencarnação. Esta lei dos ciclos não pode ser entendida sem a lei do *karma*, a lei de causa e efeito, porque cada nova manifestação – e não im porta se é a manifestação de um ser humano, de um mosquito ou de um universo – ocorre porque tinha causas que foram criadas durante uma manifestação anterior. Não há pontos de partida ab solutos. Portanto, mesmo quando falamos sobre o nascimento de um planeta, de um sol, de uma galáxia, esse nascimento é sempre o resultado de vidas passadas, de manifestações anteriores.

A primeira parte de *A Doutrina Secreta*, dedicada à Cosmogênese[7] descreve a origem do Cosmos, e a segunda parte, sobre a Antro-

---

[6] Helena P. Blavatsky, *A Doutrina Secreta*, Vol. I, p. 84, Ed. Pensamento, São Paulo, 1973.

[7] A edição original de *A Doutrina Secreta*, em língua inglesa, é composta por dois volumes, sendo o primeiro dedicado à Cosmogênese e o segundo à Antropogênese. A edição em português, da Ed. Pensamento, possui 6 volumes. (N.E.)

pogênese, a origem da humanidade. No entanto, esses processos não podem ser entendidos se não se considerar que essa origem é o resultado de uma existência anterior.

Helena Blavatsky descreve essas gêneses usando um livro antigo e secreto do Tibete: o livro de *Dzyan*. As primeiras estâncias do livro de *Dzyan* dão uma descrição da origem do Cosmos:

> O Eterno Pai-Mãe, envolto em suas Sempre Invisíveis Vestes, havia adormecido uma vez mais durante Sete Eternidades.[8]

Isto significa que a entidade, o espírito do Cosmos, estava descansando por sete eternidades. Todos os seres que viveram naquele Cosmos foram dissolvidos no vazio. O que é vazio para nós é aquilo a que os budistas chamam de *Parinirvāna*. O tempo não existia, pois dormia no seio infinito da duração.

Assim, o livro de *Dzyan* descreve, nessas belas estâncias, como o Cosmos desperta e como os diferentes mundos surgem. As sementes *kármicas* vão surgindo.

> "A Eternidade do Peregrino" é como um abrir e fechar de olhos da "Existência-por-si-Mesma", segundo o livro de *Dzyan*. O aparecimento e o desaparecimento de Mundos são como o fluxo e o refluxo periódico das marés.[9]

Ora, a infinitude é algo abstrato, inimaginável, tal como o amor ou a compaixão são abstrações.

O que é o amor? O que é compaixão? O que é a beleza? Ideias abstratas. Mas há atos de amor ou de compaixão, e há objetos belos e músicas belas, etc. Da mesma forma, a vida ilimitada é uma abstração. Mas, periodicamente (o que significa ciclicamente deter-

---

[7] Helena P. Blavatsky, *op. cit.*, p. 94.

[9] Helena P. Blavatsky, *A Doutrina Secreta*, Vol. I, Ed. Pensamento, São Paulo, 1973, p. 84.

minado), um ser aparece. Depreende-se que exsurge do abismo do não-ser, da não-presença, do que não está manifestado. Tal entidade poderia ser um cosmos, um universo, mas igualmente um sol, um planeta, um ser humano, mesmo um pirilampo que vive apenas algumas horas. Naturalmente, a sua composição é distinta, e os períodos de existência são também diferentes. Uma galáxia, composta por milhões e milhões de estrelas, vive milhares de milhões de anos, o que é para nós, seres huma nos, um período inimaginável; enquanto nós vivemos cerca de 80 anos terrestres, e um inseto talvez alguns dias. A ideia básica, porém, é sempre a mesma: há um período de atividade no qual as lições são aprendidas, em que uma entidade cresce em consciência; e em seguida há um período de descanso, onde as lições são assimiladas. Depois desse período de atividade, a vida recolhe-se novamente, desaparece de cena, descansa, e após algum tempo manifesta-se de novo. É o fluxo e o refluxo da vida. A vida aparece e desaparece, o que corresponde, na tradição do hinduísmo, à inspiração e expiração de *Brahmā*.

Todo ser que aparece nasce devido às causas que criou em uma existência anterior. A reencarnação não existe sem *karma*, e o *karma* não existe sem reencarnação. Por esta razão, essas duas doutrinas são chamadas de doutrinas gêmeas.

Nos períodos de atividade do Cosmos, as leis também aparecem. Helena Blavatsky escreve em *A Doutrina Secreta* que as leis são periodicamente ativas e passivas. Isto acontece porque existe um *pralaya* – ou seja, quando o Cosmos dorme ou repousa – e durante o *pralaya* não há leis. As leis cósmicas são os padrões de hábito dos seres cósmicos; e quando não há manifestação, logicamente também não há leis. Entretanto, quando o Cosmos nasce, as leis, de igual modo, recomeçam a existir.

Como acima, assim abaixo

A terceira proposição fundamental mostra uma série de outras leis:

> A identidade fundamental de todas as Almas com a Alma Suprema Universal, sendo esta última um aspecto da Raiz Desconhecida; e a peregrinação obrigatória para todaa as Almas, centelhas daquela Alma Suprema, através do Ciclo de Encarnação, ou de Necessidade, durante todo esse período.[10]

Qualquer entidade que vem a ser não se manifesta como uma entidade separada. Na verdade, o que sucede é exatamente o contrário. Já dissemos anteriormente que existe a Unidade, e tam bém no processo de nascimento pode ser constatada essa unidade. Vamos tomar por exemplo o Sol. O nosso Sol – um ser vivo – manifesta-se. Não se manifesta pela primeira vez, porque a se gunda proposição refere-se ao aparecimento e desaparecimento periódico dos seres. Assim, o nosso Sol tem um passado imenso, passou por inúmeras, incontáveis, aparições.

O Sol, no entanto, não pode existir sem bilhões e bilhões de outros seres vivos, seres que lhe são subordinados, seres que compõem o seu veículo. Pensemos, em primeiro lugar, nos trilhões e trilhões de átomos – seres vivos – que compõem o seu corpo; contudo, pensemos também nos planetas, na Terra, por exemplo. Além disso, consideremos ainda todos os reinos da Natureza: seres humanos, animais, plantas e minerais. Todos os seres vivos que podemos encontrar aqui na nossa Terra vêm do Sol. O Sol é a fonte, por isso todos esses seres são, de alguma forma, derivados do Sol, não no sentido

[10] Helena P. Blavatsky, *A Doutrina Secreta*, Vol. I, Ed. Pensamento, São Paulo, 1973, p. 84.

de que eles são criados pelo Sol, mas que lhe pertencem, dele são partes integrantes.

Descrevemos esse processo como a lei da emanação. Um ser produz um outro ser a partir de si mesmo, tal como de uma árvore crescem ramos. Falaremos sobre isso mais adiante.

Assim surge uma hierarquia da vida. O Cosmos é, portanto, composto de multidões de hierarquias. Há ainda uma outra lei: a da estrutura hierárquica do Universo.

Pode-se considerar o Sol como a Alma Suprema de todas as almas no Sistema Solar; e por que todas as entidades têm o Sol como fonte, elas são, no âmago do seu coração, a própria Super-Alma.

É essa Alma Suprema um Deus ou algo do gênero? Não, na verdade é uma consciência divina, muito mais desenvolvida do que as multidões de seres que emergem dela. Esta Alma Suprema, no entanto, tem, por sua vez, a sua própria Alma Suprema, pois o nosso Sol é um dos milhares de milhões de sóis na nossa galáxia, e surgiu da Alma Suprema da galáxia. Emanou, como costumamos dizer, assim como o homem emanou do Sol. Devo dizer que não me refiro ao Sol exterior, ao Sol que vemos com os nossos olhos. Devemos pensar na força por trás do Sol visível.

Nós, os seres humanos, somos, por nossa vez, também uma Alma Suprema para os trilhões de células no nosso corpo, para os trilhões de átomos que compõem as células. Somos o deus deles, o universo deles, no qual nascem, vivem e morrem, e nascem de novo, de acordo com a segunda proposição de *A Doutrina Secreta*. Os processos, os padrões no Universo, estão em toda parte. Isso às vezes é descrito pelo axioma hermético, "como acima, assim abaixo". Tal como o ser solar é a divindade do Sistema Solar, o homem é também a divindade para todos os seres que vivem nele, como os átomos, por exemplo, mas também para os pensamentos que dele emanam, porque até mesmo os pensamentos são seres vivos. Assim como o Sol tem que aprender as suas lições durante o seu período de atividade, o homem deve aprender as suas lições, e os animais, as plantas e mesmo os átomos têm de aprender igualmente as suas lições. É difícil para nós imaginar as lições que um Sol ou um átomo deve aprender, mas estes seres, assim como nós, ganham experiências e crescem em termos de consciência.

Em todos os casos, um ser é um aspecto da raiz desconhecida; em outras palavras: uma centelha do infinito. Nas profundezas do seu coração, cada ser é a ilimitabilidade. Tudo aquilo que vive é uma centelha do infinito, uma gota no oceano do ser infinito.

Portanto, a terceira proposição diz-nos que cada ser, no período em que está se manifestando, tem de aprender as suas lições: é a peregrinação obrigatória, como Helena Blavatsky a chama, acrescentando: "através do Ciclo de Encarnação ou de Necessidade [de acordo com a lei Cíclica e *Kármica*], durante todo esse período."

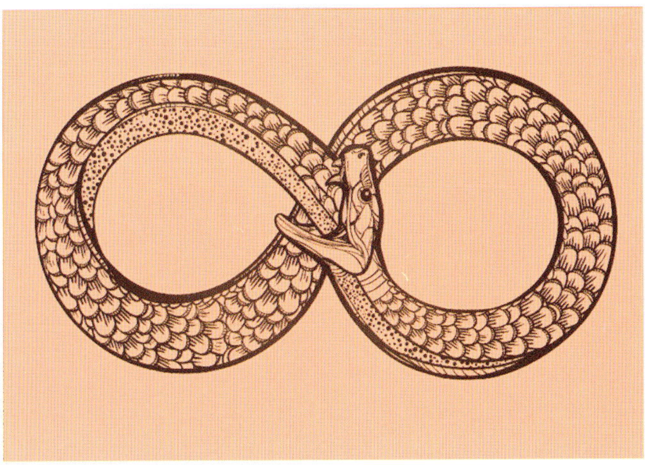

O Ouroboros representa o ciclo da Evolução se voltanto sobre si mesmo

Como surgiu a diversidade a partir da unidade?

A terceira proposição fundamental responde ainda à ques tão de como a diversidade pode surgir da unidade. O Uno torna-se em muito(s), ou seja: radia a multiplicidade, porém permanece em sua posição de unidade; permanece sendo o Uno. Krishna – símbolo do Uno – diz na *Bhagavad-Gitā*:

> Havendo impregnado todo este Universo com um único fragmento de Mim mesmo, Eu permaneço. [11]

O modo como do Uno emerge a multiplicidade é talvez um dos ensinamentos mais difíceis de compreender e, se mal interpretado, leva à ideia de que Deus teria criado o mundo. Mas tal não é o caso. A criação, no sentido de fazer algo do nada, não existe. Como poderia tal existir, se há o infinito? Se alguma coisa fosse criada dessa forma, não haveria ilimitabilidade, porque então, aparentemente, poderia surgir algo que não existia antes, e então haveria um limite. Mas, logicamente, não há limites na ilimitabilidade.

O mundo não se originou, não chegou a existir, por causa da criação, mas por um processo de emanação. A ideia da emanação foi ensinada, entre outros, pelos antigos filósofos, como os neoplatônicos, especialmente Plotino; refere-se ao nascimento gradual do Universo, e significa "fluir de dentro".

Seres superiores emanam um campo psicomagnético, uma esfera de influência. Seres menos desenvolvidos são atraídos para este campo. Formam um instrumento, ou um órgão apropriado, por meio do qual o ser mais elevado pode se expressar. Este processo repete-se em todos os níveis, até atingir o nível físico.

[11] *Bhagavad-Gitā*, II Discurso, verso 12, Editora Teosófica. (N.E.)

Assim, a emanação é a formação de um ambiente adequado para entidades inferiores, atraídas para aquela esfera na qual encontram as circunstâncias ideais para viver e continuar sua evolução.

Um dos objetivos de *A Doutrina Secreta* foi extrair as consequências das três proposições, ou seja, Helena Blavatsky mostrou claramente quais as doutrinas, quais os princípios, que se aplicam ao Universo, como o princípio da emanação. No entanto, ela também queria demonstrar que a Teosofia pode ser encontrada em todos os principais movimentos religiosos e filosóficos do passado. Blavatsky deu-nos a prova da antiguidade de todas as filosofias e religiões do Oriente, algumas já esquecidas.

Como já foi referido, a doutrina da emanação foi ensi nada por Plotino. Também podemos encontrá-la nos gnósticos. As emanações são chamadas de éons. Esses éons têm dois pares: uma força masculina e uma força feminina, um lado de energia, ou de espírito, e um lado material.

Também é possível encontrar este ensinamento na Índia, na forma de *Lokas* e *Talas*, que representam respectivamente o lado da energia e o lado material, o lado masculino e o feminino.

A consequência do processo de emanação é que surgem as hierarquias de vida. Além disso, existem hierarquias dentro de hierarquias. O próprio homem, por exemplo, é uma hierarquia, mas vive dentro do sistema planetário hierárquico da Terra, que por sua vez vive dentro do sistema hierárquico do Sol, e assim sucessivamente.

O nascimento de uma hierarquia procede sempre de dentro para fora; partindo do seu núcleo divino, progride para todos os planos até ao plano mais material onde essa hierarquia é desenvolvida e ativada.

O processo da emanação não é algo que esteja longe de nós. Podemos encontrá-lo em todos os lugares. Um exemplo é o nascimento de um ser humano. Subjacente ao óvulo fertilizado está a consciência humana irradiante. Esta primeira célula é o centro de um campo psicomagnético forte, que, subsequentemente, atrai todos os elementos vivos necessários para construir o corpo.

Mesmo na vida diária podemos ver tal processo. Se eu, por exemplo, iniciar um movimento ou fundar um clube, vou formar também um campo psicomagnético, e outros, que se sintam à vontade nesta atmosfera, que tenham as mesmas características, entrarão no clube. Foi assim que a Sociedade Teosófica nasceu; é assim igualmente que uma escola, uma companhia ou mesmo um clube de futebol nascem. A lei das Hierarquias e o processo de emanação mostram – e isto é muito importante – que a unidade está sempre por trás ou dentro dessa diversidade.

No fundo, é uma questão de percepção e de visão: se olharmos apenas para o exterior das coisas, veremos só separação; se, porém, olharmos para dentro, enxergaremos a unidade. Quando dizemos que uma sociedade baseada na fraternidade não é uma utopia, temos esse fato esotérico em mente. Afinal, tudo está conectado com tudo. Viajamos juntos nesta grande jornada cósmica. Não estamos somente conectados a todos os outros seres humanos, mas também aos animais, às plantas e a tudo que vive.

Māyā, ilusão

Não obstante, cada reino da Natureza tem que fazer o seu próprio percurso de desenvolvimento. O reino humano é caracterizado pela capacidade de pensar. Nós somos pensadores, embora ainda iniciantes. Com efeito, apenas recentemente começamos a pensar, e é por isso que nem sempre pensamos corretamente. Muitas vezes, interpretamos o Cosmos de forma errônea. E por quê?

De acordo com a segunda proposição, o Cosmos aparece e desaparece. Quando aparece, isso acontece, como vimos, por meio do processo de emanações. Ora, todas essas emanações são ilusões. Mas, ilusão não significa que não exista. O Cosmos existe; contudo, existe como ilusão. Talvez a palavra *Māyā* possa nos ajudar a obter uma ideia correta sobre ilusão. *Māyā* deriva da raiz sânscrita *Mā*, que significa medir. *Māyā* então significa: o que é medido, ou aquilo que pode ser medido. Por outras palavras, tudo o que tem uma forma, que está manifestado, é *Māyā*. Existe; porém existe por causa de uma outra coisa. Existe tal qual uma sombra existe, ou como um *slide* existe. Um *slide* existe por que foi concebido em um computador e há um projetor que projeta uma imagem. É como uma miragem. Existe, mas tem um começo, e por isso tem igualmente um término.

Deixamo-nos agarrar por essa ilusão, e somos enganados. Concedemos o estatuto de realidade a uma ilusão. Esquecemos, ou não entendemos, que há algo muito mais real por trás deste mundo exterior. Essa é a imagem que Platão nos deu na parábola da caverna, na qual ele compara a consciência humana com prisioneiros na caverna, que somente podem ver o muro da caverna. Neste muro surgem sombras, e os prisioneiros acreditam que essas sombras são a realidade.

Nos *Vedas* da Índia, há uma história semelhante. Um homem volta para casa e assusta-se com a presença de uma cobra, todavia, olhando melhor, vê que não é uma cobra, mas uma corda enrolada. Este homem fez a sua própria realidade, pois interpretou a corda enrolada como uma cobra. O seu medo era, portanto, tão grande como se tivesse sido uma cobra real. Para ele *era* uma cobra naquele momento, porém o homem foi capaz de ver através da ilusão.

Tal como ele, nós temos a capacidade de ver a verdadeira natureza da ilusão. Como se aprende a fazer isso?

A pressuposição espiritual básica

Em primeiro lugar, devemos partir das três proposições fundamentais, sendo que isso significa, praticamente, que devemos reconhecer a pressuposição espiritual básica. Com isto queremos dizer que a consciência ou a vida precede sempre a manifestação. Isso é exatamente o oposto do que afirma o materialismo, ou seja, que a vida ou a consciência se originam na opera ção da matéria. Na verdade, a vida é a base do mundo material. A vida ou a consciência é a causa de tudo o que existe. Atrás de cada fenômeno jaz uma força que, na linguagem do homem, se chama vida ou consciência. Tudo vive.

Temos então que estudar a consciência humana. A nossa consciência está em camadas. Tal como o Cosmos têm diferentes planos, nós, seres humanos, temos planos em nossa consciência. O homem, o microcosmos, é uma cópia do macrocosmos. Temos qualidades diferentes em nós. Às vezes, somos intelectuais, outras vezes emocionais. Em determinadas ocasiões também temos uma visão ou percebemos a unidade de tudo e somos compassivos.

A Doutrina Secreta afirma que o homem não é o produto de um só criador, e sim que os seus criadores são muitos. Devemos entender essa palavra "criador" no sentido de *entidade fonte;* quer dizer: um ser que é fonte de outro ser. Poder-se-ia chamar essas entidades de deuses, sendo que *A Doutrina Secreta* as designa por *Dhyān-Chohans*. Muitos desses seres moldaram o homem, formaram os diferentes aspectos do homem. Isso significa que existem vários "eus", vários egos em seres humanos.

O *eu* mais elevado e mais nobre destes "eus" é o que é chamado em sânscrito de *Ātman*. *Ātman* é uma palavra muito difícil, senão impossível, de traduzir. Há quem a traduza como Alma, mas o melhor seria EU. É o EU fundamental, mais essencial, que é, em termos *relativos*, o aspecto mais elevado. Acima, ou mais interiormente, de *Ātman*, há *Paramātman*, o EU supre mo, mais nobre, mais universal ainda do que *Ātman*.

Ātman não é o ego. É universal, mas durante as encarnações os seus aspectos inferiores assumem atributos, porque está ligado a *Buddhi*, assim como *Buddhi* está ligado a *Manas*, e *Manas* está ligado a *Kāma*, e assim sucessivamente (explicaremos estas palavras sânscritas mais adiante).

Fica então patente um maravilhoso exemplo do processo de emanação. *Ātman* irradia *Buddhi*, e *Buddhi* irradia *Manas* ou a Mente, e assim por diante. É realmente uma ilustração da terceira proposição fundamental, que descreve como um ser tem um outro ser como origem, ou como um aspecto tem um ou tro aspecto como origem. É assim que surgem as hierarquias da vida. Todas as hierarquias preenchem o Cosmos, ou seja, formam o Cosmos – ou, dito de outra forma, *são* o Cosmos. É o pleroma – a plenitude – dos antigos gregos e gnósticos. O Cosmos está cheio de vida. Não há um milímetro quadrado onde não haja vida. E nós, seres humanos, cada um de nós individualmente, somos uma hierarquia.

A consciência humana composta

Na hierarquia humana podem distinguir-se sete passos. Helena Blavatsky divide a consciência humana em sete aspectos. Na sua enumeração, ela começa com o aspecto inferior: o corpo. No entanto, por que estamos seguindo o processo de emanação, começamos agora com *Ātman*.

Ātman	O Espírito
Buddhi	O Ego espiritual
Manas	Mente
Kāma Rupa	Centro dos desejos animais e paixões
Linga-Śarīra	Corpo astral
Prāna	Vida ou princípio vital
Sthula-Śarīra	Corpo físico

Ātman emite um raio, e esse raio torna-se *Buddhi*. *Buddhi*, portanto, origina-se de *Ātman*, e, por isso, tem *Ātman* em si. Por sua vez, *Ātman* tem *Buddhi* em si, caso contrário *Buddhi* não poderia sair dele. *Ātman* e *Buddhi* juntos dão forma a *Manas*, e *Manas* então tem *Buddhi* e *Ātman* em si, etc. Cada aspecto, portanto, tem os outros em si. Compare-se isto com os sete tons de uma escala. Cada tom – um Dó, por exemplo – tem os outros tons nele. São os chamados harmônicos, que podem ser tornados audíveis. Da mesma forma, *Manas* – a mente – tem, por exemplo, cada um dos outros aspectos. Há, portanto, sete aspectos de pensamento.

O divino – *Ātman* – está também em *Manas*, encontra-se de fato em todos os aspectos, até no corpo. Diz-se que o corpo é o templo de Deus, e com efeito, o corpo é divino, pelo menos tem um aspecto *Átmico*, embora este esteja latente.

Em nosso curso "Pensar Diferente"[12], que ministramos há décadas, assumimos sete aspectos do pensar, ou seja, sete aspectos de *Manas*. Damos a estes aspectos os seguintes nomes:

[12] Curso organizado pela Sociedade Teosófica de Point Loma – Blavatskyhouse.

Ātman do *Manas* – experiência de unidade, inspiração.
Buddhi do *Manas* – compreensão, intuição, percepção
Manas do *Manas* – intelecto
Kāma do *Manas* – desejo
Prāna do *Manas* – vitalidade
Linga-Śarīra do *Manas* – sensação
Sthula-Śarīra do *Manas* – pensar fisicamente

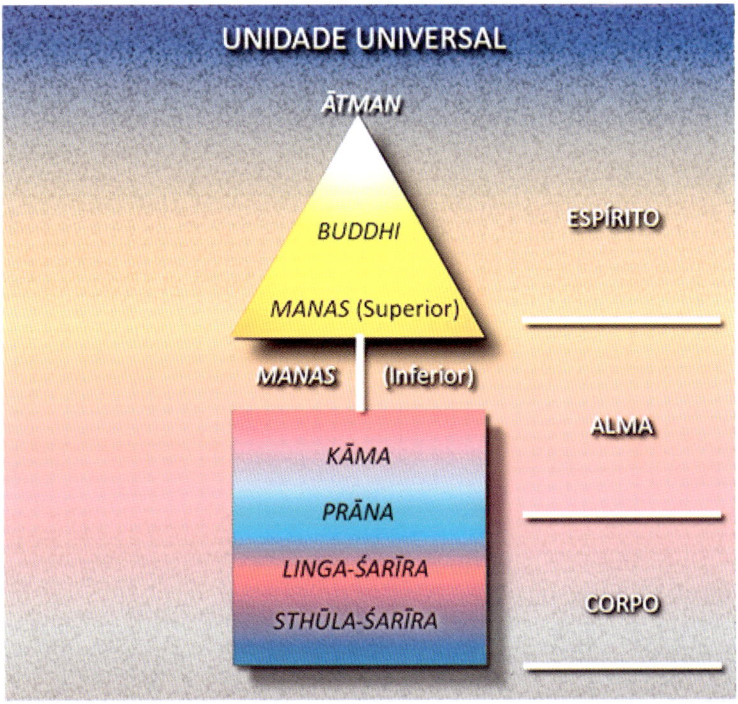

Ao conjunto dos três aspectos superiores chamamos de suprapessoal ou transpessoal. De qualquer forma, esses aspectos estão além da personalidade. Os quatro aspectos inferiores são a personalidade – a máscara.

Deste modo, o *Manas* superior – o intelecto, o entendimento, a compreensão e a inspiração – pertence ao *lado* espiritual do nosso pensamento, está focado no espírito; enquanto os quatro aspectos inferiores pertencem ao *lado* material. Na Teosofia, o *Manas* superior é chamado o ego reencarnante.

O *Manas* inferior é a personalidade, a máscara. O homem verdadeiro coloca uma nova máscara a cada nova reencarnação, assim como um ator desempenha um novo papel em cada nova peça. As qualidades pessoais são, portanto, ilusórias e transitórias.

Os aspectos transpessoais sobrevivem à morte; vivem na consciência da conexão ou da unidade. Os aspectos inferiores – a personalidade – vivem no sentido da separatividade, algo que, de acordo com o budismo, é a maior heresia.

Se o leitor está ciente dessas duas formas na sua consciência, talvez entenda melhor a terceira proposição fundamental de *A Doutrina Secreta*. Ao falar de uma peregrinação obrigatória, então, obviamente, não é tanto uma jornada física, mas um crescimento mental, uma evolução da consciência.

A maioria das pessoas ainda vive na personalidade, no *Manas* inferior, pois renderam-se ao sentimento de separatividade, que por sua vez conduz ao egoísmo. É por essa razão que há no mundo tanta desigualdade, violência e guerra. É por isso que interpretamos o mundo – esse mundo terrestre ilusório – como real, como existente em si mesmo.

No entanto, podemos desenvolver esses aspectos mais ele vados. Como fazê-lo? Para explicar isto corretamente, temos que nos focar no aspecto humano típico: *Manas*, a mente, a capacidade de pensar.

Na segunda parte de *A Doutrina Secreta*, Helena Blavatsky conta como seres divinos – os *Mānasaputras*, os filhos de *Manas*, os filhos da Mente – despertaram a nossa mente. É a história da serpente no Gênesis, a serpente que foi tão injusta e erroneamente confundida com o diabo. A serpente é, como Prometeu no mito grego, o símbolo dos seres divinos que despertaram a nossa capacidade de pensar, que nos deram – por assim dizer – o intelecto ardente, através do qual poderíamos comer da árvore do conhecimento do bem e do mal.

Pensar e pensamentos

Mas o que é pensar? O que é um pensamento?

É estranho que nos círculos científicos poucas pessoas se perguntem o que é um pensamento. É estranho porque toda a civilização humana é baseada nos pensamentos. Todas as instituições humanas são resultado dos pensamentos.

A ciência materialista assume que os pensamentos são impulsos nos nossos cérebros. Mas é isso lógico? Como se podem explicar então as experiências de quase morte? Pessoas comprovadamente sem nenhuma atividade cerebral tiveram, mesmo assim, pensamentos claros.

Nas cartas dos *Mahātmās* – os Mestres de Blavatsky –, o Mestre Koot Hoomi afirma que pensamentos são energias vivas, seres vivos.[13] É a consequência do princípio espiritualista, que afirma que, por trás de cada fenômeno, existe uma força viva. Por trás de cada pensamento – e da atividade cerebral – há uma força viva. Os pensamentos são, portanto, seres vivos. São seres vivos, embora muito inconscientes. Eles nascem, crescem, podem morrer e se reproduzir.

[13] *Cartas dos Mahatmas para A. P. Sinnett*, Vol. I, Carta nº 18 (ML-9), de 5 de julho de 1881, p. 126, Editora Teosófica, Brasília, 2001. (N.E.)

É esse fato que resolve muitas questões e enigmas psicológicos, como se dá o surgimento de um costume, ou como epidemias psicológicas podem despontar. Por que aconteceram as Cruzadas? Por que existiam pessoas dispostas a deixarem de repente as suas casas para libertar uma terra longíqua? Por que é que os vizinhos da antiga Iugoslávia encetaram uma campanha de ódio e tentaram se matar uns aos outros? Por que é que milhões de pessoas compraram *bitcoins* há alguns meses? Estes são, com efeito, alguns exemplos dessas epidemias.

Um patógeno – uma bactéria ou um vírus – vai de um corpo para outro e, assim, cria uma epidemia. Um pensamento pode também passar de uma mente para outra, e quando as pessoas pensam inconscientemente, esse pensamento pode se estabelecer ali. É assim que uma epidemia psicológica surge.

Pode-se comparar a mente humana a um transmissor e receptor de rádio. É um transmissor e receptor ao mesmo tempo. Com a frequência com que transmite – quer dizer, o tipo de pensamentos que emite –, também recebe. Então, quando transmite com a frequência de, digamos, *Kāma* – desejo –, só recebe pensamentos com a característica de desejo.

Isso explica por que motivo uma pessoa emocional não en tende a razão. Essa pessoa transmite em uma frequência diferente e, portanto, simplesmente não recebe pensamentos intelectuais. Agora, em conformidade com a segunda proposição fundamental, um pensamento é como todos os seres, sujeito à lei de ciclos, ou seja, se um pensamento é alimentado, ele voltará. Isso poderá acontecer durante muito tempo – talvez um ano ou mais; por exemplo, quando alguém toma a decisão de parar de fumar, o pensamento de fumar pode atormentá-lo a cada minuto.

Em um contexto de ciclicidade, tem-se que procurar a chave para a reforma do caráter, mesmo na evolução progressiva. É a chave para a peregrinação sobre a qual a terceira proposição básica nos informa.

Os pensamentos alimentam-se da consciência do homem. Se tivermos insistentemente em um certo pensamento, ele torna-se mais forte. Ao invés, se quisermos livrar-nos de um pensamento, não devemos alimentá-lo. Devemos ter um pensamento com uma característica oposta. Assim, tiramos a energia do pensamento do qual queremos livrar-nos. Finalmente acabará morrendo, enquanto o novo pensamento crescerá. É assim que mudamos.

O nosso caráter é a soma dos pensamentos que temos. Existe um axioma muito antigo: semeia um pensamento e colhe uma ação; semeia uma ação e colhe um hábito; semeia um hábito e colhe um caráter.

Esse caráter não desaparece quando morremos. O homem é o seu carácter, ele tornou-se esse caráter. Na verdade, é o seu *karma*. São todas as causas do passado que levam às consequências no futuro. É por isso que se pode dizer: semeia um carácter e colhe o seu *karma*, a sua nova reencarnação. Essa doutrina chama-se *Swabhāva*, em sânscrito, uma palavra que é muito difícil de traduzir para o português. *Bhū* significa "tornar-se", "tornando-se" ou "crescer em alguma coisa". O prefixo *Swa* significa "eu". Por isso podemos traduzir *Swabhāva* por "tornando-se-o-seu-eu", "geração do seu eu", expressão que em português não soa muito bem. Um grande amigo teósofo da ilha da Madeira traduziu-o como o "desabrochar do Eu". Enfim, cada ser, humano, animal, planta, estrela, deus, Buda, ou qualquer outro, torna-se sempre nele mesmo. Nem mais, nem menos, tornamo-nos com efeito naquilo que nós próprios criamos.

Tornamo-nos naquilo que somos por dentro. Mas em nós há muito mais do que aquilo que manifestamos até agora. Somos essencialmente divinos. Podemos tornar-nos divinos. Podemos tornar-nos o EU Superior. Como, então?

Podemos fazê-lo pensando em termos búdicos e *átmicos*, por meio da focalização da nossa mente em *Buddhi* e em *Ātman*. Devemos gerar e alimentar pensamentos idealistas e compassivos, pensamentos altruístas e de unidade. Receberemos o que transmitirmos. Assim começa a grande aventura de Pensar Diferente: receberemos mais e mais pensamentos espirituais e divinos.

E assim o ciclo se fecha. Um ciclo, todavia, não é um círculo; um ciclo é como uma escada em espiral. Chegamos ao mesmo ponto de partida, mas a um nível superior.

Começamos este capítulo com a imagem da Fraternidade Universal. Essa imagem deve sempre estar presente no fundo de nossa mente. Esse ideal transpessoal colore todos os nossos outros pensamentos; é uma espécie de meditação permanente.

Comparemos isto a uma mulher grávida, que tem centenas de pensamentos em um só dia. No entanto, em todo momento do dia, ela sabe que vai dar à luz uma criança. Assim, o nosso ideal tem que estar sempre em nossa mente, quando trabalhamos, comemos, caminhamos na rua, etc.

Ātmā-Vidyā: conhecimento do Eu Superior

Ao final, voltaremos para onde viemos. Não é essa a essência de todas as religiões? Por exemplo, o Alcorão diz que viemos de Allah e que voltaremos a Allah novamente.

A peregrinação começa porque fluímos – emanamos – como um raio da Alma Suprema, e voltaremos para lá, porém agora conscientemente. Isso é chamado nos *Upanixades*, nos livros sagrados da Índia, de *Ātmā-Vidyā*: conhecimento do Eu Superior, do *Ātman*.

O mesmo conselho foi gravado no templo de Delfos, um templo dedicado a Apolo, o Sol divino: *gnothi seauton* – conhece-te a ti mesmo. Há quem pense que tem que conhecer o seu pequeno eu, a personalidade, mas não é assim: trata-se do Eu divino, *Ātman*.

Todo o desenvolvimento, toda a evolução ocorre de acordo com a terceira proposição, durante um *Manvantara*, um período de 4.320.000.000 de anos, de acordo com *A Doutrina Secreta*.

Antes de concluir, queremos oferecer mais um pensamento, que é a principal ideia de toda a Teosofia. A evolução progressiva, a peregrinação obrigatória, não é um caso individual. Afinal, a separação não existe. Não podemos viver separadamente dos outros, não podemos crescer sem outros seres. As três proposições fundamentais de *A Doutrina Secreta*, tal como todo o livro, não são uma invenção de Helena Blavatsky. O Prefácio desta grande obra começa assim: "A autora – ou mais propriamente, a escritora", e com isto ela queria dizer que apenas escrevia, ou seja, anotava as ideias antigas, que outros seres lhe tinham ensinado ou até mesmo lhe haviam literalmente sussurrado. Blavatsky estava se referindo a esses seres humanos como seus Mestres. Eles tornaram-se conhecidos na literatura teosófica como os *Mahātmās*, os Mestres da Sabedoria e da Compaixão. São esses homens compassivos e sábios que se comprometeram a ajudar, a ensinar e a inspirar a humanidade em sua peregrinação. Essa peregrinação leva à unidade, à Alma Suprema, da qual somos um raio. Por outras palavras, devemos perceber novamente que somos parte da ONDA de Vida, o grande coletivo.

Pode-se perguntar: que(m) é essa Alma Suprema, mencionada na terceira proposição? Helena Blavatsky sempre tentou usar o vocabulário que era conhecido na época. O termo foi cunhado pelo filósofo americano Emerson. Mas, Emerson nunca quis dizer que essa Alma Suprema é um deus onipotente. Na verdade, uma Alma Suprema é o topo de uma hierarquia, e porque existem muitas hierarquias, há também muitas Almas Supremas.

Já falamos sobre a Alma Suprema como o Sol: o hierarca, o Rei do Sistema Solar. A Terra – e a Terra é muito mais do que apenas a esfera que conhecemos – também tem um hierarca, tal como o nosso globo. Todas essas Almas Supremas são raios um do outro. São árvores independentes, sendo, contudo, de igual modo, parte de uma árvore-mãe.

Qual é a principal característica da Alma Suprema? Por infinita compaixão, ela se sacrifica por todos aqueles que ainda não chegaram tão longe, não estão tão elevados.

A própria humanidade, vivendo neste pequeno planeta azul, tem um líder espiritual, a maior flor da humanidade, o Mestre dos Mestres. Helena Blavatsky fala sobre essa entidade surpreendente em *A Doutrina Secreta* e chama-o de o "Banyan-Humano que vive sempre".

Um banyan[14] é uma árvore tropical, que forma galhos. Dos galhos pendem gavinhas, que atingem o solo e tornam-se raízes, ou seja, são árvores independentes, no entanto, fazem parte da grande árvore-mãe. Não é difícil imaginar que tais árvores podem atingir uma grande dimensão. A vida é assim, cada ser é uma parte da árvore da vida. Embora sejamos entidades independentes, com livre-arbítrio, somos tam bém como uma folha de uma árvore universal.

Este Banyan é uma ilustração magnífica de que, no âmago do nosso ser, somos todos um. Somos uma árvore viva. Então, esse "Banyan-Humano que vive sempre" é o chefe dos Budas, dos Mes-

[14] Conhecida em língua portuguesa como figueira-de-bengala, é uma espécie de figueira endêmica de Bangladesh, da Índia e do Sri Lanka.

tres de Sabedoria e Compaixão. Foi sob a sua direção imediata e silenciosa que todos os outros Mestres e Instrutores menos divinos se constituíram, desde o primeiro despertar da consciência humana, nos guias da humanidade primitiva. Ele tem muitos nomes. Um dos nomes dele é o Grande Iniciador; outro é *MAHA-GURU*. O nome mais místico talvez seja Vigilante Silencioso. Ele é silencioso para todos aqueles que não focam a sua mente nele; e infelizmente essa é a condição da maior parte da raça humana.

Em sua linguagem maravilhosa, Blavatsky fala sobre essa entidade surpreendente.

> (...) sentado no Umbral da LUZ, ele a contempla do Círculo de Trevas em que se encontra e que não quer transpor; e não deixará o seu posto senão no último DIA deste Ciclo de Vida. Por que permanece o Vigilante Solitário no posto que escolheu? Por que continua sentado junto à divisa da Fonte da Sabedoria Primordial, em que não precisa dessedentar-se, visto que nada tem a aprender, que já não sabia, assim na Terra como no Céu? É porque os solitários Peregrinos, cujos pés sangram em seu regresso à Pátria, jamais estão seguros, até o derradeiro ins tante, de não errar o seu caminho neste deserto sem limites de ilusão e de matéria, a Vida Terrestre. É porque ele deseja mostrar, a cada um dos prisioneiros que conseguiram libertar-se dos laços da carne e da ilusão, o caminho que conduz àquela região de liberdade e de luz, da qual se exilou voluntariamente. É porque, em suma, ele se sacrificou pelo bem da humanidade, ainda que só um pequeno número de eleitos possam aproveitar-se do GRANDE SACRIFÍCIO.[15]

É o grande paradoxo. Estamos em peregrinação, mas se realmente entendermos onde essa peregrinação nos levará, nunca de-

[15] Helena P. Blavatsky, *A Doutrina Secreta*, Vol. I, p. 246, Ed. Pensamento, São Paulo, 1973.

sejaremos o objetivo final. O nosso propósito na vida será apenas o de encorajar os outros a seguir nesta peregrinação. É como HPB diz em *A Voz do Silêncio*:

> (...) a compaixão fala e diz: "Pode haver felicidade quando tudo que vive tem de sofrer? Quererás te salvar ouvindo todo o mundo chorar?"[16]

A compaixão é a lei das leis, portanto a Unificação com a Alma Suprema não é o verdadeiro objetivo; o objetivo é tentar viver compassivamente. A capacidade de fazer isso está em cada pessoa; nós só temos que contribuir para a sua evolução.

Sabendo disto, será que uma sociedade baseada na fraternidade universal é uma utopia? Cada pessoa deve tentar responder a essa pergunta por si mesma.

De modo resumido, e a partir das três proposições fundamentais, gostaria de mencionar sete princípios, que chamamos de sete Joias da Sabedoria, que, de fato, constituem a base da Teosofia e com as quais podemos resolver cada problema da vida:

1. Reencarnação;
2. *Karma*, a doutrina de causa e efeito;
3. Hierarquias;
4. *Swabhāva* (desabrochar do Eu);
5. Evolução progressiva;
6. Os dois caminhos (crescimento espiritual individual ou para a totalidade);
7. O conhecimento de Si mesmo (*Ātmā-Vidyā*).

[16] *A Voz do Silêncio*, H. P. Blavatsky, p. 244, Editora Teosófica. (N.E.)

Como Provar a Teosofia?

H.P. Blavatsky e os seus sucessores

Por Barend Voorham e Herman C. Vermeulen

A Teosofia não é uma religião. E certamente não é uma crença. Todos os líderes teosóficos enfática e repetidamente de clararam que deveríamos investigar a Teosofia por nós próprios. Mas de que forma? E como sabemos que é a verdade? Se não temos que depositar uma fé cega nos líderes teosóficos, então que papel eles desempenham?

Ideias Chave

- Prova é a convicção para o coração, para a mente e para os sentimentos.
- Podemos ser convencidos por três causas: percepção da verdade, confiança e crença.
- Comece por estudar Teosofia testando os princípios.
- A Teosofia deve ser baseada nos seus méritos intrínsecos, e não na autoridade daquele que a proclama.
- Ao tentar disseminar a Teosofia, H.P. Blavatsky, emissária dos Mestres, colocou a primeira pedra. Depois de sua morte, os Mestres continuaram a apoiar o trabalho.

Como sabemos que alguma coisa é verdade? Se foi provada. Mas o que é uma prova?

Uma prova é a informação que mostra que algo é definitivamente verdade. É um fator externo, e dá garantia decisiva da exatidão de algo. É como um avaliador de concursos, que julga a resposta a uma questão, se ela está certa ou errada. O seu julgamento não pode ser discutido.

A realidade, contudo, é diferente, porque a prova está sempre relacionada com a consciência individual do homem. Gottfried de Purucker, quarto líder da Sociedade Teosófica de Point Loma (EUA), descreve-a como "a convicção de que uma coisa é verdade para a mente pensante". Ele acrescenta, "se pela adição de provas a mente não é influenciada a acreditar que de terminada coisa é verdade, essa coisa não foi provada, embora possa ser verdade".[17]

Portanto, ninguém pode nos fornecer provas. Só estão disponíveis através de autoanálise. Entretanto, quando é que ficamos convencidos de que algo é verdade?

Existem três aspectos principais nos quais a convicção pode estar baseada: a *percepção da verdade, a confiança e a crença.* Estes três conceitos desempenham um papel importante para que se obtenha convicção e, consequentemente, prova.

A percepção de Verdade – o coração

Quando falamos de VERDADE, referimo-nos à mais elevada e universal expressão do SER. O SER é ilimitado. Nenhuma entidade é capaz de conhecê-lo, nem mesmo o deus mais exaltado, pois cada entidade é limitada, e portanto nunca poderá experienciar a derradeira VERDADE. Mesmo um deus sabe que é apenas parte dela.

[17] G. de Purucker, "How can you Prove Reincarnation". *Wind of the Spirit*, Point Loma Publications, San Diego 1976, p. 245.

Expandir a consciência significa tornar-se mais consciente desta Verdade Universal. O que experienciamos dela até agora é a *nossa* convicção derradeira. Estamos conscientes de algo e estamos convictos da sua verdade. A nossa percepção da Verdade é sempre limitada, mas está sujeita a crescer continuamente.

De modo a compreendermos a Verdade Universal, devemos ativar os nossos aspectos mais elevados do pensamento. Podemos chamar a estes aspectos de *coração* do nosso ser. Eles constituem os aspectos divino-espirituais dentro de nós, o que em sânscrito é chamado de *Ātman* e *Buddhi*. É a parte de nós que compreende a unidade e a interligação de todas as entidades. É a base de toda a ética. É suprapessoal, portanto nunca está ligada a qualquer opinião pessoal limitada.

Confiança – a cabeça

Quando somos capazes de verificar parte de uma doutrina, proposição ou hipótese ao experienciá-la em nossa vida diária como verdade – porque esta parte coincide com aquilo que já sabemos, ou *expande* as nossas concepções –, construímos confiança na sua verdade. Poderá ser afirmado que, neste caso, também existe convicção? Em um certo sentido, sim, embora não atinja uma profundidade como a percepção da verdade pelo coração. Não podemos verificar e examinar toda a doutrina, mas apenas partes ou aspectos da mesma. Contudo, entendemos a lógica desses aspectos e percebemos que a doutrina é consistente. Isto nos dá a confiança de que o resto da doutrina também é verdade. Embora não consigamos ver a imagem completa, somos capazes de compreender facetas da verdade, que nos ajudam a estar convencidos de aspectos de uma doutrina que, em sua totalidade, está acima de nossa compreensão.

Podemos, portanto, alcançar um certo nível de convicção. Esta convicção tornou-se para nós numa hipótese muito razoável.

Neste modo de pensar, o intelecto é altamente eficaz, mas estando focado no espiritual e no divino, esses aspectos são também parcialmente ativados. É a combinação desses três aspectos da consciência – *Ātman, Buddhi* e *Manas* – que nos fornece a con fiança da verdade de uma doutrina. E, se aplicarmos essa doutrina consistentemente e com perseverança nas nossas vidas e ela repetidamente se revelar ser verdade, a nossa convicção na Verdade irá consecutivamente crescer.

Crença – sentimentos interiores

Pode a convicção ser baseada na crença?

Crer é aceitar a verdade sobre algo com base na autoridade de alguém. Assume-se que alguém tem tanto conhecimento, ou é tão sábio, que o que diz é verdade. Isto pode aplicar-se a qualquer coisa. Há a autoridade religiosa. Há a autoridade do Estado. Os pais ou os professores têm uma certa autoridade, e assim sucessivamente.

Ao terem esta crença, algumas pessoas podem ficar muito satisfeitas porque isso priva-as de sua responsabilidade, que é delegada a outrem. É verdade, dizem elas, porque fulano de tal assim disse. Ele comprovou que era verdade.

Obviamente que esta é a maneira mais passiva de lidar com os assuntos. Os aspectos inferiores da mente estão agora ativos e encontram-se satisfeitos, o que pode conferir um certo grau de convicção.

As leis de Newton – um exemplo

Vamos ilustrar estes três aspectos de evidência aplicando as leis de Newton.

A descoberta por Newton das três leis fundamentais da Natureza foi o início de uma nova fase na ciência. Estas leis são geralmente aceitas como verdadeiras. São ensinadas nas escolas e universidades. Mas a questão é: com que base presumimos que essas leis da Natureza são verdadeiras? De acordo com estas leis, todos os objetos exercem uma atração mútua. Podemos ver claramente que todos os objetos caem no solo. Todos experimentamos a gravidade. Todos podemos, portanto, entender que os objetos são atraídos para a Terra. Mas a lei da gravidade também ensina que todos os objetos caem ao mesmo tempo, se atirados a uma distância similar.

Esta última parte não é confirmada pela nossa observação. Quando se deixa cair uma pena e uma peça de chumbo da mesma altura, elas não atingem simultaneamente o solo. Será que, não obstante, ainda acreditamos em Newton, que alega que todos os objetos caem com a mesma aceleração?

Uma análise mais atenta mostra, porém, que as propriedades aerodinâmicas da atmosfera exercem uma influência altamente disruptiva na velocidade dos objetos. Isto foi demonstrado muitos anos depois de Newton, no que se designa por torre de queda de vácuo. Provavelmente poucos leitores deste artigo repetiram os testes com uma torre de queda. Não determinaram, por sua própria observação, que as leis de Newton são efetivamente corretas. Apenas aqueles que o fizeram efetivamente *experimentaram* a verdade.

Mas, a maior parte das pessoas apenas observou que os objetos caem no solo. Portanto, se querem assumir as leis de Newton como verdadeiras, elas devem ter *confiança* em Newton e em outros investigadores que recolheram mais informação sobre este tópico. Eles obtêm essa confiança ao ponderar de forma independente os detalhes das várias investigações. Devem ser ativos na busca de compreensão.

Outros podem nunca ter refletido sobre a gravidade. *Acreditam* na autoridade dos cientistas ou dos professores de que Newton estava certo. Assumem que ele e os físicos depois dele são pessoas de tal modo inteligentes que o mais provável é que estejam certos. Portanto, existem três gêneros de convicção, ou três tipos de humanos. Aqueles que acreditam, aqueles que têm confiança e aqueles que sabem. É claro que existem combinações destes três tipos.

A mensagem de H.P. Blavatsky

Vamos agora olhar para o nosso objeto principal, a *Theosophia*. Esta "Sabedoria Divina" foi trazida por H.P. Blavatsky no final do século XIX. Mais tarde, foi desenvolvida e disseminada por outros.

Blavatsky demonstrou, nos livros e nos muitos artigos que escreveu, as implicações da Teosofia. Ela explicou os ensinamentos teosóficos ao usar os exemplos correntes de então. Algumas das teorias científicas do seu tempo estão obsoletas. Mas ela apenas usou esses exemplos para explicar os princípios universais. As descobertas recentes podem, muitas vezes, ilustrá-los melhor; portanto, o que mais interessa são as doutrinas, e não os exemplos. Um outro ponto é que a Teosofia contém um vasto campo de ensinamentos. Oferece uma visão nítida em relação a cada tópico. Não existe assunto em relação ao qual a *Theosophia* não tenha uma visão. Às vezes os ensinamentos são muito detalhados, e é difícil encontrar nossa compreensão em um labirinto de informações. Não conseguimos ver a madeira nas árvores.

Se, no entanto, queremos encontrar a verdade, não devemos começar com os detalhes, mas com uma perspectiva mais ampliada. Por outras palavras: quais são os princípios da Teosofia? Ora, estes princípios são claros como a água. Não são dogmas, mas devemos tomá-los como hipóteses ou axiomas.[18] Os princípios centrais são: 1) ilimitabilidade; 2) ciclicidade; 3) evolução progressiva e absoluta igualdade entre todos os seres vivos. Por outras palavras, todos os seres vivos estão no seu núcleo ilimitado. E, por estarem nas profundezas dos seus corações ilimitados, existe uma absoluta igualdade. Em um processo cíclico, eles aparecem e desaparecem. Durante o período no qual aparecem nesta etapa na Terra, eles têm a possibilidade de desenvolver mais do seu infinito potencial.

Destas três ideias básicas, podemos deduzir que cada fenômeno é a manifestação da consciência, a manifestação de um poder ou de uma substância formativa subjacente mais etérica. Um fenômeno é, portanto, como uma sombra: vai e vem; enquanto a força que projeta a sombra subsiste.

Todos os ensinamentos teosóficos, até ao mais ínfimo por menor, são baseados nestas ideias centrais. São emanadas logica mente a partir dessas ideias e nunca podem contradizê-las.

Prova

Podem estas ideias teosóficas centrais ser provadas? Podemos estar convencidos da sua verdade?

---

[18] Ver: Herman C. Vermeulen, "H.P. Blavatsky's message to the world" [Mensagem de Blavatsky para o mundo], *Lucifer*, nº 1, março 2015, pp. 2-4.

Neste ponto, temos de ser realistas. A forma mais elevada de prova é perceber, reconhecer, entender e experimentar a verdade por nós próprios. A maior parte das pessoas não é ainda capaz de experimentar muito da Teosofia. O PRINCÍPIO Onipresente, Eterno, Ilimitado e Imutável, que é o ponto de partida de todo o sistema teosófico, não pode ser experimentado nem mesmo pelos deuses. Se algum ser *experimentar* o Ilimitado, der expressão a ISSO, ele não é mais um ser ou um ego, porque um ser, por maior que seja, é sempre limitado. É por essa razão que nenhuma entidade é, por definição, capaz de entender completamente o Ilimitado.

A maioria das pessoas também não é capaz de experimentar a reencarnação conscientemente. Quando caímos no sono, perdemos nossa autoconsciência. Tal como quando adormecemos, passamos pelo processo de morrer e nascer inconscientemente, e não podemos adquirir esse conhecimento em primeira mão.

Mas, no domínio da *confiança*, nós podemos conseguir um certo grau de prova. Podemos considerar os princípios teosóficos como hipóteses e testá-los com as verdades que já experimentamos. Além disso, podemos examinar se eles coincidem com aquilo que percebemos à nossa volta. Avaliamos de modo crítico se as ideias teosóficas são consistentes e lógicas, e respondemos a todo o tipo de questões.

Desta forma, com base na razão e na lógica, podemos formar a ideia do Ilimitado.

É claro que esta ideia não é perfeita. Como seria isso possível? Mas ao menos iremos entender que a finitude é ilógica por natureza e contrária às observações humanas, pois nem no microcosmos, nem no grande Universo nos deparamos com limites. Não apontam os fatos científicos sobre o átomo e o Universo na direção da infinitude? Ficamos, portanto, confiantes de que o conceito do Ilimitado esteja correto?

Com respeito à reencarnação, também podemos dizer que é uma doutrina lógica. Em toda a Natureza existem ciclos. Podemos encontrá-los periodicamente, quer na nossa vida, quer nas civilizações humanas. Além disso, muitos fenômenos psicológicos são elucidados e explicados com o conceito da ciclicidade.

Também podemos *acreditar* na Teosofia. Não raciocinamos por nós próprios, mas cremos nos outros. Talvez tenhamos fé nela porque o nosso companheiro se diz teosofista, ou porque achamos os teosofistas boas pessoas e de confiança. Esta crença é, obviamente, a forma mais fraca de convicção, porque se nosso companheiro nos desiludir ou se perdermos os nossos amigos teosofistas, a base da nossa crença desaparece também.

Pistis – confiança espiritual

As provas efetivas de uma doutrina devem, então, ser encontradas em nossa própria consciência. Não podem ser fornecidas por outrem, por mais sábio que seja. Não obstante, podemos ter uma enorme confiança naquele que proclama uma doutrina. Talvez pareça que chegamos tortuosamente ao ponto em que devemos aceitar uma doutrina baseada na autoridade de outrem.

Estamos aqui a nos contradizer? Antes de mais nada, temos de entender que todos assumimos certas posições porque confiamos em outras pessoas. Poucos leitores já pisaram alguma vez o Polo Norte. Contudo, a maior parte admite que o mesmo existe, tem confiança nos relatos sobre esta região inóspita e assume que as imagens daquelas montanhas de gelo não são manipuladas.

Entretanto, esta confiança não é uma crença cega. É mais um reconhecimento – baseado na lógica e na nossa própria experiência

– da exatidão da perspectiva de outros, que aplicamos como uma hipótese útil.

A nossa sociedade não pode existir sem esta confiança. Afinal, se não confiássemos no eletricista, no motorista de ônibus, no médico e no padeiro, não poderíamos viver juntos harmoniosamente. Pela mesma razão, podemos ter fé nos instrutores espirituais.

Quando esta confiança tem mais a ver com temas espirituais, pode ser chamada, tal como na Grécia antiga, de *Pistis*. Esta palavra pode ser traduzida como "fé", ou às vezes como "crença". Contudo, é baseada na razão e em saber intuitivamente que algo é verdade. Não é crença cega. É um conhecimento interno, livre de preferências pessoais. Ela nos é familiar porque corresponde às nossas próprias experiências e identifica-se com o fundamento do nosso ser.

A *Pistis* pode certamente ser útil para nós na nossa busca pela verdade. Como dissemos, as provas são a convicção do nosso pensamento. Logo, a verdade não vem do exterior, mas deve ser desenvolvida a partir do interior. Ou melhor, deve ser *re*conhecida ou *re*lembrada. A *Pistis* é a confiança em nós próprios. Somos capazes de encontrar a verdade porque ela está *dentro* de nós. Platão escreveu sobre isso. Qualquer conhecimento, qualquer verdade, dizia este antigo filósofo grego, está dentro de nós. Para prová-lo, reflete em *Fédon* da seguinte maneira: "Ao ver um objeto – uma lira, por exemplo –, podemos nos recordar de outra coisa. Ver uma rosa pode evocar a consciência do belo. Portanto, o conceito de 'belo' [Platão fala da *ideia* do belo] já está dentro de nós, mas nós não nos apercebemos. A rosa externa foi o que despertou a recordação do conhecimento interno da ideia de belo."[19] De fato, este é um

[19] Platão, *Fédon*, 72e-77a.

despertar; a nossa fé em algo é sublimada até à compreensão da verdade. Vamos desde a "cabeça" até o "coração".

Isso também funciona com certos ensinamentos. O conhecimento já está dentro de nós. Por meio de um mito, de um símbolo, de um argumento ou de uma dissertação, ficamos conscientes da verdade no nosso Eu. Somos parte de um todo infinito, e um pouco do infinito é também infinito.

Confiança nos instrutores

A Teosofia moderna foi dada à humanidade pela Sociedade Teosófica (S.T. – Adyar), fundada em 1875, em Nova Iorque, por H.P. Blavatsky, Henry Steel Olcott, W.Q. Judge e mais outros catorze.

Todavia, estes pioneiros – pelo menos três deles – alegavam que os *verdadeiros* fundadores eram os Mestres de Sabedoria e Compaixão. Nos últimos 150 anos, existiram as especulações mais rebuscadas sobre quem eram estes Mestres. Poucos os conheceram. De acordo com Blavatsky, são seres humanos que estão muito acima da média dos humanos, em termos de capacidades, sabedoria e especialmente compaixão. Desde 1875, houve um dilúvio de ensinamentos teosóficos, e apesar da maior parte destes ensinamentos poder ser encontrada nos textos religiosos e filosóficos da Antiguidade, não raras vezes em linguagem velada, são tão novos e estranhos para a moderna humanidade que, para a parte maior dela, será muito difícil compreender alguma coisa.

Viver em 2020, 145 anos após a fundação da S.T., torna muito mais fácil entender alguns dos ensinamentos teosóficos. O *karma* e a reencarnação, por exemplo, são hoje em dia mais ou menos familiares e, por isso, muito mais fáceis de entender. Mas no fim do século XIX tudo era novo e estranho.

Fazer um estudo dos primeiros anos da Sociedade Teosófica pode ser muito inspirador. As dificuldades que os pioneiros enfrentavam eram enormes. Existiam ataques hostis do mundo externo: cientistas, que alegavam que os ensinamentos teosóficos eram superstição ultrapassada; a igreja cristã, que não suportava o fato de a S.T. ter muita estima pelo budismo e pelo hinduísmo; os espíritas, a quem Blavatsky não negava os fenômenos, mas explicava-os de forma um tanto diferente. Os maiores confrontos e problemas nasceram, contudo, de antigos colaboradores que se opuseram à S.T. e especialmente à sua principal fundadora, H.P. Blavatsky. O fato de a S.T. ter sobrevivido a todas estas dificuldades é, para muitos estudiosos, uma evidência de que a mesma foi realmente preservada pelos Mestres. Durante aqueles primeiros anos, ficou também claro que Blavatsky era o elo entre os Mestres e a S.T. É evidente que outras pessoas contribuíram significativamente para o trabalho. Henry Steel Olcott, presidente-fundador, desempenhou um papel muito importante na organização. Mas no que dizia respeito aos ensinamentos, H.P. Blavatsky era a autoridade. Graças a ela, algumas pessoas ligadas à Teosofia podiam se corresponder com os Mestres. Ela era conhecida como a "carteira oculta". Quando ela deixava de estar em um certo local, a influência dos Mestres perdia também vigor. Quando, forçada pelas circunstâncias, deixou a sede na Índia, a influência dos Mestres desvaneceu também.[20]

Depois de sua morte, ainda que o seu trabalho não tenha sido devidamente estudado por todos os teosofistas, ela permaneceu como uma referência. Era a portadora da luz. Mas serão os seus escritos a palavra definitiva?

---

[20] Ver: H.P. Blavatsky, "*Why I do not return to India*" [Por que não volto para a Índia]. *Collected Writings*, The Theosophical Publishing House, Wheaton 1990, Vol. 12, p. 157-158.

Méritos intrínsecos

A própria Blavatsky afirma em um artigo que a Teosofia deve se apoiar em seus méritos intrínsecos.[21] Ela fez esta declaração no contexto da realização de fenômenos ocultos, com os quais ela tinha inicialmente tentado suscitar interesse nos ensinamentos teosóficos. A certa altura, ela deixou de produzir estes fenômenos porque não estimulavam o estudo da Teosofia, apenas despertavam sensacionalismo.

Esta afirmação pode ser interpretada em um sentido muito mais amplo: todos os ensinamentos, todos os textos, os de H.P. Blavatsky bem como os de outros autores teosóficos, devem provar-se por si mesmos. Não são verdade porque o autor pode produzir fenômenos ocultos ou porque foi inspirado por um Mestre. A prova é a convicção do pensamento. Chegamos a ela por pensar independentemente, não por acreditar nos outros! Quando testamos os ensinamentos com as nossas verdades já experimentadas e o teste confirma a doutrina, então podemos ter *confiança* em sua verdade.

A Teosofia é, por definição, não dogmática. Não obstante estimarmos e amarmos elevadamente H.P. Blavatsky, os seus textos devem ser abordados de modo tão crítico como qualquer outro texto. A Teosofia só será benéfica para o ser humano se ele entender a verdade nela. Por outras palavras, uma atitude crítica, com as suas próprias faculdades internas, perante um ensinamento é o teste permanente, é uma responsabilidade que não deve ser subestimada, porque se assim não for, em que estaremos baseando a nossa confiança de que Blavatsky era *a* mensageira dos Mestres?

[21] H.P. Blavatsky, "What of Phenomena" [O que dizer sobre os fenômenos]. *Collected Writings*, Theosophical Publishing House, Wheaton 1990, Vol. 9, p. 50.

Claro que H.P. Blavatsky não forneceu a completa e absoluta verdade. Ela indicou os *princípios* da Teosofia aos buscadores da verdade, e deu um grande número de formulações dos mesmos com respeito à humanidade e ao planeta, mas nunca pretendeu dar "A Sabedoria dos Deuses" na totalidade, o que já seria impossível. Ao final de *A Doutrina Secreta,* ela escreve que suas "exposições estão longe de ser completas" e que quis simplesmente fazer "a preparação do terreno" [vol IV, p. 365 da edição da Editora Pensamento].[22] Os volumes III e IV de *A Doutrina Secreta* já haviam sido planejados e a sua publicação dependeria da recepção dos volumes I e II, embora estivessem *quase* completos. Nunca foram publicados.[23]

Portanto, Blavatsky nunca deu a última palavra, mas, antes, a primeira, pelo menos no impulso de 1875 da Loja da Sabedoria e da Compaixão. Os ensinamentos que ela trouxe podem ser mais desenvolvidos e explicados. Ela disse também: "No século XX, algum discípulo mais bem informado, e com qualidades muito superiores, poderá ser enviado pelos Mestres da Sabedoria para dar provas definitivas e irrefutáveis de que existe uma Ciência chamada *Gupta Vidyā;* e de que, como as nascentes do Nilo, outrora envoltas em mistério, a fonte de todas as religiões e filosofias atualmente conhecidas permaneceu esquecida e perdida para a humanidade durante séculos, mas foi afinal encontrada."[24]

---

[22] H.P. Blavatsky sempre foi muito clara sobre este assunto. Ver, por exemplo, *A Doutrina Secreta,* Vol I, p. viii [p. 12 da edição da Editora Pensamento], onde ela escreve: "A obra, ademais, merece ser considerada não porque invoque alguma autoridade dogmática, mas por se manter em íntima relação com os fatos da Natureza e seguir as leis da uniformidade e da analogia." E ainda, *A Doutrina Secreta,* Vol. I, p. 20 [p. 87 da edição da Editora Pensamento], onde afirma: "Quando o leitor os [os conceitos nas três proposições fundamentais] tiver compreendido claramente, e percebido a luz que espargem sobre todos os problemas da vida, mais nenhuma identificação se tornará necessária; pois a verdade lhe saltará aos olhos, tão evidente como a luz do Sol."

[23] H.P. Blavatsky, *The Secret Doctrine,* Vol. 2, p. 797-798 [vol. IV, p. 365-366 da edição da Editora Pensamento].

[24] H.P. Blavatsky, *The Secret Doctrine,* Vol. 1, p. xxxviii [p.61 da da edição da Editora

A Teosofia depois de Blavatsky

De modo algum queremos minimizar o papel de H.P. Blavatsky na divulgação da Teosofia, muito pelo contrário. Ela foi aquela que, depois de muitos séculos, levantou a ponta do véu. Só alguém que sabe alguma coisa sobre ensinar *Theosophia* percebe que enorme tarefa isto é. Ela era o elo com os Mestres.

A seguir, três modos de expressar os sete aspectos da consciência no que se refere à constituição do Homem. Na figura abaixo: a classificação conforme dada por H.P. Blavatsky em *A have para a Teosofia*"[25]; no meio, o "diagrama oval" de G. de Purucker[26]. Na figura seguinte: o "modelo do piano". Não se contradizem mutuamente: o diagrama oval refina a classificação de Blavatsky. O modelo do piano foi recentemente utilizado para ilustrar o ensinamento teosófico de que cada centro de consciência na nossa constituição transporta todas as faculdades em si mesmo, e é assim capaz de fazer contato com cada um dos centros de consciência mais elevados ou inferiores (por "ressonância").

DIVISÃO TEOSÓFICA	
Ātman	Espírito
Buddhi	A Alma Espiritual
Manas- um princípio dual nas suas funções	Mente, inteligência: que é a mente humana superior, cuja luz ou irradiação liga a Mônada, durante a vida, ao homem mortal
Kāma rūpa	A sede dos desejos e paixões animais
Linga-Śarīra	Corpo Astral
Prāna	Vida ou princípio vital
Rūpa , ou *Sthula-Śarīra*	Corpo Físico

Pensamento].

[25] *A Chave para a Teosofia*, de H.P. Blavatsky, capítulo 6, Editora Teosófica. (N.E.)

[26] G. de Purucker *Fundamentals of the Esoteric Philosophy*, p. 225, Point Loma Publications,San Diego 1990.

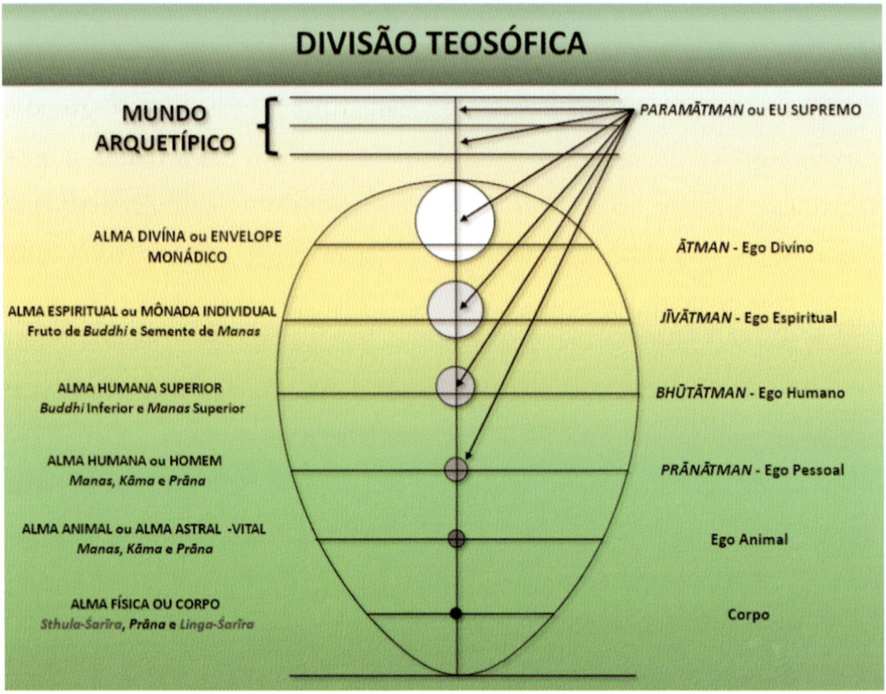
DIVISÃO TEOSÓFICA
MUNDO ARQUETÍPICO
PARAMĀTMAN ou EU SUPREMO
ALMA DIVÍNA ou ENVELOPE MONÁDICO
ĀTMAN - Ego Divino
ALMA ESPIRITUAL ou MÔNADA INDIVIDUAL
Fruto de Buddhi e Semente de Manas
JĪVĀTMAN - Ego Espiritual
ALMA HUMANA SUPERIOR
Buddhi Inferior e Manas Superior
BHŪTĀTMAN - Ego Humano
ALMA HUMANA ou HOMEM
Manas, Kāma e Prāna
PRĀNĀTMAN - Ego Pessoal
ALMA ANIMAL ou ALMA ASTRAL -VITAL
Manas, Kāma e Prāna
Ego Animal
ALMA FÍSICA OU CORPO
Sthula-Śarīra, Prāna e Linga-Śarīra
Corpo

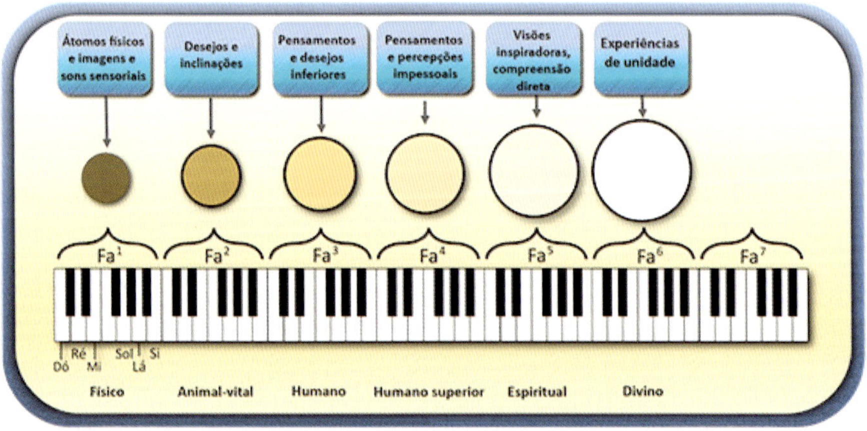
Átomos físicos e imagens e sons sensoriais
Desejos e inclinações
Pensamentos e desejos inferiores
Pensamentos e percepções impessoais
Visões inspiradoras, compreensão direta
Experiências de unidade
Fa1
Fa2
Fa3
Fa4
Fa5
Fa6
Fa7
Dó Ré Mi Sol Lá Si
Físico
Animal-vital
Humano
Humano superior
Espiritual
Divino

Quando, depois da sua morte, alguns supostos ensinamentos espirituais foram proclamados, sendo contrários ao que Blavatsky ensinou, temos simplesmente de determinar o seguinte: ou Blavatsky e os seus Instrutores estavam errados e existe aparentemente uma outra doutrina que contém mais verdade; ou então eles tinham razão. Neste caso, aquilo que é contrário ao que Blavatsky transmitiu não é verdade.

Mas isto não significa que depois dela não existiram outros representantes dos Mestres, que pudessem clarificar os textos de Blavatsky e, ao fazerem-no, pudessem levantar um pouco mais o véu e mostrar um pouco mais da verdade. Devemos abordar os seus ensinamentos da mesma forma que abordamos os de Blavatsky. Se os seus textos refletirem as nossas ideias que já ex perimentamos como verdadeiras, então podemos confiar razoavelmente nos seus ensinamentos.

De fato, cada ser pensante, quando está em um estado altamente intuitivo e compassivo, é capaz de encontrar um caminho para uma explicação mais profunda. Se negarmos esta possibilidade, então estaremos tornando Blavatsky em um ícone, colocando-a em um pedestal. E isto será tão injusto para ela quanto rebaixá-la ou ignorá-la. Em ambos os casos, isso conduz à degeneração.

A tendência para venerar a fundadora de um movimento espiritual pode ser encontrada em quase todos os movimentos espirituais. Nasce de uma sincera, mas muitas vezes cega, devoção. Para dar um exemplo: embora o Buda tenha enfaticamente proclamado que o homem deve alcançar a sua própria salvação, existem budistas que rezam a Gautama e imploram-lhe por saúde e felicidade.

Existem pessoas que têm uma imagem de Blavatsky em sua casa, e em cada decisão importante "consultam" essa imagem. Blavatsky certamente não ficaria satisfeita. E isto é um eufemismo!

Paradoxalmente, esta grande instrutora e principal fundadora da Sociedade Teosófica é, neste caso, mais um obstáculo do que um auxílio para a vida teosófica, pois um teosofista deve aprender a tomar decisões de modo independente.

A verdadeira prova é a aplicação

Acreditamos que, depois de Blavatsky, outros foram também ajudados e apoiados pelos Mestres. É sabido que existem cartas dos Mestres escritas depois da morte de Blavatsky. Annie Besant, da Sociedade Teosófica de Adyar, recebeu em 1900, nove anos depois do falecimento de Blavatsky, uma carta de um Mestre.[27]

W.Q. Judge também recebeu cartas de Mestres depois da morte de Blavatsky, o que, por sinal, originou muitos problemas, porque nem todos acreditaram nele. Katherine Tingley e Gottfried de Purucker estiveram também, por assim dizer, em contato com os *Mahātmās* anos após o falecimento de Blavatsky.

Seria ilógico que os Mestres virassem as costas à S.T. Mesmo um homem "mediano" não iria, a meio da sua missão, atirar a toalha ao chão. Iriam estes grandes e compassivos sábios agir dessa forma? Julgamos que não. É por isto que estamos convencidos de que, depois de Blavatsky, outros estudantes avançados explicaram e desenvolveram a *Theosophia* com a ajuda dos Mestres.

Existe uma pedra-de-toque que sirva para avaliar os mensageiros? Com certeza que sim. Acima de tudo e antes de mais nada, eles devem ser exemplos vivos dos seus ensinamentos. Devem praticar o que apregoam. Além disso, reconhece-se a árvore pelos seus frutos. O mensageiro proporcionou mesmo uma maior per-

---

[27] http://www.katinkahesselink.net/lastkh.htm. [Publicada em *Cartas dos Mestres de Sabedoria*, transcritas e compiladas por C. Jinarajadasa, p. 106 (Carta 46), Editora Teosófica.]

cepção? Em que medida ele contribuiu para moldar a fraternidade em termos práticos? E finalmente: a doutrina que ele veicula conflitua com a da Tradição Esotérica, da qual Blavatsky foi a última e grande representante? E não nos referimos às suas palavras (que são apenas ferramentas), mas ao conjunto integrado de ensinamentos. Isso não significa que um novo mensageiro não possa explicar e desenvolver os seus ensinamentos. Claro que pode: o propósito da missão dele é fazer isso. Não deve apenas repetir as palavras de Blavatsky. Se compararmos o primeiro grande trabalho de Blavatsky, *Ísis sem Véu*, com *A Doutrina Secreta*, notaremos que o último não contradiz o primeiro, mas explica-o e complementa-o em vários pontos. Quando Gottfried de Purucker apresenta o seu famoso diagrama oval[28], ele certamente não contradiz a divisão setenária da consciência humana dada por Blavatsky[29], mas vai um passo adiante. Ao apreendermos a ideia do digrama oval, somos capazes de perceber melhor o significado mais profundo de Blavatsky. Leia-se, por exemplo, a Estância 7 do volume I de *A Doutrina Secreta* e o comentário de Blavatsky sobre esta estância, especialmente o primeiro verso, com a frase de *O Livro Egípcio dos Mortos*. Combine-se isto com o diagrama oval e se compreenderá o que Blavatsky tentava comunicar.

Mesmo nós, editores da presente revista *Lucifer*, inspirados por uma citação de H.P. Blavatsky, desenvolvemos, de algum modo, este diagrama oval ao desenhar em cada ego uma oitava de um piano; uma modesta tentativa de tornar o ensinamento um pouco mais claro. Em resumo, quando a Teosofia nos é realmente pro-

[28] H.P. Blavatsky, *The Secret Doctrine*, Vol. 1, pp. 213-222 [pp.250-258 da da edição da Editora Pensamento].

[29] H.P. Blavatsky, "Psychic and Noetic Action". *Collected Writings*, The Theosophical Publishing House, Wheaton 1990, Vol.12, p. 368-369.

vada, devemos aplicá-la. Porque, ao fazê-lo, mostramos que realmente a entendemos. Digerimos os ensinamentos e novo alimento espiritual pode ser ingerido.

O Mistério da Consciência

Muito se fala sobre a consciência na Teosofia. E, ao fazê-lo, a Teosofia – pelo menos é o caso no tempo presente – sempre as sume uma posição diferente do que é comum no mundo científico. Pois pode abordar o mistério da consciência de duas maneiras. Pode afirmar, como faz o materialismo, que a consciência é um corolário da matéria, e, em particular, do nosso cérebro; ou pode concordar com o que o espiritualismo alega, que a matéria, e portanto também a matéria cerebral, é resultado da consciência. Seja qual for a sua posição, você sempre encontra alguns enigmas. Mas eles podem ser resolvidos. O mistério da consciência pode ser resolvido, pelo menos até um certo ponto. Mistério não significa que algo seja insolúvel, mas apenas que é insolúvel para o homem que não pensa.

Então, temos que usar nossa mente. Temos que pensar profundamente, refletir e especialmente ter uma mente aberta.

O cérebro: instrumento de consciência

Vamos, primeiramente, nos deter à ideia materialista, que, afinal, é a teoria predominante no mundo científico. Durante séculos, cientistas tentaram encontrar um lugar no cérebro onde a consciência residiria; um lugar que produziria consciência. A glândula pineal começou a ser considerada por isso. Mas as técnicas mais avançadas de hoje não podem encontrar um lugar onde estaria a origem de nossa consciência. Daí surgiu a ideia de que *todo o cérebro* produz consciência. Especialmente o filósofo americano Daniel Dennett adere a esta ideia. Ele diz que a consciência humana é nada mais do que a interação entre bilhões de células cerebrais e é, portanto, uma ilusão. Pesquisas recentes parecem confirmar isso. Mas será que esta teoria é lógica? Há argumentos para ela? Vamos examiná-la.

Bem, existem 100 bilhões de células cerebrais, ou neurônios. Cada neurônio faz e desfaz milhares de contatos com outros neurônios. Um neurônio faz 5.000 ligações (sinapses). Por segundo, há milhares e milhares de contatos sendo feitos e desfeitos. Conexões entre neurônios são inseridas e são desfeitas novamente. Cada neurônio é conectado a pelo menos 1.000 outros neurônios. Um neurônio dispara 550 vezes por segundo para outros neurônios. O número de combinações possíveis é 1 + 1 milhão de zeros.

Agora temos que nos perguntar: pode um campo tão vastamente e constantemente alterado produzir consciência durável? Depois de tudo, existe sem dúvida uma continuidade em nossa consciência. Mas como isto é possível quando aquilo que produz essa consciência está mudando constantemente?

Isso tudo não significa que a consciência não está no cérebro, mas que o cérebro é um *instrumento* de consciência? É provável que o nosso cérebro, que alguns chamam a estrutura mais complexa do Universo, possa cumprir sua função sem orientação? Ou é mais provável que haja algo que controle os processos em nosso cérebro?

Nós pensamos que, de fato, deve haver algo como um poder ou uma força que coordene o funcionamento do cérebro, caso contrário, o cérebro nunca seria capaz de funcionar adequadamente. Essa força de coordenação não pode estar no próprio cérebro, que é composto daqueles milhões de neurônios ativos.

Compare nosso cérebro com uma metrópole, onde milhões de pessoas todos os dias se deslocam de carro, ônibus, metrô, bicicleta. Deve haver alguém ou algo que coordene isso, senão surgeria um caos completo. E nosso cérebro é milhões de vezes mais complicado que a maior das cidades.

O que então é "esse algo" que coordena as sinapses dos neurônios? É a consciência. A consciência *conduz* esses processos, não *surge* dos processos. Em outros palavras: o cérebro não é a causa da consciência, mas muito mais o instrumento que facilita a consciência.

Compare o cérebro com um aparelho de rádio, ou com algo ainda mais moderno: o *Spotify*. O rádio ou o software do *Spotify* não produzem música, mas dão a oportunidade de fazer essa música ser ouvida; é, por assim dizer, uma estação intermediária, um transformador que torna a música audível para o ouvinte.

Da mesma forma, nosso cérebro é um instrumento – a *interface* entre a consciência e o veículo humano, o corpo, ou: a ligação entre o mundo interno e o externo.

Ele não apenas transmite informações do mundo interior para o mundo exterior, mas também o oposto. Aliás, esse instrumento em si também está vivo, é também uma consciência. Todas as células são consciência. As moléculas e os átomos que compõem o cérebro são consciências, como explicaremos mais adiante.

Desse modo, a consciência humana tem a oportunidade de se expressar neste mundo, mas o cérebro também passa ou transforma a informação deste mundo físico para a sua consciência, para que estejamos cientes disso. Assim, som, cores, cheiros, calor, frio, e algumas desarmonias do corpo que sentimos como dor, etc., são comunicados à consciência.

Portanto, o cérebro é um instrumento indispensável para a consciência se manifestar. Mas assim como não podemos descobrir o mistério do motorista no carro que ele dirige, não podemos encontrar o mistério da consciência no cérebro.

Percepção

Então, é claro que com estas considerações ainda não resolvemos o mistério da consciência, mas pelo menos sabemos que não precisamos olhar para o nosso cérebro a fim de achar a solução do mistério. Precisamos estudar "aquela coisa" que usa o cérebro como instrumento. O que é então "esse algo" que se esconde atrás do cérebro? O que é consciência?

Bem, consciência é "perceber", é "percepção". Perceber, de qualquer maneira que seja.

Ao perceber, podemos entender a percepção sensorial: ver, ouvir, cheirar, sentir, mas também outros tipos de percepção – pensar também é perceber. Nós percebemos pensamentos. A intuição também é perceber. E o que chamamos de instinto no mundo animal também é uma forma de percepção. No reino animal encontram-se belos exemplos de percepção não sensorial. Todo dono de cachorro pode endossar isto. Existem várias formas de percepção que nós, com certeza, não conhecemos.

A percepção sempre tem duas direções: recebemos um estímulo ou somos tocados e interpretamos esse toque ou estímulo. Observamos, sentimos ou, por exemplo, transmitimos um pensamento e recebemos uma resposta. É um processo muito dinâmico. Em um só dia, milhares, se não milhões, de incentivos chegam até nós. Perceber, portanto, não é um evento passivo. De fato, a consciência se projeta no objeto da percepção. Lança, por assim dizer, um feixe de luz de si mesma com seu próprio espectro pessoal, de modo que se torna consciente do que é percebido de acordo com sua própria característica.

Todos os fenômenos – minerais, átomos, planetas e sóis – percebem. Se não fosse esse o caso, eles não poderiam responder um ao outro. E todos os fenômenos respondem uns aos outros, caso contrário eles não se comportariam da maneira como o fazem. Eles são, portanto, também consciências.

A percepção também pressupõe certo grau de inteligência, porque de alguma forma o que foi percebido deve ser processado. Inteligência não é intelectualidade, não é intelecto. Agir inteligentemente significa que você faz alguma coisa com aquilo que você percebeu. Que processa isso. Que aprende com isso. E que aplica o que aprendeu.

O processamento do que é percebido leva ao crescimento. Logo, a inteligência e o crescimento estão inextricavelmente ligados à consciência.

Crescimento infinito da consciência

O próximo passo em nossa pesquisa sobre a consciência é: o que é que percebe?

O que é que está ciente do que é percebido? Deve sempre haver algo que esteja ciente de alguma coisa, algo que tenha consciência. Ou seja, a consciência deve sempre existir em relação a algo que é consciente. Se não há nada que possa estar ciente, não há consciência. Portanto: na consciência deve estar sempre alguma coisa.

Esse algo é indicado em diferentes épocas e em diversos sistemas religiosos e filosóficos com várias palavras: o espírito, a alma, a centelha divina, *Ātman*, a Mônada. O nome não importa. É aquilo que tem consciência.

No entanto, esse espírito ou Mônada também percebe – em seu próprio plano espiritual. Logo, também é consciência. E por que a consciência só pode existir em relação a algo que é consciente, algo tem que estar nesse espírito ou nessa Mônada. Algumas escolas filosóficas tentaram apontar algo maior. Dentro de *Ātman* está *Paramātman*. Ou, dito de outra forma: uma consciência ainda maior e mais extensa do que *Ātman* é *Paramātman*. E dentro da Mônada está a essência mónadica.

A lógica determina que *Paramātman* também deve estar em relação com algo ainda maior, etc. Mas é evidente que em um certo ponto nosso entendimento – e nossa linguagem também – deixa de entender ou de nomear essas consciências.

Tudo isto significa que consciência deve ser *essencialmente* infinita. Note: *em essência*, é infinita. Agora estamos falando de um *conceito abstrato*; estamos falando sobre consciência absoluta, ou talvez não tenhamos que usar a palavra consciência, mas *Ser* ou *Serdade [Be-ness*, em inglês], ou *Seidade*, ou *Existencialidade.*

Essa *Serdade* ou *Seidade* pode ser denominada consciência absoluta. Ao mesmo tempo, é inconsciência. Afinal, não há nada além dessa Seidade, desse ESPAÇO, como podemos chamá-la. O espaço ilimitado não pode ser consciente de alguma coisa, portanto, é inconsciência; porém, ao mesmo tempo, é a fonte de toda consciência. Paradoxo estranho, não é?

Estamos falando do que é realmente a origem, o pano de fundo da consciência. Eis aqui é o mistério dos mistérios.

Estamos falando da ilimitabilidade, e o ilimitado nunca pode ser consciência no sentido de *uma* consciência; porque um ser, uma entidade, nunca pode ser ilimitado, pois se fosse ilimitado, seria tudo, e não seria um ego.

Como já dissemos, a consciência só pode existir em relação a alguma coisa que é consciente. Consciência, por isso, presume uma outra coisa, e quando falamos da ilimitabilidade falamos do UNO.

H.P. Blavatsky, em *A Doutrina Secreta*[30], fala sobre a ilimitabilidade como a raiz sem raiz, ou a causa sem causa, de tudo que foi, é ou sempre será. "Nessa" realidade UNA, "nesse" Espaço absoluto e abstrato – infelizmente temos apenas a língua humana para tentar expressar essas ideias sutis e espirituais –, aparecem e desaparecem universos. Há sempre movimento.

Livre-arbítrio e o surgimento de um cosmos

No Oriente esse movimento eterno é chamado O Grande Sopro, O Grande Alento.

Quando um universo desaparece, a consciência de todos os seres vira UMA só. Ficam em um estado que para nós é dificílimo de compreender: estado sem tempo, sem qualidades. É o estado de *Pralaya*. E – mistério dos mistérios – em *Pralaya* não há consciência; pelo menos, não no sentido em que nós a entendemos.

Depois do *Pralaya*, o Cosmos acorda e devagarzinho começa a viver. Naquele momento a consciência nasce ou, melhor ainda, renasce.

Primeiro de tudo, desperta a consciência maior, a mais avançada, o topo da Hierarquia do Universo que nasce.

Não existe uma força fora do Cosmos que o desperte. É importante perceber isso.

Isso implica que é por livre-arbítrio que um cosmos volta a existir. O livre-arbítrio é a essência da consciência. Sem ele, não poderia haver consciência e não haveria o Cosmos.

A Hierarquia, que é o Universo, consiste em espírito e matéria, ou, como também podemos chamar, energia e matéria. Mas esses dois não são essencialmente diferentes.

---

[30] H.P. Blavatsky, *The Secret Doctrine*, I, Proem, p. 14. [*A Doutrina Secreta*, vol. I, Proêmio, p. 55, Editora Pensamento.]

Espírito e matéria são um. Espírito é matéria etérea, e matéria é espírito cristalizado.

São duas fases da consciência. A consciência, portanto, está no coração do que podemos denominar energia e substância. É a raiz de todas as coisas. Matéria morta não existe.

Consciência é, em certo sentido, o próprio espaço cósmico. Ou em outras palavras: a consciência é o fundamento de deuses, mônadas, átomos, a base de tudo.

O Universo é consciência incorporada ou, talvez melhor, formulada: consciências incorporadas, que se relacionam umas com as outras hierarquicamente.

No surgimento de um cosmos, a consciência mais avançada desperta primeiro. Essa consciência cria um campo no qual as outras consciências – outros seres vivos – podem se manifestar. Por meio deste processo de emanação, todo o Cosmos – com todas as consciências – volta a ser. O Cosmos nasce, cresce, e todos os seres tomam seu próprio lugar de acordo com o estado de desenvolvimento.

A consciência manifestada é limitada

Todos os seres têm, por consequência, as suas limitações. Afinal, comparadas ao topo da hierarquia, todas as consciências são limitadas. Assim, uma consciência – um ser, uma entidade, seja um Buda, um Deus – deve ser limitada. Mas estamos falando de uma limitação *dinâmica*. Não há limites fixos e duradouros. Todos os limites podem ser deslocados e expandidos.

Por isso, essa limitação oferece oportunidades. Ela exige, por assim dizer, crescimento; obriga a limitação a ser menos restrita. Então, na consciência em si já existe uma tendência ao crescimento. É esse crescimento que está sempre conectado a outras consciências.

De fato, uma consciência em si mesma não pode existir. A natureza da consciência é, como dissemos, percepção. Sempre observando alguma coisa. E daí responde ao que percebe, pois intimamente, junto com o poder de percepção da consciência, há o fato de que as consciências sempre reagem umas às outras.

Nesse aspecto, a consciência é o mesmo que vida. E de acordo com a definição de Platão, vida é aquilo que se pode colocar em movimento; então, pode agir, reagir e, por sua vez, ser objeto de ação.[31] Na biologia atual, a vida é definida em termos químicos. Se uma "coisa" é composta de certas substâncias, de aminoácidos, que formam proteínas e ácidos nucleicos e moléculas de DNA ou RNA, os biólogos dizem que a coisa está viva. Tal definição é completamente arbitrária. Se considerarmos a vida como algo que responde às circunstâncias, que cresce, se move, reage, é irrelevante de quais materiais é constituída.

Átomos reagem uns aos outros. Eles formam moléculas e totalidades ainda maiores. As células cerebrais estão constantemente fazendo e desfazendo sinapses. As plantas reagem à luz do sol, reagem umas às outras, reagem aos seres humanos, aos animais. Animais reagem a outros seres vivos.

Olhe para o Universo: os planetas giram em torno do Sol, são influenciados em sua órbita por outros planetas, por outros sóis. Nosso Sol reage e coopera com muitos outros sóis.

Até as galáxias reagem umas às outras e giram em torno umas das outras.

Todos fazem isso porque percebem um ao outro, e dessa percepção decorre a interação, e essa interação é a marca da vida. Tudo está vivo, tudo é consciência.

---

[31] Platão, *As Leis*, 894c-896d; Platão, *Phaedrus*, 245c-e.

Mudança e imortalidade relativa

A consciência sempre esteve lá e sempre estará lá, mas nunca permanece a mesma. Essa é uma ideia extremamente essencial para que se entenda o que é a consciência. Consciência é mudança. A consciência passa de um estado para outro. Um ser humano está continuamente mudando. Morre constantemente e nasce simultaneamente. Morre como criança, e essa morte significa o nascimento do adulto. Morrer e nascer são processos que ocorrem simultaneamente. De algum modo, no fim do dia, você é uma pessoa diferente da que saiu da cama de manhã.

A consciência, então, não é eterna no sentido de que seja imutável. Este é um dos ensinos mais complexos e que deu origem a mal-entendidos entre seguidores de diferentes religiões.

Por exemplo, o budismo afirma que não reconhece o Eu. Essa doutrina é chamada *Anātman*, não-*Ātman*, ou não-ego. O hinduísmo, entretanto, reconhece o *Ātman*.

Contudo, é uma contradição apenas aparente, um paradoxo que, se você estudar bem, o budismo pode explicar, especialmente com a ajuda de Teosofia. Todo mistério pode ser explicado.

No *Ananda-sutra* – um antigo texto budista na língua páli – é contado que o monge Vacchagotta foi até o Buda e lhe perguntou se havia no homem um EU permanente – *Ātman*. Buda ficou em silêncio. Daí o monge Vacchagotta lhe perguntou se não havia no homem um Eu permanente – *Ātman*. Buda permaneceu em silêncio. Mais tarde, Buda explicou a Ananda, seu discípulo iniciado, que todas as respostas que ele pudesse ter dado dariam origem a compreensões errôneas. Se Buda tivesse dito que havia um ego permanente, o monge pensaria que alguma coisa no homem permaneceria a mesma para sempre, o que não é verdade. E se tivesse respondido que não havia *Ātman*, o monge pensaria que a vida cessaria, uma visão ateísta que também não é verdade.[32]

Como então devemos ver a mortalidade e a imortalidade da consciência?

Se a consciência é percepção, mudança, movimento, sempre deve haver algo que muda. Porque se não houver nada, também nada poderá perceber ou mudar.

Em essência, a consciência é a própria ilimitabilidade, o que acabamos de chamar de ESPAÇO. Somos a ilimitabilidade. *TAT TWAM ASI*, dizem os *Upanishads*. Nós somos Aquilo. Nós somos ilimitados.

Não obstante, como consciências manifestadas, não expressamos a ilimitabilidade, mas estamos constantemente trabalhando para dar mais e mais expressão ao que somos no coração de nosso coração – a ilimitabilidade –, sem nunca sermos capazes de expressá-la completamente, porque, se conseguíssemos isto, o ilimitado não seria ilimitado.

Chamamos essa doutrina de *imortalidade relativa*. Sempre haverá algo que somos, mas esse algo está sempre mudando. Nossa consciência é o eterno peregrino, que viaja continuamente para maiores alturas de consciência.

Graças aos deuses, estamos mudando constantemente! Imagine se não mudássemos! Devemos sempre estar satisfeitos com a limitação, com nossas visões limitadas. Se assim não fosse, nunca seríamos capazes de adquirir novas experiências. Nunca poderíamos aprender algo novo. Não poderíamos conhecer novas pessoas. Deveríamos repetir a mesma coisa para sempre. Seria o inferno!

---

[32] www.purifymind.com/AnandaSutra.htm. [Ver também: H.P. Blavatsky, *A Chave para a Teosofia*, capítulo "Ensinamentos Fundamentais da Teosofia", Editora Teosófica. (N.E.)]

Autoconsciência

Foi através desse crescimento que nós, como seres humanos, alcançamos o *status* de autoconsciência.

Autoconsciência e consciência são frequentemente confundidas. Os cientistas tendem a qualificar apenas a autoconsciência como consciência. A Teosofia, por outro lado, diz que a autoconsciência é uma forma de consciência. Se a consciência significa perceber, a autoconsciência significa: perceber a si mesmo. Seres humanos podem olhar para si mesmos, refletir sobre si mesmos, podem fazer escolhas.

O livre-arbítrio é maior nos humanos do que nos animais, o que significa que o homem pode se identificar com qualidades espirituais divinas, mas também pode se reduzir à bestialidade. A consciência é composta. O homem pode, assim, escolher em qual aspecto de sua consciência ele vai se concentrar.

É essa liberdade de escolher que intrigou o filósofo renascentista Pico della Mirandola. Na opinião dele, esse livre-arbítrio faz do homem o mais nobre de todos os seres. Porém, um homem pode tanto se considerar como um ser separado dos outros, o que levará ao egoísmo, como pode se considerar um ser que se sabe UM com a consciência abrangente, UM com o cosmos, o que levará à abnegação e à compaixão.

Os seres de outros reinos também são consciências: consciências animais e vegetais. Mas eles não sabem que são conscientes, porque ainda não desenvolveram a autoconsciência.

A autoconsciência está intimamente relacionada com o pensamento, com a nossa mente. É também um dos mal-entendidos comuns. Existem pessoas que acreditam que a consciência *vem* da nossa mente. Nós afirmamos, entretanto, que o pensar é uma forma de consciência, assim como o instinto é uma forma de consciência, e existem formas divinas de consciência. Existem inúmeras formas de consciência.

Algumas dessas formas têm um alcance maior do que as do reino humano. Outras têm um alcance menor. Todas essas consciências diferentes têm a ver umas com as outras, porque elas fluem umas das outras e, portanto, também são compostas umas pelas outras. Toda consciência é composta. Tem características diferentes, cores diferentes, por assim dizer.

Consciência é movimento. Uma consciência percebe e responde à outra. Todas as consciências formam uma gigantesca Teia de Vida, a Teia da Consciência. E como todo ser faz parte dessa teia, também possui tudo daquela teia, assim como uma gota do oceano realmente reflete todo o oceano.

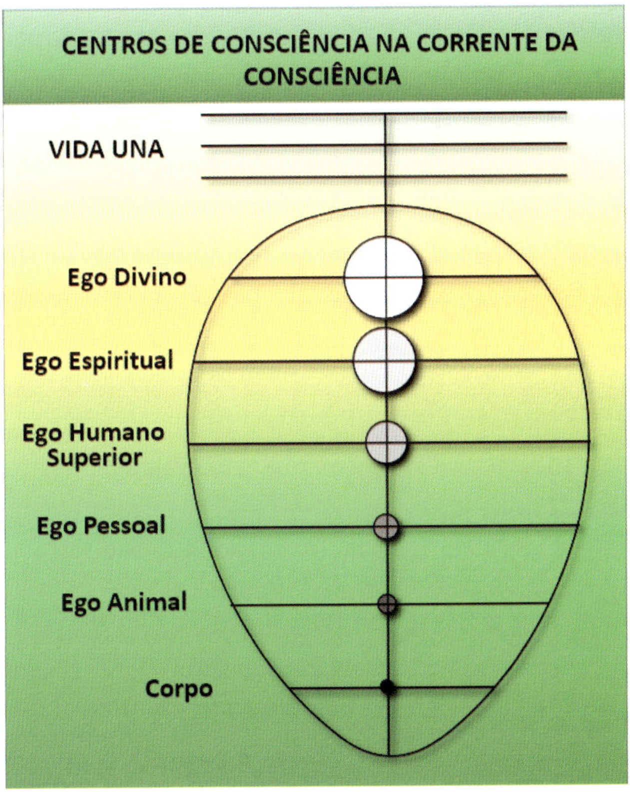

Fluxo de consciência

Por isso podemos ver o homem como um *fluxo de consciência*. No diagrama acima, a linha vertical representa esse fluxo de consciência. Ele possui todas as forças e qualidades da Teia da Vida; consiste em diferentes centros egoicos, centros de consciência, mônadas, egos.

Há um ego divino, um ego espiritual, um ego humano e pessoal, e finalmente um ego animal e o corpo, o portador de todo o fluxo de consciência. Neste fluxo existem transformadores, por assim dizer. Cada ego é como um transformador, que funciona em um certo nível de consciência. Compare-o com transformadores que ajustam um fluxo de eletricidade. A eletricidade é gerada com uma voltagem de, vamos supor, milhares de volts, e é transformada por vários transformadores para 220 volts: uma força viável em nossos lares. Todos esses transformadores no fluxo da consciência são, como já dissemos, mônadas.

Uma mônada pode ser definida como um centro de consciência. Ela não tem lugar, não tem posição. Não se pode dizer que ela está ali ou aqui. Uma mônada é um ponto matemático de consciência. O centro está em toda parte e o perímetro não está em lugar nenhum. Na verdade, uma mônada é uma abstração.

Todas as mônadas estão em um certo estágio de desenvolvimento. Quanto mais se desenvolve, maior o alcance da consciência. Quanto maior o alcance da consciência, maior o mundo em que vive. As mônadas relativamente mais desenvolvidas têm um alcance de consciência de todo o Universo. E com "todo o Universo" não me refiro ao Universo físico, mas especialmente àqueles mundos internos.

Todos esses egos têm uma característica específica. Eles expressam um certo princípio de manifestação. Existem sete princípios de manifestação. Sete capacidades da consciência:

1. *Ātman*	Capacidade de se unir com a EssênciaUna
2. *Buddhi*	Capacidade de entender, "iluminação", *insight*
3. *Manas*	Capacidade de pensar, perceber pensamentos
4. *Kāma*	Capacidade de realizar desejos
5. *Prāna*	Capacidade de ação vital
6. *Linga-Śarīra*	Capacidade de sentir
7. *Sthula-Śarīra*	Capacidades físicas

No diagrama abaixo, de um lado do fluxo de consciência, encontram-se os nomes das mônadas; do outro, suas características.

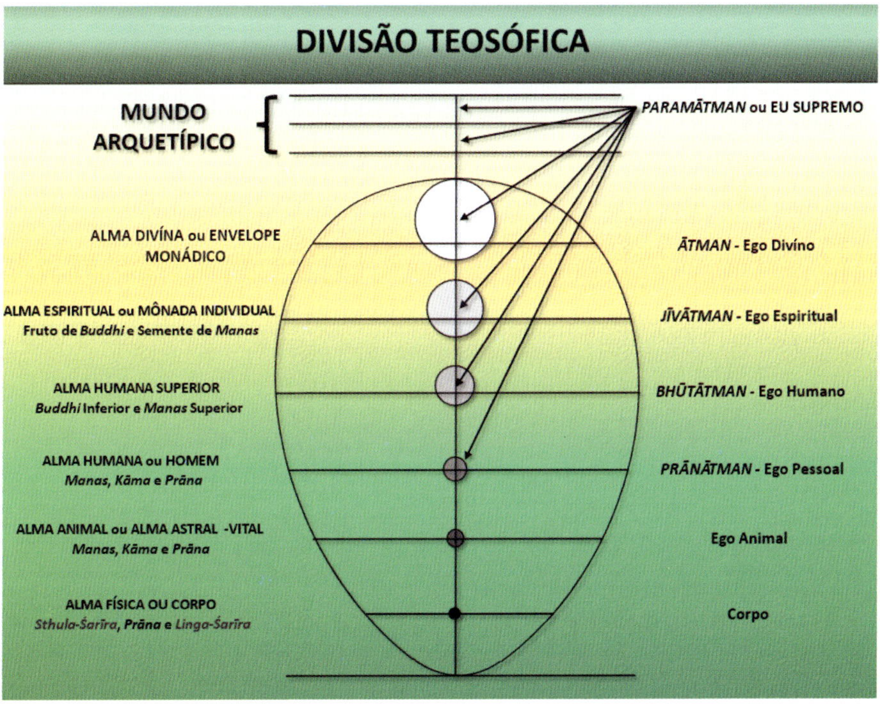

Nós, humanos, expressamos especialmente nossa personalidade, o ego pessoal, *Prāṇātman*, em sânscrito. O ego pessoal cobre apenas essa área física. A área do planeta Terra.

Com este diagrama, pode-se explicar bem porque perdemos nossa autoconsciência quando adormecemos. Por que não podemos adormecer autoconscientemente?

Perdemos nossa autoconsciência porque estamos focados neste mundo terreno. Nós nos deitamos e, de repente, desaparecemos. Estamos dormindo.

Nós apenas concedemos realidade a esse mundo, o mundo do ego pessoal. Os outros mundos não existem para nós, assim como para um peixe a terra não existe.

Na verdade, a única coisa que permanece em nós quando morremos ou dormimos é o desejo – a sede – por uma vida manifestada. Por isso acordamos sempre, mesmo quando não colocamos o despertador; ou, no caso do grande sono, a morte, reencarnamos de novo em uma atmosfera em que estaremos autoconscientes.

Obviamente, nossa evolução significa o desenvolvimento dessas faculdades superiores, pertencentes às mônadas mais elevadas, que têm características como o intelecto (*Manas*), mas especialmente o entendimento (*Buddhi*) e a experiência de unidade (*Ātman*).

Precisamos separar a consciência cada vez mais dos aspectos pessoais, da nossa personalidade, que na verdade nada mais é do que a máscara, que serve para que os aspectos superiores sejam capazes de se manifestar. Verdadeiro entendimento, compaixão e bondade são as qualidades desses princípios da consciência superior. Se pudermos ativar os aspectos mais elevados no fluxo da consciência, mesmo que vivamos na personalidade, poderemos também alcançar outros estados de consciência.

Ressonância

Como podemos, mesmo vivendo em nossa personalidade, ser afetados por esses níveis superiores, níveis que podemos chamar de divinos? Isso pode ser feito por ressonância. Nós desenvolvemos um modelo para isso, que chamamos de modelo do piano:

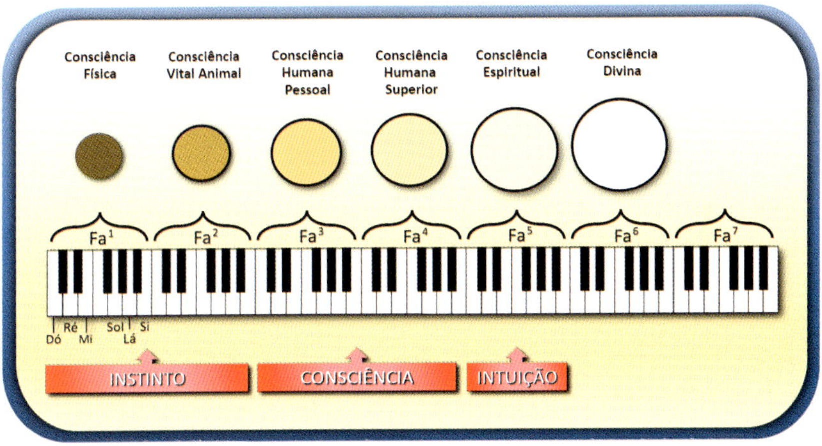

Como cada mônada consiste nos mesmos aspectos – como é em cima, assim é embaixo –, podemos tocar uma corda em nós mesmos que tenha como resultado a influência das mônadas superiores em nós. Se acertarmos um *dó* ou *mi* em uma oitava específica no piano, o *dó* ou *mi* nas oitavas mais baixas e mais altas vibrarão também. Então, quando tocarmos em nós mesmos o tom da espiritualidade, da compaixão e do amor, o tom suprapessoal, vibraremos nas mônadas superiores em nosso fluxo de consciência e obteremos a influência delas. Assim, aprenderemos a experimentar outros estados de consciência.

Se você tocar tons diferentes em um piano – um acorde – o ouvinte treinado poderá distinguir cada um desses tons. Da mesma forma, uma pessoa que vive neste mundo físico pode tornar-se consciente do que os sentidos comunicam a ela, enquanto, ao mesmo tempo, está ciente de outros estados de consciência.

Quatro estados de consciência

Nesta vida terrena conhecemos diferentes estados de consciência: estado de fúria, estado emocional, estado de intelectualidade, ou de compaixão, etc. Todas essas condições pertencem a nosso estado de vigília. Mas à noite dormimos. E onde fica nossa consciência quando dormimos? Está em uma condição diferente. Às vezes sonhamos, às vezes não sonhamos.

Os *Upanishads* hindus apresentam quatro estados de consciência fundamentais. A primeira condição é chamada de *jāgrat,* em sânscrito. É o estado de vigília. Quando sonhamos, o estado é de *svapna,* o estado de sonho. Se você dorme muito profundamente – um sono sem sonhos –, está no estado de *sushupti.* Finalmente, há o estado de *turiya,* também chamado de *samadhi.* Uma condição ainda mais profunda que a de *sushupti,* um sono ainda mais profundo, absolutamente sem sonhos. No fundo, é a aniquilação da consciência humana. Paradoxalmente, é também um estado de consciência altamente elevado, como tentaremos explicar mais tarde.

O estado de vigília, ou *jāgrat,* é o estado ou condição normal da consciência quando não se está dormindo.

Svapna é o estado de consciência mais ou menos liberado do corpo físico e parcialmente desperto nos reinos astrais. O plano astral é uma área física que é ligeiramente mais etérea que a área que podemos perceber sensorialmente. É a área das emoções, dos sentimentos e dos desejos. Encontra-se entre as esferas espirituais e a nossa área sensorial perceptível.

Sushupti é o estado de autoesquecimento em que o ser humano mergulha quando a consciência percipiente entra na condição puramente *manásica*. É a nossa mente. A mente pode ser dividida em uma mente inferior e uma superior. Nós vivemos com a mente inferior no estado de *jāgrat*. A mente inferior é a personalidade, que vive no estado de separatividade. A mente superior dorme, pelo menos para a maioria das pessoas. Apenas ocasionalmente nós nos identificamos com ela. O estado do *Manas* superior é para nós um território desconhecido. É ainda tão desconhecido que não podemos adquirir experiência no mundo a que essa mente superior pertence. Compare isso com uma criança de quatro anos, que participa de uma aula na faculdade de matemática. Ela não entende nada das fórmulas que o professor escreve no quadro, e adormece.

Turiya, que literalmente significa o quarto, é uma aniquilação prática da consciência humana diária. É uma realização de união com o *Ātman-Buddhi* – ou seja, a parte divina-espiritual em nós. *Ātman-Buddhi* funciona através do *Manas* superior.

Por que normalmente há uma aniquilação dessa consciência superior no nosso dia a dia? Isso ocorre porque esta condição é tão exaltada que você se reconhece UM com toda a vida, e a personalidade – o ego pessoal – é tão limitada que simplesmente não consegue atingir tal estado. Podemos fazer a seguinte comparação: a criança em nós deve morrer para que o adulto possa viver. A criança é, por assim dizer, "destruída". Da mesma forma, nossa consciência diária, vivendo no sentimento da separação, precisa ser "destruída" se quisermos alcançar o estado de *turiya,* que é um estado de absoluta inconsciência para a consciência diária.

Pode-se dizer, em outras palavras, que um ser humano – a mônada pessoal humana – ainda dorme, em comparação com as mônadas mais altas. Às vezes é dito na Teosofia que um ser humano é um Buda adormecido e que temos que despertar nosso Buda interior. Embora seja uma imagem que apela à imaginação e inspira as pessoas, podemos também dizer que o Buda em nós está bem acordado, mas o ego pessoal está dormindo no mundo búdico.

Todavia, o homem, vivendo em sua personalidade, tem uma vaga sensação desses estados superiores de consciência – é esse indefinível desejo por algo que não conhecemos, mas que mesmo assim sabemos que existe. O português tem uma palavra linda para esse desejo, para essa aspiração: saudade. No entanto, essa saudade não deve estar focada na Terra. Porque então pode acontecer de a pessoa nunca encontrar a paz, porque as coisas terrenas são perecíveis, são ilusões. Essa saudade deve concentrar-se naquele distante horizonte da vida, onde unidade e bem-aventurança predominam.

Quatro óculos

Por que o homem, vivendo na Terra no estado de *jāgrat,* pode experimentar também o estado de *svapna* ou *sushupti*? A resposta é porque os quatro estados fundamentais da consciência se refletem. A chave mestra é sempre as correspondências na Natureza. Tudo repete todo o resto em seu próprio nível.

Assim, por exemplo, no estado de *svapna,* há também o estado *jāgrat* e *sushupti* e *turiya.*

Aqui reside a chave para a mudança de consciência que explica por que nós humanos, vivendo em *jāgrat,* podemos experimentar influências de outros estados de consciência. Ou seja: há um estado *jāgrat* no *jāgrat*; existe um estado *svapna* no *jāgrat*; há uma condição de *sushupti* no *jāgrat*; e há até um estado de *turiya* em nosso estado de vigília.

Podemos comparar esses quatro estágios de consciência com quatro maneiras através das quais podemos ver o mundo e a vida. Quatro perspectivas diferentes. Digamos: o homem tem acesso a quatro óculos. Cada par de óculos dá uma cor diferente à vida. Vê-se a mesma coisa, mas a interpretação do que se vê é completamente diferente.

Os primeiros óculos vão fazê-lo viver neste mundo físico. O ser humano apenas atribui realidade a esse mundo. Não existe nada mais do que isso. Acredita na matéria e, para ele, tudo aquilo que ele não vê, ouve, prova ou cheira simplesmente não existe. Esses óculos proporcionam uma visão unilateral da vida. Não se veem as conexões subjacentes.

O segundo par de óculos dificilmente propicia uma visão mais ampla da vida. Você sente que há mais do que este mundo exterior, mas enreda-se nas ilusões do mundo astral. Esses óculos às vezes podem deixá-lo muito feliz, mas também muito triste. Às vezes você vê uma conexão com seus semelhantes e sente pena quando alguém sofre, mas no momento seguinte pode se sentir magoado se alguém o ignora ou não lhe dá atenção suficiente.

Quando você olha através do terceiro par de óculos, você se vê como parte de um todo maior. E com isso não quero dizer apenas o mundo físico – uma parte do seu país ou do mundo –, mas também uma parte de mundos que transcendem o mundo físico. Você vê sua própria vida como um elo entre as vidas anteriores e posteriores. Você se vê como um veículo de consciências maiores. Você se vê como parte da humanidade, sim, como parte de toda a vida.

Alguém me disse uma vez que quando ele foi confrontado com a morte – estava em perigo de morte –, ele atingiu uma espécie de estado de iluminação. Percebeu muito bem onde estava e o que estava acontecendo, mas olhou para tudo de uma perspectiva completamente diferente.

O quarto par de óculos, através do qual muito poucas pessoas conseguem enxergar – e quando o fazem, é apenas por um breve momento –, permite a perspectiva de perfeita união. A ideia de *eu* e de *você*, de *eu* e o *outro*, desaparece totalmente. Só existe NÓS.

Às vezes, quando estamos na Natureza, quando vemos uma bela obra de arte ou quando ouvimos uma linda música, colocamos esses óculos quase inconscientemente. Esquecemos o nosso ego pessoal e, ao mesmo tempo, estamos muito conscientes de tudo e nos reconhecemos como parte dessa totalidade. São momentos em nossas vidas que nunca esquecemos. *Turiya*, o estado exaltado de consciência, é o tom do Ego divino e espiritual. Se você atingir esse estado, viverá neste mundo divino e espiritual. Aqui o artista encontra sua inspiração. Inspiração é a vida que flui de *Ātman* nele. Daqui o verdadeiro cientista e o filósofo derivam suas ideias intuitivas.

Expansão da consciência

Finalmente, resta a pergunta: como podemos expandir a consciência?

Nós, da tradição Point Loma da Sociedade Teosófica, recomendamos a chamada meditação de 24 horas. Não se preocupe, não precisa ficar parado por 24 horas prestando atenção na sua respiração. O que queremos dizer é que você, primeiramente, tente fazer uma grande imagem da Unidade. Use sua imaginação. Crie uma imagem mental do mundo como um todo. Tente imaginar que o mundo é um só, e que você é esse mundo. Você pode fazer isso, por exemplo, ao pensar em todos os seus amigos. Vá até um amigo em seus pensamentos e perceba que você é ele; vá em seus pensamentos até todos os seus amigos, primeiro individualmente, e depois pense neles como um coletivo, e saiba que você é todos eles. Mas talvez você também tenha inimigos. Vá até eles em seus pensamentos e perceba que você é eles também. Daí, vá até as pessoas que você não conhece, de outras nacionalidades, pessoas que moram longe de você. Você é todos eles. Também saiba que você é os animais e as plantas, o planeta em que vivemos, o Sol.

Assim você cria uma imagem de fraternidade universal. De fato, você elabora a ideia de que todos os seres são mônadas, centros de consciência. Consequentemente, não há essencialmente qualquer diferença entre você e um deus ou uma formiga em seu jardim. A fraternidade universal não é um conceito vazio, mas um fato na Natureza.

Tente fazer uma imagem do OCEANO do Ser, em que toda entidade é uma gota, não uma gota, uma onda; ou nem uma onda, mas um temporal.

Essa imagem universal da fraternidade deve estar sempre no fundo de sua consciência. Essa é a meditação de 24 horas. Todos os outros pensamentos que você tiver serão coloridos por esta imagem.

É assim que você alinha seu piano interior com o tom de *Buddhi* e *Ātman*; e assim a influência das mônadas superiores no fluxo da consciência fluirá para a sua consciência e o levará a uma percepção cada vez maior, o que significa: o levará a uma percepção de coerência, de fraternidade e unidade cada vez maior; e o conduzirá, em breve, a uma expansão verdadeira da consciência, a uma compreensão cada vez maior do que seja realmente a consciência.

E com isso, terminamos aqui, expressando a ideia básica com a qual começamos: todo ser é consciência.

Joias 1, 2 e 3

Reencarnação, *Karma* e Hierarquias

Todas as pessoas, pelo menos em algum momento de sua vida, estão procurando uma resposta para as perguntas e as tristezas da vida. Muitas têm a intuição de que todos os seres são interligados, que a nossa vida tem um sentido e que temos um livre-arbítrio e uma responsabilidade; mas muitas vezes não têm uma filosofia de vida que responda as perguntas e que lhes dê coragem durante os desafios cotidianos.

Neste capítulo, vamos apresentar e investigar três "pedras angulares", ou três "pilares", dessa filosofia de vida: reencarnação, *karma* e hierarquias.

Estas três pedras angulares, ou Joias da Sabedoria, estão baseadas nas três ideias fundamentais, as Proposições Fundamentais de *A Doutrina Secreta,* e podem ser resumidas como: "Ilimitabilidade", "Ciclicidade" e "a Peregrinação obrigatória".

Apresentamos essas ideias como hipóteses que você pode investigar. Você pode se perguntar se estas Joias dão explicações que satisfaçam sua mente e seu coração. E se vale a pena aplicá-las em sua vida.

Uma coisa é certa: no mundo, encontramos uma variedade enorme de pontos de vista sobre vida e morte, e a visão que adotamos tem uma grande influência sobre nossos objetivos e atos na vida; provavelmente, mais do que temos consciência. É por isso que a reencarnação é o melhor ponto de partida de nossa viagem ao longo das Joias da Sabedoria.

Reencarnação

O que é a reencarnação? Hoje em dia quase todo mundo conhece a palavra, mas a maioria tem apenas uma vaga ideia do que significa. O significado literal é: *tornar-se carne de novo, viver novamente em um corpo de carne.*

Isso significa que vida após vida voltamos para esta Terra para aprender as nossas lições em corpos de carne. Em cada nova vida, damos continuidade ao desenvolvimento de nossas faculdades latentes.

Podemos provar que a reencarnação existe? É uma importante primeira pergunta. E pensamos que todos podem provar isso por si mesmos, depois de perceberem que a "reencarnação" não é uma exceção na Natureza, não é um processo que aparece do nada, mas, na verdade, é uma forma ou tipo da lei universal do movimento cíclico.

Vemos movimento cíclico em todos os lugares e em torno de nós: o dia e a noite, as quatro estações do ano, o ciclo solar de 12 anos de manchas solares; sim, os astrônomos ainda falam sobre o nascimento e a morte de estrelas.

Olhando para o nosso corpo físico, vemos que todos os processos são cíclicos, sem exceção: a partir de nossa digestão, até os impulsos elétricos das nossas células nervosas.

E há 120 anos os cientistas descobriram que as partículas subatômicas não são bolas minúsculas sólidas. Cada partícula tem também o caráter de uma onda, ou seja, às vezes ela se comporta como uma onda, com a característica cíclica.

Para resumir: a reencarnação é um processo cíclico de existência em um corpo de carne, vida após vida. Isso nos leva à próxima pergunta.

O que se torna carne de novo?

O que está encarnando? O que experimenta todas estas fases de nascimento e morte, de atividade e descanso? Qual é a força por trás disso?

Ora, o ponto de partida da Teosofia, a consequência da primeira proposição de *A Doutrina Secreta*, é que por trás de cada fenômeno há uma força em ação. Nós chamamos essa força de consciência. Isto se chama *a suposição básica espiritual*, que significa que a vida ou consciência atua *em* e *por meio de* todas as manifestações.

Todo ser é um escoamento ou um raio do Infinito – às vezes não há palavras para descrever a natureza espiritual das coisas. Por isso a consciência, em sua essência, é ilimitada mas também é sempre limitada durante a vida encarnada. Mesmo o ser mais divino que possamos imaginar pode enxergar apenas uma parte limitada do Infinito. Tal deus tem instrutores que são ainda maiores e mais divinos do que ele é, e que podemos chamar de superdeuses.

Então, é a consciência que reencarna. A consciência troca o estado passivo de descanso espiritual com o estado de vida ativa. Na bela linguagem simbólica das religiões antigas da Índia, esses ciclos de consciência são chamados de expiração e inspiração de *Brahmā*: a projeção da consciência universal na existência material, sempre seguida pela nova retração em sua fonte espiritual. Ou, para citar o Corão: "A Allah nós pertencemos, e para Ele é o nosso retorno." Ou no taoísmo: "A devolução é o movimento do Tao."

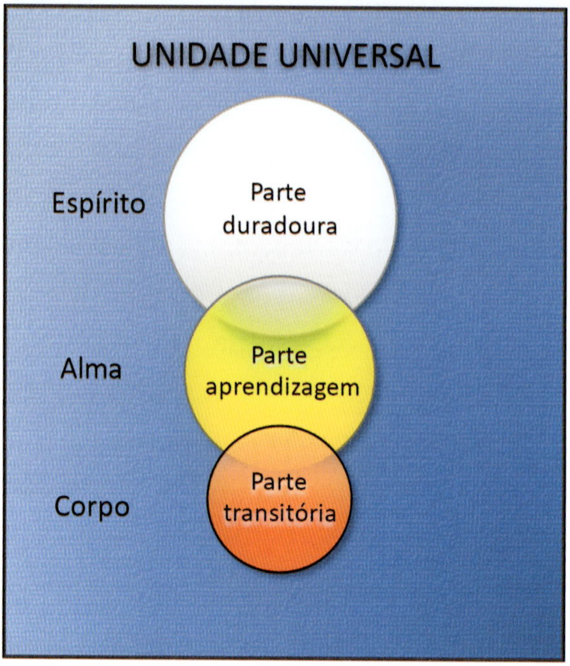

O que é o ser humano?

Esses pensamentos nos trazem a questão chave: o que somos? O que é o ser humano? Se estudarmos nossa própria consciência em sua grande variedade de capacidades, poderemos chegar a uma compreensão mais profunda do que somos.

O homem é um ser composto. Isto quer dizer que há várias forças ou propriedades no ser humano. Nem sempre somos os mesmos.

Às vezes somos mais intelectuais. Às vezes, emocionais. Às vezes, vemos o sofrimento no mundo e sentimos uma grande compaixão. Mas, talvez, algumas horas mais tarde, já estamos com inveja do nosso vizinho. Em suma, temos muitas propriedades. Há, de fato, muitos *eus* em nós. Identificamo-nos às vezes com o "eu" intelectual, ou com o "eu" emocional, ou com um "eu" diferente.

Nos vários sistemas religiosos do mundo, o homem é dividido em três, quatro, cinco ou sete aspectos. As classificações não diferem fundamentalmente uma da outra, apenas um sistema pode apresentar mais nuances do que o outro.

A classificação mais famosa no mundo ocidental é o formato que o apóstolo Paulo dá na Bíblia: o homem é espírito, alma e corpo. Esta divisão tríplice é uma maneira de descrever as várias capacidades ou camadas da consciência humana. É uma forma prática.

A linha vertical é originária da Unidade Universal. Nós, seres humanos, somos um fluxo de consciência, fluindo ou emanando da Unidade Universal. Todas as coisas têm raízes espirituais, o homem também.

O círculo maior e mais alto, chamado de espírito, é o nosso núcleo, o nosso EU ou Ser superior. É nossa parte permanente. Ele carrega latente em si todas as possibilidades do Cosmos.

Este espírito envia um raio para baixo, que forma um centro de consciência em um plano inferior, o plano mental. Essa é a nossa alma. Nossa alma é a nossa parte aprendizagem: a parte que cresce, melhora, se desenvolve. Nós, seres humanos, estamos tentando desenvolver nossas capacidades mentais, o nosso pensamento, com todas as suas muitas possibilidades e armadilhas.

Por último, o raio da consciência gera o nosso corpo, a nossa parte mais material, apesar de nosso corpo ser também uma parte viva, composto de pequenas entidades instintivas. É o instrumento que precisamos para viver e trabalhar neste mundo físico.

Nosso corpo é transitório como uma unidade. Quando morremos e nossa consciência volta para os planos internos, soltando o controle sobre nosso corpo; então, todas essas pequenas entidades, que são a força por trás de nossas células e átomos, são libertadas e vão seguir seu próprio caminho. Como um sistema coerente, nosso corpo se desintegra. Perguntamos outra vez: o que é o homem?

Somos espíritos universais em nosso núcleo, atualmente envolvidos no desenvolvimento de nossa faculdade de pensar. Em cada encarnação, projetamos nossa consciência em um veículo de carne.

A ideia principal é: nós, seres humanos, consistimos de uma parte permanente que reencarna, que se sente em casa em todo o Universo, porque pertence a todo o Universo. Possuímos uma parte intermediária, que é a ligação entre a parte permanente e o terceiro elemento que somos, ou melhor, que "temos": a parte corporal temporária, que pertence à Terra. Se conseguimos realizar isso ao olhar para os nossos companheiros, a vida torna-se uma inspiração diária.

Sete aspectos

Bem, é comum, na Teosofia, dividir-se a consciência humana em sete aspectos:

Ātman	O divino
Buddhi	O espírito (compreensão)
Manas	Mente
Kāma	Desejos
Prāna	Vida – princípio vital
Linga-Śarīra	Corpo astral
Sthula-Śarīra	Corpo físico

H.P. Blavatsky dá essa classificação em seu livro *A Chave da Teosofia*. Podemos combinar esses dois esquemas.

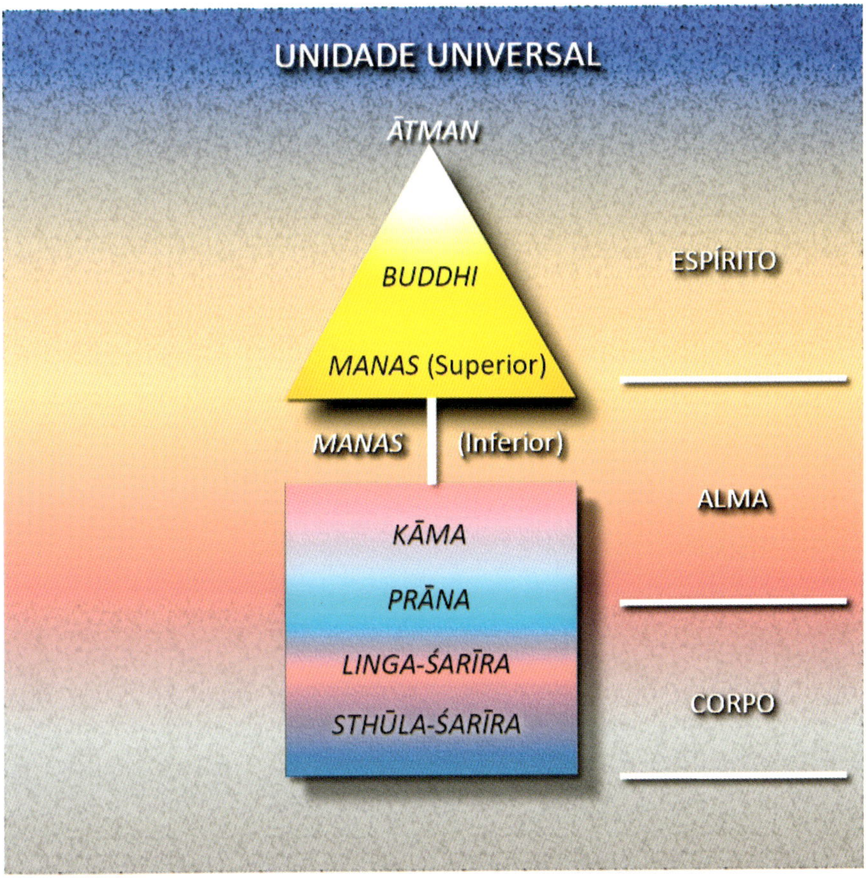

Interessante notar que neste esquema a alma está dividida em um *Manas* superior e um *Manas* inferior, ou uma mente superior e uma inferior. O *Manas* inferior pode ser chamado de personalidade; *Manas* superior é a individualidade, o homem real, também conhecido como Ego reencarnante.

Portanto, há uma parte na alma que tende para cima, para o espírito, enquanto outra parte da alma tem inclinações pessoais, tende mais para a terra, para as coisas materiais.

Sete aspectos do pensamento

Podemos especificar o esquema ainda mais. Podemos encontrar na alma – em *Manas* – sete aspectos. Sete aspectos que correspondem aos sete aspectos universais. Mas agora *Manas* reflete esses sete aspectos.

Então, são sete os aspectos do pensamento, de *Manas* – como acima, assim abaixo. Na alma, vemos agora sete aspectos do pensamento.

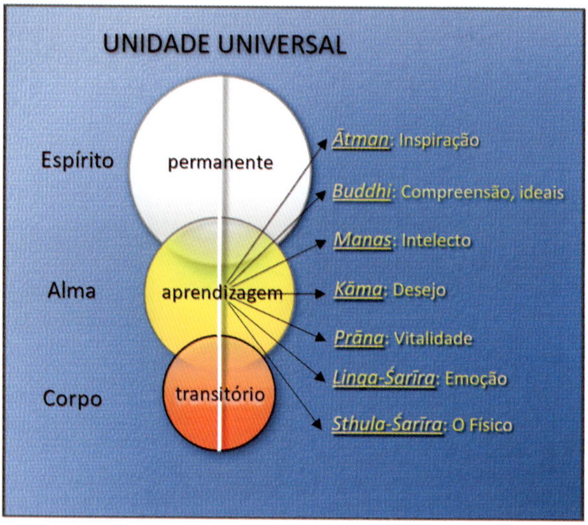

Acho que todos nós podemos reconhecer estes sete aspectos em nosso próprio pensamento. E podemos dar exemplos de cada um deles. Digamos, quando nos olhamos no espelho e dizemos "eu estou bonito", ou "eu estou feio", a identificação é com *Sthula-Śarīra*. É o aspecto físico do pensar.

O princípio *Linga-Śarīra* no pensamento corresponde aos sentimentos ou emoções. Está intimamente relacionado com os sentidos. Você vê, ouve, cheira ou sente alguma coisa e isso des perta um pensamento.

Prāna, na mente, é a vitalidade, algo tão típico do mundo ocidental. É fazer por fazer. Não conseguimos ficar parados. Temos que nos movimentar.

Kāma é desejo. Desejo não é bom nem ruim. É uma força neutra, derivando a sua cor a partir do motivo com o qual é usada. Você pode ter desejos egoístas, mas também altruístas. Por exemplo, você deseja a sabedoria a fim de ajudar o seu companheiro.

O intelecto é o *Manas* do *Manas*. O intelecto é o raciocinar, o analisar, categorizar. É a adição e a subtração. É saber que dois vezes dois são quatro.

É muito diferente do aspecto *Buddhi* do pensar: o en tendimento. Por exemplo, você pode resolver uma soma matemática aplicando corretamente a fórmula. Você obtém a resposta certa, mas não sabe o que acontece. Não entende. Entendimento é ver as conexões das coisas aparentemente desconexas. Você vê as relações. Entendimento está intimamente relacionado com compaixão.

Finalmente, inspiração, ou, como chamamos, a experiência da unidade – *Ātman*. Sabemos que somos um com tudo o que existe.

Precisamos de cada um destes aspectos, mas existe uma grande diferença entre eles. Estes aspectos de pensamento variam do mais universal – a capacidade de perceber nossa unidade com tudo o que existe – aos mais limitados, nossos pensamentos corporais.

Os três superiores, o intelecto – mais ainda a compreensão –, o idealismo e a inspiração, são suprapessoais, altruístas, e pertencem ao espírito; enquanto os quatro aspectos inferiores têm uma tendência para coisas materiais e são, por isso, muitas vezes egoístas.

A chave para entendermos a nós mesmos é o fato de que nossa mente, a nossa alma pensante, pode se concentrar em todos os níveis do nosso ser, do nível divino ao nível físico. O que queremos dizer é que todos nós somos capazes de tornar a nossa parte espiritual a força conducente, a força inspiradora, em nossa vida. Nós podemos fazer isto identificando-nos com o senso de unidade em nós, vivendo no sentido de fraternidade universal. Assim, acordamos o EU permanente, o Eu Superior, que é cha mado de *Ātman*, em sânscrito.

Por que não recordamos vidas anteriores?

Essa explicação também nos dá uma resposta à pergunta de muitas pessoas: por que não podemos nos lembrar de nossas vidas anteriores? Por que pouquíssimas pessoas são capazes de olhar para trás com plena consciência, estando totalmente despertas? Isso só será possível se vivermos inteiramente em nossa parte do espírito, pois essa parte é permanente e não se desintegra na morte. Lá, todas as lembranças de vidas passadas estão armazenadas. Mas – podemos concluir, com certeza – a maioria das pessoas está ainda vivendo tanto em sua parte temporária que não tem acesso consciente e controlado a estas lembranças.

Como é que a reencarnação funciona?

A próxima questão lógica é: como é que a reencarnação funciona? O que acontece quando morremos – um evento natural que todos nós vamos experimentar (e de fato já experimentamos muitas vezes)? O medo da morte e uma grande incerteza sobre o que pode acontecer conosco nos estados após a morte ainda são muito comuns em nossa geração atual. A causa para esta situação inquietante é a falta de conhecimento sobre a parte permanente, a parte espiritual do nosso ser. Na verdade, se estivéssemos totalmente familiarizados com o nascimento e a morte, nos daríamos conta de que a morte e o sono seguem o mesmo processo. *Thanatos* e *Hypnos*, a morte e o sono, são irmãos gêmeos, conforme a mitologia grega. O processo de morrer é o mesmo que o processo de adormecer. E nascer é o mesmo processo que acordar. Ou, para dizê-lo nas palavras do sábio apóstolo Paulo: "Morremos a cada dia." Sim, verdadeiramente, ao dormir passamos pelos mesmos estados de consciência que durante a nossa morte.

O homem é um fluxo de consciência estendendo-se do Coração do Universo ao mundo físico, onde o corpo exterior vive. Todas as noites, o fluxo de consciência se retira para as esferas internas, a esfera espiritual. Perde temporariamente a atração pela esfera física. Perde o estado de consciência de estar acordado, o estado de vigília, e começa a sonhar, a dormir. Depois de uma noite de descanso, você devagar acorda, toma de novo seus pensamentos diários, e começa a se tornar ativo.

A morte é um sono perfeito. A única diferença é que quando você dorme, seu corpo permanece intacto, porque ainda há uma pequena ligação entre o corpo e a consciência. Quando você morre, no entanto, essa ligação se rompe, para que o corpo comece a se desintegrar. Mas o processo é o mesmo.

Durante o sono, experimentamos coisas que durante o último dia ou dias causaram como impressão em nossas mentes. Estamos falando dos desejos de todos os tipos, das nossas emoções ou ansiedades, dos nossos ideais e pensamentos inspiradores. Tudo o que provocou uma impressão em nossa mente quando estávamos acordados é processado durante o sono – ou durante o grande o sono: a morte. Pois, durante a morte, acontece exatamente o mesmo. Em ambos os casos, encontramos a nós mesmos, nada há de estranho ou desconhecido ou inesperado.

As experiências mais terrenas, como emoções e desejos, são processadas ou digeridas no que é chamado *Kāma Loka,* o mundo dos desejos; enquanto as coisas mais espirituais – nosso amor impessoal, nossa compaixão, nossas ideias e compreensões – são processadas no *Devachan*. Neste estado, essas experiências espirituais são tecidas em nossa consciência, são assimiladas. Aliás, *Devachan* não é um lugar, mas um estado de consciência. Então, depois da morte você encontra somente a si mesmo. Após a morte, você continua sendo você mesmo.

Então, morrer e nascer são os processos mais naturais e lógicos, os quais não devemos temer absolutamente, assim como não temos medo de adormecer quando estamos cansados, depois de um dia de experiências.

Os Preceitos de Ouro de Pitágoras

Bem, temos este antiquíssimo conselho dos sábios, conhecido como Preceitos de Ouro de Pitágoras. Um trecho diz mais ou menos assim: "Não vá dormir antes de ter passado em revista os pensamentos do dia, e aprenda honestamente as lições. Se você não estiver satisfeito com algumas coisas que você fez, decida claramente fazê-lo diferente amanhã." Estas aspirações vão acompanhá-lo durante o sono e tornar-se uma ajuda e inspiração durante todo o dia seguinte. Mesmo no meio de um ambiente turbulento, podemos manter a nossa antena mental focada em nossos ideais e em nossas compreensões.

Visão panorâmica

Depois de morrer, todos nós passamos por um período muito importante de avaliação, de olhar para trás também, isto é, o que nós chamamos nossa visão panorâmica. Nós temos essa visão panorâmica logo após a última batida do coração.

O que acontece então? É um olhar para trás, para a encarnação que termina, mas de um ponto de vista iluminado por nossa natureza superior.

Enquanto vivemos, somos como um ator que está tão absorto em seu papel que não sabe que está desempenhando apenas *um papel*, porque, na verdade, ele é *o ator*. A personalidade, com a qual nos identificamos, é o papel que desempenhamos. Personalidade vem de uma palavra grega, que significa "máscara". Vivemos na máscara. Entretanto, durante a visão panorâmica, tiramos a máscara e nos tornamos temporariamente o Ego reencarnante, o que realmente somos, e olhamos para trás e vemos claramente a vida que acabamos de viver.

Vemos cada um de nossos pensamentos, cada experiência que tivemos, desde a infância até o nosso último suspiro. Tudo passa diante de nossos olhos mentais como um maravilhoso panorama de eventos inter-relacionados. Reconhecemos causa e efeito, e acima de tudo a justiça de tudo o que aconteceu em nossa vida.

Desta visão panorâmica, tiramos lições importantes que levamos conosco durante nosso período de "morte". Essas lições se incorporam em nossa consciência, para que possam nos orientar e nos conduzir em nossa próxima encarnação.

É por isso que é recomendado cercar o moribundo com uma esfera de paz e calma interior, com o mínimo possível de ruído e emoções, pois essas horas são, de uma certa maneira, as horas mais valiosas da nossa vida.

O ciclo de estar acordado e dormir, de vida e morte, não é de fato um ciclo fechado, mas uma espiral, porque podemos aprender a cada dia – se assim desejarmos.

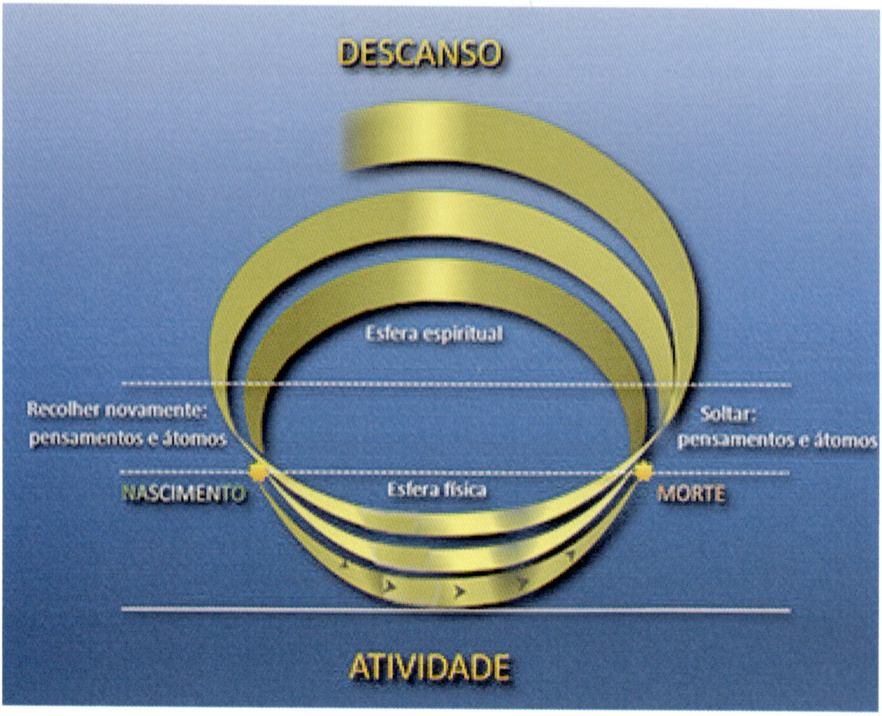

Karma

Quando e onde vamos encarnar?

A primeira Joia da Sabedoria aponta para o fato de que cada vida é apenas uma em uma longa série de vidas. Mas ela não nos dá uma resposta à pergunta: quando e onde vamos encarnar?

A segunda Joia da Sabedoria nos dá a chave para a resposta. Esta Joia é geralmente conhecida como a lei de causa e efeito, o que significa que cada causa dá origem a um resultado ou efeito, que é equivalente à sua causa originária: o mesmo em característica e o mesmo em força.

Este hábito universal da Natureza é amplamente conhecido como lei do *karma*. É o ensinamento de que nada acontece de forma aleatória e sem justa causa, mas que todo o Cosmos é regido por essa lei inevitável.

Karma é uma palavra sânscrita que significa ação. Todas as nossas ações – pensamentos, desejos e sentimentos também são tipos de ação – terão seus devidos efeitos, agora ou mais tarde; efeitos que vão retornar como um bumerangue para seu criador. Tudo que vai volta. O outro lado da moeda é o seguinte: cada evento ou acontecimento em nossa vida, cada situação em que vivemos, pode ser rastreado até as causas que nós mesmos geramos, nesta vida ou em vidas anteriores.

Então, quando e onde encarnamos é uma questão de causa e efeito. Quando as almas humanas voltam para a Terra, são automática e exatamente atraídas para essa época, para essa cultura e para essa família, as quais correspondem exatamente ao próprio caráter. Somente nessa situação e nesse tempo as almas podem expressar seu próprio caráter. São sempre atraídas para seres humanos e situações que lhes são familiares, com os quais tenham semeado sementes causais e, consequentemente, com que farão a colheita, seja agradável ou desagradável.

Nossos filhos, por exemplo, são antigos colegas, pessoas com quem nos encontramos muitas vezes antes. Nesta vida, temos a tarefa, como pais, de dar-lhes uma educação adequada, de tal maneira que sejam capazes de direcionar espiritual e intelectualmente, de forma independente, suas próprias vidas.

Então, reencarnação é uma questão de atrações. Nesta vida, agora, neste exato momento, estamos construindo atrações. E as atrações são baseadas em amor ou ódio – ou em preferência e aversão, se você preferir esses termos; ou talvez, ainda melhor: simpatia ou antipatia. Atrações nos associam a certas pessoas, a certos estados, a certas situações.

É muito simples. Se você gosta de futebol, você forja um laço com certas pessoas, você desenvolve atrações específicas com gente que também gosta de futebol, com lugares onde o futebol é jogado, etc. Em sua próxima vida, você vai acabar em um ambiente onde tais elementos desportivos em seu personagem possam ser revividos. Então, você poderá ser filho de pais que também apreciam esportes, e morar em um bairro e ir para uma escola onde se praticam vários esportes.

Mas cuidado: se você odeia futebol, você desenvolve uma atração para o futebol também. É uma atração de um tipo negativo, mas não deixa de ser uma atração e pode colocá-lo em uma situação em que o futebol esteja presente. Esta é a explicação para a famosa "*ovelha negra*" em muitas famílias.

E o que se aplica ao futebol aplica-se a tudo: música, filosofia, amor pela Natureza, literatura, ou qualquer outra coisa. Você sempre acaba ali, para onde seu personagem é atraído.

Isso se aplica também aos estados após a morte. Em qualquer lugar, a qualquer hora, você é sempre você mesmo, o resultado de suas próprias ações e pensamentos, e seu ambiente é sempre um reflexo do que você é.

Pode provar que o *Karma* existe?

"Onde estão suas provas do *karma*?" – às vezes ouvimos essa pergunta. A indicação direta é o mundo físico, onde todas as leis físicas são variedades da lei de causa e efeito. Estamos tão acostumados a contar com esta lei que dificilmente pensamos sobre ela. Você não se surpreende quando um grande cão salta sobre você, causando mais dificuldade para que você se mantenha de pé do que quando um cachorro pequeno o faz. Ou, que o efeito de uma bola de tênis depende da maneira como você bate nela de volta.

Mas por que será que essa relação infalível só é válida no mundo físico? Por que um pensamento forte não tem um impacto maior em nossas mentes do que um pensamento fugaz e fraco? Por que uma ideia realmente inspiradora não tem um impacto durante todo o resto da nossa vida... e talvez na nossa próxima vida? Segundo a Teosofia, o *karma* funciona igualmente em todos os planos do Cosmos.

Todos os nossos pensamentos e atos produzem resultados que correspondem em caráter com a causa: porém, como sabemos, nem sempre imediatamente. Os resultados podem aparecer em uma fração de segundo; por exemplo, quando você bate em alguém, ele pode revidar e bater em você imediatamente. Mas às vezes é preciso esperar um longo tempo para perceber o que significa receber o revide. As consequências podem também aparecer somente depois de séculos, como é o caso de muitos movimentos reformistas na nossa sociedade.

Mas os resultados virão. E aqui, a Joia da Reencarnação é tão necessária para compreender o nosso destino como a Joia do *Karma*. Nós só poderemos entender o nosso destino atual se nos lembrarmos de que a nossa vida presente é apenas uma etapa ou fase em uma série interminável de vidas, de causas e efeitos. É por isso que podemos distinguir três tipos de *karma*:

1. *Karma* que encontramos agora e que foi produzido no passado, desta vida ou em uma encarnação anterior. Se tomamos o exemplo da vida familiar, podemos pensar em uma família feliz: os pais e os filhos se entendem bem e vivem harmoniosamente; ou, no caso infeliz: há relações conflituosas entre irmãos e irmãs, ou filhos e pais. Tudo isto é o resultado das causas do passado.
2. *Karma* que produzimos agora, pelos nossos pensamentos e comportamento, e que terá seus efeitos nesta ou nas futuras vidas. Por exemplo, é sempre possível quebrar um ciclo de vingança ou ódio com outras pessoas começando a semear sementes de um tipo neutro. Se percebermos que assim estamos lançando as bases para um futuro melhor para todos, isso será mais fácil para nós. *Karma* não tem nada a ver com predestinação; é, de fato, o ensino do livre-arbítrio, o "começar uma nova chance".

3. *Karma* que produzimos em encarnações anteriores, mas que não consegue encontrar uma saída ou expressão adequada nesta vida. Estas sementes *kármicas* jazem adormecidas em nossa consciência, e vão despertar algum dia em uma encarnação futura – ou talvez ainda nesta encarnação –, quando as sementes estiverem maduras e o meio ambiente for adequado. Por enquanto, elas ficarão adormecidas, por assim dizer, no estoque da nossa consciência.

Para dar um exemplo simples: na presente encarnação não vamos atender a todas as pessoas com as quais iniciamos um relacionamento. No entanto, sem a menor dúvida, elas serão nossos companheiros em uma próxima vida. Assim, quando um dos membros da família ou amigos queridos morrem, podemos dizer, com plena convicção, "até logo"; e quanto mais forte tiver sido o relacionamento, mais rapidamente nos encontraremos em uma próxima vida. Nosso futuro é diretamente ligado ao que fazemos no presente e no passado. Ou, para resumir os ensinamentos de *karma* e reencarnação: o futuro não vem ao nosso encontro, mas vem como uma onda, de trás, sobre nós.

Aprendemos juntos

Assim, o *karma* nos ensina que a vida é uma aprendizagem. E como é que aprendemos? Ao entendermos os resultados de nossas tentativas.

Muitas vezes ouvimos falar sobre os chamados *karma* positivo e *karma* negativo, circunstâncias que são fáceis ou difíceis. Mas se realmente entendermos o *karma*, jamais usaremos as palavras "positivo" e "negativo". *Karma* é, por definição, neutro. E o que é chamado de *karma* ruim poderia ser mais positivo do que o chamado bom *karma*, porque problemas e sofrimento são nossos melhores amigos. Graças aos nossos sofrimentos, podemos crescer em consciência e ser mais compassivos. Então, será que devemos chamar nossos problemas de mau *karma*, quando podemos aprender com eles? Os problemas muitas vezes nos estimulam a desenvolver faculdades internas que não esperávamos possuir; eles nos estimulam a alargar nossa visão e a nos tornar mais suaves e mais filosóficos. Eles nos tornam mais compassivos para com nossos semelhantes, que enfrentam lutas parecidas com as nossas.

Novamente, pergunto: como é que vamos aprender? O próximo pensamento inspirador, que podemos deduzir das doutrinas da reencarnação e do *karma*, é o seguinte: nós nunca aprendemos sozinhos, mas sempre em grupos, através do intercâmbio de pensamentos; às vezes como professor e às vezes como aluno, através da cooperação. Por quê? Porque todos os seres estão enraizados na ilimitabilidade; somos e sempre seremos inseparavelmente ligados uns aos outros.

Portanto, nós reencarnamos em grupos, sejam pequenos ou grandes. Esses grupos poderiam ser a nossa família ou o círculo de nossos amigos e inimigos, ou nossa cidade ou país. Todos estes são grupos de indivíduos que encarnam quase simultaneamente, porque têm algumas atrações em comum, algumas características em comum. Nosso próprio crescimento interior está indissociavelmente ligado ao crescimento interior de todos os membros do grupo.

Karma individual, na verdade, não existe. *Karma* é *Ātman*, diz o Mestre. *Karma* é o total. *Karma* existe pela graça do todo. Portanto, a primeira lição que o *karma* pode nos ensinar é que devemos estar conscientes dessa unidade. Nós temos uma responsabilidade para o crescimento interior de todo o grupo: o crescimento interno é sempre um processo mútuo.

Mas isso não significa que sempre encarnaremos nos mesmos grupos. Muito pelo contrário. A atração para grupos muda à medida que evoluímos. É um processo muito dinâmico. Além disso, uma pessoa com uma perspectiva universal sente uma atração por toda a humanidade. Em cada grupo há um fluxo contínuo de recém-chegados e um fluxo de pessoas que gradualmente se sentem mais atraídas por outros grupos. É comparável a uma escola, em que alunos vêm e vão.

Hierarquias

O fato de sermos sempre membros de todos os tipos de grupos diferentes é um aspecto da terceira Joia da Sabedoria, a estrutura hierárquica do Universo.

A primeira Joia, a reencarnação, nos ensina o que somos: peregrinos eternos, desenvolvendo nossa consciência encarnação após encarnação. A segunda Joia, o *karma*, nos ensina que devemos escolher e dirigir nosso próprio caminho de aprendizagem: é a doutrina do livre-arbítrio. A terceira Joia, hierarquias, nos ensina nossa relação com o Cosmos e com todos os outros seres vivos. Esta Joia nos ensina que somos partes inseparáveis de um cosmos que vive. Também nos ensina que o Cosmos é construído por uma escada da vida. Todos os seres trabalham juntos, cada um em seu próprio nível de desenvolvimento. Mas todos são necessários, caso contrário, o Universo não iria funcionar bem; sim, o Universo nem poderia existir se não tivesse construído tantos seres vivendo em níveis diferentes.

Assim, uma hierarquia – como, por exemplo, um planeta ou um sistema solar ou uma galáxia – é uma cooperação de seres divinos, espirituais, intelectuais, instintivos e físicos. Todos são unidos e liderados por um hierarca ou ser superior, que é a raiz divina dessa hierarquia. Assim, os sábios nos ensinaram que os corpos físicos que podemos ver com nossos olhos são apenas a camada mais externa da hierarquia, inspirados e liderados por grupos de seres nos planos internos, mais elevados.

Além disso, os sábios ensinaram que cada ser em um cosmos é construído ou estruturado como o próprio cosmos. Cada indivíduo, por exemplo, é também uma hierarquia. Sua natureza interior reflete exatamente a estrutura do Cosmos. Espírito, alma e corpo em cada homem são os filhos, as cópias, do espírito, da alma e do corpo do Cosmos em que vivemos.

É um pensamento maravilhoso: somos filhos do Cosmos, e, assim, temos todos os elementos do Cosmos em nós. Somos um pequeno Cosmos, um microcosmos, e temos relações íntimas e conexões com todos os planos cósmicos, do mais divino até o mais material.

A grande escolha que nós, pensadores humanos, temos que fazer é: qual plano tornaremos o elemento preponderante na nossa vida? Que parte em nós vamos chamar de "nosso verdadeiro eu"? Nossa parte universal? Ou nossa parte egoísta, com todos os seus desejos e objetivos de curto prazo?

As pessoas mais inspiradoras que conhecemos em nosso mundo são sempre aquelas que aprenderam a pensar e a agir de acordo com sua própria natureza superior. Elas entendem que a unidade e a cooperação são as chaves para a felicidade de todos. Os maiores exemplos são os *Mahātmās*, os grandes Mestres espirituais, como o Buda, Krishna, Platão, Jesus e Maomé. Há também pessoas que pelo menos tentam desenvolver tal mentalidade. Exemplos são Nelson Mandela e Mohandas Gandhi, mas na verdade cada pessoa altruísta auxilia a humanidade, seja ela conhecida publicamente ou não.

De fato, há uma grande Fraternidade de Mestres da Sabedoria e da Compaixão. Essas grandes almas – os *Mahātmās* – foram os verdadeiros inspiradores por trás da Sociedade Teosófica. Eles trabalham dia e noite para o bem-estar espiritual de toda a humanidade. Se a humanidade reconhecesse sua sabedoria e aceitasse sua liderança, eles assumiriam alegremente a liderança da sociedade humana e nos inspirariam e nos aconselhariam continuamente.

Mas a maior inspiração que podemos obter da doutrina de hierarquias é que em nós vive um Mestre. Nós somos um Mestre, um Buda ou um Cristo latentes. Quando dominarmos nossa natureza inferior, viveremos como Budas aqui na Terra.

Porque todas as pessoas que controlam sua própria natureza inferior, que dominam seus próprios impulsos instintivos e egoístas, são os líderes naturais, os verdadeiros líderes da humanidade, ocupem ou não uma posição elevada em nossa sociedade.

Tetraktys

A terceira Joia da Sabedoria nos mostra que há vidas dentro de vidas, hierarquias dentro de hierarquias. Cada hierarquia é um pequeno elemento de uma hierarquia maior. O sábio grego Pitágoras costumava explicar isto por meio do símbolo da *tetraktys*. Uma *tetraktys* é um triângulo composto por dez pontos.

Imagine cada ponto como um triângulo com 10 pontos, e esses pontos são, por sua vez, um triângulo composto por 10 pontos. E esse triângulo é um ponto em um triângulo ainda maior, etc.

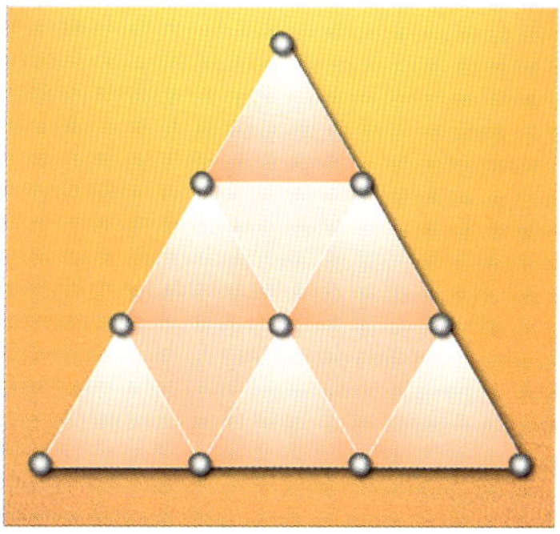

Esta imagem mostra bem a correlação e a interconexão de tudo. Ela mostra como tudo está relacionado e como tudo é basicamente composto da mesma vida. Há realmente uma grande coerência na vida. Assim como as células são parte do nosso corpo, também nós somos parte do planeta Terra. E a Terra é um elemento vivo do Sistema Solar, que, por sua vez, é apenas uma das inúmeras estrelas na esfera da nossa Via Láctea. A parte superior de cada hierarquia é um elo com uma hierarquia acima dela, e a parte inferior é um elo com uma hierarquia abaixo dela. Todas as hierarquias estão entrelaçadas umas com as outras, to dos os seres estão ligados a todos os outros. Em muitas religiões, esse pensamento inspirador é simbolizado pela árvore da vida. Esta árvore de vida está enraizada no Desconhecido, na ilimitabilidade. O tronco dá à luz os grandes ramos, que produzem os pequenos ramos, os pequenos galhos e as folhas e flores. No entanto, através desta árvore infinita flui uma vida, um fluxo de consciência. Assim, cada ser influencia todos os outros continuamente, e alguém que tenta isolar-se de todos os outros seres está simplesmente lutando por algo que não pode existir – não podemos viver sozinhos. A fraternidade é um fato, não um ideal vago ou um desejo.

Nós, seres humanos, somos um ramo ou uma ligação ou uma corrente nesta Árvore da Vida. Passamos adiante o fluxo da consciência, da sabedoria e do conhecimento, que flui de seres mais sábios do que nós para os seres menos sábios do que nós. Somos professor e aluno ao mesmo tempo: somos professores para todas as pessoas que ainda estão lutando com os problemas que já dominamos, e somos alunos de todos os seres que podem nos ensinar alguma coisa.

Como nasce uma hierarquia?

O nascimento de uma hierarquia procede sempre de dentro para fora, do seu núcleo divino para todos os planos, até o plano mais material onde essa hierarquia é desenvolvida e ativada. Os antigos filósofos chamavam este nascimento gradual de "emanação", que significa "que flui de dentro". Emanação não é criação. Não se pode criar algo do nada.

Os seres superiores emanam um campo psicomagnético, uma esfera de influência. Seres menos desenvolvidos são atraídos para este campo. Desse modo, eles formam um instrumento, ou um órgão apropriado, por meio do qual o ser mais elevado pode se expressar. Este processo repete-se em todos os níveis, até o nível físico.

Portanto, emanação é a formação de um ambiente adequado para entidades inferiores, atraídas para aquela esfera enquanto lá encontrarem as circunstâncias ideais para viver e continuar sua evolução.

Um exemplo é o nascimento de um ser humano. Atrás do óvulo fertilizado funciona a consciência humana. Esta primeira célula é o centro de um campo psicomagnético forte, que, subsequentemente, atrai todos os elementos vivos necessários para construir o corpo.

Mesmo na vida diária, podemos ver tal processo. Quando eu, por exemplo, inicio um movimento ou fundo um clube, eu também formo um campo psicomagnético, e outros, que se sen tem à vontade nesta atmosfera, que possuem a mesma característica, entram no clube.

Consequências

Esta Joia da Sabedoria da cooperação hierárquica de todos os seres tem muitas consequências. Olhe, por exemplo, as nossas sociedades. Nelas a estrutura hierárquica cósmica é geralmente copiada em sua forma exterior, mas raramente em seu caráter interno, verdadeiro. Vamos explicar o que queremos dizer.

Normalmente, só copiamos a forma externa: cada organização

tem seus líderes, e geralmente é constituída por vários de partamentos menores que funcionam como órgãos dentro de um corpo. Porém, muitas vezes as características espirituais das hierarquias são esquecidas, já que todas as organizações são partes inseparáveis da humanidade, de modo que o único valor de uma organização é servir aos interesses de todos os seres humanos. Além disso, todas as organizações têm um nível espiritual, um nível da alma e um do corpo: todos os três devem desempenhar o seu papel adequadamente. A sociedade precisa mais do que bem-estar material e progresso técnico. Caso contrário, o povo permanece espiritualmente faminto. Nossas necessidades mais profundas estão no nível de compreensão do sentido da vida. O entendimento sobre reencarnação, *karma* e hierarquias vai dar à luz uma sociedade onde cada ser humano será visto como igual aos outros em valor intrínseco, porque todos são ligações necessá rias na teia da existência.

Se essas três verdades básicas fossem compreendidas por mais pessoas, teríamos uma base sólida para a ética. Não haveria proibições ou mandamentos impostos por outros, mas um saber interior de como pensar e agir.

Joias 4 e 5

Swabhāva e a Evolução Progressiva

Sabedoria para resolver o problema das "dores do crescimento" global

As sete Joias da Sabedoria são elaborações das Três Proposições Fundamentais de *A Doutrina Secreta*. Estas proposições fundamentais são bastante abstratas. Precisamos de muitos dias, semanas, anos – sim, talvez até vidas – para entendê-las pelo menos um pouco. Mas pensando, refletindo, meditando sobre esses princípios, temos uma visão universal, espiritual, da vida. Nossa consciência se expande.

As sete Joias não são essencialmente diferentes destes três princípios. Apenas são apresentadas de uma maneira mais simples, para que possamos entender um pouco mais.

As três primeiras Joias são reencarnação, *karma* e a lei das hierarquias – como vimos no capítulo anterior.

Neste capítulo, vamos tentar deixar brilhar a luz em *Swabhāva* e a evolução. No próximo, as últimas duas Joias serão abordadas.

Swabhāva

A quarta Joia, aquela do meio, é *Swabhāva*. *Swabhāva* é uma palavra sânscrita que é muito difícil de traduzir para o português. *Bhū* significa "tornar-se", ou "crescer em alguma coisa". O prefixo *Sva* significa "eu". Por isso poderíamos traduzir *Swabhāva* como "tornar-se seu eu", "a geração-do-seu-eu", mas essa talvez não seja a melhor tradução. Melhor seria traduzir *Swabhāva* como "o desabrochar do eu".

As três primeiras Joias, reencarnação, *karma* e hierarquias, dão respostas a um monte de perguntas, mas também trazem novos desafios e questionamentos. Por exemplo, se os mesmos princípios regem toda a vida, por que há tanta diversidade? Por que a vida se expressa de tantas maneiras diferentes? Por que uma pessoa como Wolfgang Amadeus Mozart nasceu com um talento extraordinário? O que é o crescimento? Por que crescer? A dor é necessária para o crescimento? Qual é, então, o sentido da vida? Vamos tentar responder essas perguntas. Para isso precisamos da quarta Joia, *Swabhāva*. O que significa *Swabhāva* exatamente? No fundo, tem dois significados.

O primeiro, e mais prático, é que cada ser, humano, animal, planta, estrela, deus, Buda, ou qualquer que seja, torna-se sempre ele mesmo. Você se torna o que é por dentro. Você se torna, em sua manifestação, aquilo que você é em sua consciência. Nada mais, nada menos. Portanto, você é seu próprio pai. Você gera a si mesmo. Você se produz. Não são os seus pais ou as circunstâncias que fazem quem você é. O que está dentro de você é que vem para fora.

O conceito de *Swabhāva* está intimamente ligado a hereditariedade. Hoje em dia, há uma tendência para explicar quase tudo pela hereditariedade. E, claro, a hereditariedade é um fato científico comprovado. Mas o que a hereditariedade realmente significa é que os pais e os filhos têm algumas características em comum.

Na escola, pelo menos na Holanda, tivemos que fazer árvores genealógicas de diferentes tipos usando cobaias. Quando criamos cobaias – também de outros animais e plantas –, podemos estimular certas propriedades ou simplesmente deixar que elas desapareçam. Podemos cruzar cães e deixá-los com pernas muito longas ou muito curtas; ou cães muito agressivos ou muito mansos e dóceis.

As leis da hereditariedade são hoje em dia mais refinadas, especialmente com a descoberta do DNA, mas o princípio continua o mesmo. Em outras palavras, dentro de uma série de opções físicas, algumas possibilidades se tornam ativas e outras ficam dormentes, ou latentes. Em um caso individual, nunca podemos determinar com antecedência quais opções serão ativas e quais não serão. Então, quando minha esposa estava grávida, eu não sabia, antes do nascimento, se minhas filhas teriam olhos azuis ou castanhos, ou cabelos encaracolados ou lisos. Há certas probabilidades, mas não certezas.

O que determina quais características ficarão ativas? É a consciência. É a entidade mesmo.

É você ou eu. E isso ocorre sob a lei de *Swabhāva*. Não é a hereditariedade, o DNA, que determina quem você é. É a própria entidade. É o próprio ser humano. Ou o animal, ou a planta, ou qualquer ser. E, no caso de seres humanos, animais e plantas, o veículo, o corpo, é construído em conformidade com a regularidade da hereditariedade, portanto, com a ajuda de moléculas de DNA. Por isso, uma rosa produz sempre uma rosa, um leão sempre um leão. E um ser humano, outro ser humano. E dentro deste tipo geral, pode haver refinamentos dentro de um reino da Natureza.

Podemos, assim, dizer que o nosso *Swabhāva* é o de um ser humano; mas pode haver o *Swabhāva* de um filósofo, ou de um cientista ou de um professor, ou de uma pessoa altamente responsável, ou de um tirano.

Cada ser evolui ao longo do Infinito, do espaço e do tempo para se tornar exatamente essa entidade única que é hoje. Um ser sempre renasce, aprende lições, comete atos, semeia causas, e assim constrói o seu próprio caráter. E torna-se sempre este caráter.

É esse processo estático? Permanece sempre a mesma coisa? Então, uma vez médico, sempre médico? Uma vez professor, sempre professor? Uma vez tirano, sempre tirano? Não é isso que ensina a doutrina do *Swabhāva*. Pelo contrário. Porque somos essencialmente ilimitados, tornamo-nos cada vez mais nós próprios. É um processo contínuo. Estamos constantemente nos tornando mais de nós mesmos.

O "eu", na verdade, não é uma coisa fixa, algo imutável. Não é alguma coisa que não pode mudar. Tudo está mudando constantemente. A mudança é a única realidade no Universo, diz Madame Blavatsky. A gente não permanece sempre o mesmo. Estamos crescendo constantemente.

Hoje já somos ligeiramente diferentes do que fomos ontem. Mudamos sempre em todos os sentidos. Mudamos fisicamente. Continuamente, átomos deixam nossos corpos e outros átomos entram neles. Também a nossa consciência muda. Hoje temos pensamentos diferentes do que quando éramos crianças. Novos pensamentos nascem em nós, velhos pensamentos morrem. E por isso nos tornamos sempre e sempre mais o nosso "eu".

Somos iguais e diferentes

Há uma outra consequência interessante ligada aos ensinamentos do *Swabhāva*, e é que cada ser é único e tem um corpo único. Veja, por exemplo, o DNA das pessoas. Todos temos nosso próprio DNA, com exceção dos gêmeos idênticos, que têm o mesmo DNA. Todas as pessoas têm impressões digitais diferentes. Por isso, há celulares que são protegidos pela impressão digital única. Não há duas pessoas iguais. Na verdade, não há duas folhas de grama iguais. Não há duas gotas de água iguais. Nem dois átomos são os mesmos. Se eles fossem iguais, inteiramente iguais, não seriam dois átomos, mas apenas um. E se os átomos não são iguais, muito menos nós, seres humanos.

É importante perceber isso, que significa também que não devemos querer que as pessoas sejam iguais a nós. Todo mundo tem o seu próprio *Swabhāva*, a sua característica única, o que o diferencia dos outros.

Quando falamos de fraternidade, isso não implica que todos sejam iguais. Não, seria um mundo muito chato se fosse assim. Alguns movimentos políticos e religiosos se esforçam por um mundo onde todos sejam parecidos. Todos devem acreditar na mesma coisa, crer no mesmo Deus, pensar e sentir como todos os outros. Mas tal mundo seria um inferno, porque as diferenças entre as pessoas existem e não se pode negá-las ou pretender que não existam. Somos diferentes.

No entanto, somos iguais. Quer dizer: somos todos de igual valor. Cada homem é essencialmente divino, é *Ātman*. Por trás de cada criatura se esconde a imensidão infinita.

Porém, na nossa manifestação, somos diferentes. Esta doutrina de *Swabhāva* tem muitas consequências. Porque todos te mos um corpo único, também temos órgãos únicos, sangue único. Você já se perguntou por que, no caso de transplantes, órgãos costumam ser rejeitados? Um rim é transplantado, ou um fígado ou um coração, mas há sempre uma rejeição. O corpo simplesmente não aceita inteiramente o novo órgão. Órgãos não são simplesmente peças inanimadas como as peças de um carro. Cada órgão é um ser, uma entidade; e pertencendo a uma certa pessoa, tem um *Swabhāva* que corresponde ao ser humano no qual ele vive. Por isso um órgão não se deixa transplantar facilmente de um corpo para outro, assim como você não pode mover uma árvore tropical brasileira para um país frio como a Holanda.

Nós nos tornamos sempre nós mesmos. Em cada nova encarnação, nos tornamos aquele ser humano que nós mesmos criamos. Esse é um aspecto da lei de *Swabhāva*.

Entretanto, na verdade, somos muito mais do que aquilo que mostramos hoje. Temos muitas habilidades latentes. Somos, nas profundezas de nossos corações, um deus, com atributos superiores. *Swabhāva*, portanto, significa que nós nos tornamos esses aspectos espirituais e divinos.

Um ser humano: um fluxo de consciência

Um aspecto de *Swabhāva* significa que somos hoje o que criamos para nós; mas o outro aspecto de *Swabhāva* significa que vamos ser o que já somos interiormente: um Mestre, um Buda, um Deus, ou nosso Eu Superior.

Não se esqueça de que o homem é um ser composto. Tem sete princípios de consciência.

Mas, se você observar bem, vai ver que estes princípios de consciência operam frequentemente em combinação. O intelecto (*Manas*), por exemplo, é muitas vezes usado para satisfazer o desejo (*Kāma*). A técnica é basicamente uma combinação de desejo e intelecto. Ou seja, os princípios podem atuar agrupados. Talvez eu possa explicar isso melhor na base do esquema seguinte. Este é um esquema que você pode estudar meses, anos ou mesmo vidas.

Bem, o ser humano é um fluxo de consciência – ou uma correnteza de consciência – representado pela linha vertical. Neste fluxo há diferentes mônadas ou egos. Há uma grande diferença entre mônada e ego, o que vamos tentar explicar. Os vários egos são como transformadores no fluxo da consciência. Podemos compará-los com transformadores em uma corrente elétrica. Uma corrente eléctrica de, digamos, 10.000 volts é assim reduzida por um número de transformadores para 220 volts, de modo a podermos utilizar esta eletricidade nas nossas casas. Assim, esses egos transformam o fluxo da consciência – o fluxo de vida – para uma determinada potência que o corpo pode tolerar.

Cada ego tem o seu próprio grau de desenvolvimento, seu próprio nível, seu próprio alcance de consciência. Os egos superiores, como o ego divino e o ego espiritual, têm um vasto alcance de consciência. O ego humano também tem um amplo alcance de consciência, pelo menos se você o comparar com o ego pessoal. Esse ego pessoal conhece a realidade apenas relacionada com este mundo físico, o mundo dos fenômenos. O mundo que Platão chama de mundo das sombras. Esse mundo é a nossa Terra e tudo que corresponde à atmosfera terrestre ou à área terrestre

Não sem razão, este ego é chamado de ego pessoal. *Persona* significa máscara. A realidade está escondida por trás da máscara. Precisamos desenvolver as propriedades internas para explorar esses mundos. Estas propriedades pertencem ao ego humano. Se vivermos mais no ego humano, se nos identificarmos com ele, nos elevaremos acima da máscara, acima do mundo das sombras. Daí, conseguiremos sair da caverna, como ensinou Platão. Finalmente, conheceremos um mundo mais verdadeiro, mais real. Vamos conhecer o sol, símbolo da unidade. Aprenderemos a nos identificar com o ego espiritual. Seremos, então, um Buda ou um Cristo. Mas nem isto é o fim da nossa viagem. Podemos crescer mais e conhecer *Ātman*, e nos tornar um Deus.

O homem é muito mais do que imaginávamos. O homem é essencialmente um ser divino. Talvez esta seja a principal mensagem que a Teosofia pode nos ensinar.

Evolução progressiva

Quando percebemos quais são as forças, o potencial no homem, podemos compreender algo da evolução progressiva, a quinta Joia da Sabedoria. Mas vamos dizer, primeiramente, o que a evolução não é, no nosso ponto de vista.

Evolução não é o darwinismo. O biólogo Darwin certamente descobriu, no século XIX, alguns fatos interessantes, mas não pode mos concordar inteiramente com as conclusões que tirou desses fatos. A principal conclusão foi de que você se altera ao acaso, transforma seu corpo aliatoriamente, e por isso você vai se tornar uma entidade diferente. As circunstâncias em que se vive determinam como os seres são. Segundo Darwin, os mais aptos sobrevivem, e assim a espécie se altera. Novas propriedades surgem porque as condições mudam. Assim, graças às árvores altas, girafas têm pescoços longos.

Mas um ser não muda por acaso, mas a partir de sua própria força. As novas propriedades não surgem por acaso, já exis tem latentes na consciência do ser e aparecem de dentro para fora. Evolução, segundo a Teosofia, não é apenas uma questão de sobrevivência do mais apto, mas de aparecimento das propriedades que já existem dentro do ser.

A palavra "evolução" é derivada da palavra latina "*ex volvere*", significando: desenrolar-se, desdobrar-se. Assim, evolução é o desdobramento, ou a entrada em manifestação das inerentes características já existentes dentro de um ser. Portanto, o crescimento vem de dentro; o crescimento nunca é um acidente, nunca é uma coincidência, mas um desenvolvimento controlado pela consciência. Evolução é desembrulhar, desenrolar, desdobrar.

Vamos tentar explicar isso mais. Todo homem, cada ser vivo, tem em si tudo o que o Cosmos tem, porque ele é uma parte inseparável do Cosmos. Tudo o que existe, existe em cada ser vivo. É por isso que no coração do coração do nosso ser somos todos iguais. No entanto, cada ser é diferente, conforme o ensinamento de *Swabhāva*. Esse paradoxo pode ser explicado pela quinta Joia: a evolução. Nós não nos desenvolvemos da mesma forma. Deuses se desenvolveram mais que humanos, seres humanos mais do que os animais, e os animais mais do que plantas, e assim por diante.

Portanto, para nós, seres humanos, evolução progressiva significa que estamos expressando em maior grau os nossos potenciais mais elevados, para que possamos adquirir mais experiências nos planos internos. E, ao fazermos isso, desenvolveremos características mais espirituais, precisaremos menos de formas materiais, precisaremos menos de características que pertençam ao mundo material.

Involução

Agora temos que introduzir um pensamento que muitas pessoas não conhecem. Porém, ele decorre logicamente da ideia de evolução. Se evolução significa desenrolar, tem que haver também um processo de *involução*, ou de enrolar, embrulhar, embalar, envolver. Não temos uma palavra adequada para este processo porque o conceito não é conhecido. Em sânscrito, a quinta Joia é chamada de *Pravritti* e *Nivritti*. É o embalar e o desembalar da consciência. Em outras palavras: o processo de evolução inclui o processo de *involução*. É um processo de dois lados. Não há evolução sem *involução*, e não há *involução* sem evolução. É um processo simultâneo.

Para entendê-lo melhor, é necessário introduzir uma nova ideia: espírito e matéria são um. Não há diferença essencial entre espírito e matéria. Eles são conceitos relativos. Poderíamos chamar espírito de matéria etérea, e matéria poderia ser chamada de espírito cristalizado. É o mesmo que os estados de agregação que conhecemos na física. Gelo, água e vapor de água são essencialmente o mesmo: são as mesmas moléculas de hidrogênio e oxigênio, H_2O, que estão situadas em diferentes estados: sólido, líquido e gasoso.

Assim, o espírito e a substância, a matéria, são basicamente o mesmo: é a mesma vida, a mesma consciência, apenas o estado é diferente. Um estado é espírito, outro estado é substância ou matéria. Quer dizer: para *nós, humanos, vivendo no planeta Terra,* algo é espírito ou é matéria, mas para os seres mais evoluídos, para Budas ou Deuses, o que é espírito para nós é real e material para eles. Tudo é relativo.

A ideia de que a matéria e o espírito são essencialmente um deve ser mantida em nossa mente, para tentarmos entender o processo de evolução e *involução.*

Como funciona esse processo de evolução? Cada ser é essencialmente um ser espiritual. Toda religião ensina isto. Nós viemos do espírito, do reino da luz, como dizem os gnósticos. Estávamos no princípio com Allah, o Alcorão ensina. As religiões orientais ensinam também que o homem é essencialmente um ser espiritual. Mas ele desce – na matéria, na substância, no físico. Significa que o ser espiritual *involui.* Ele desce na matéria ao mesmo tempo em que a matéria evolui, ou o físico evolui. Os veículos evoluem. A matéria então desenvolve-se. E desenvolve-se a partir do espírito. E o espírito *involui* na matéria. Resumindo: se o espírito *involui,* a matéria *evolui.*

Todavia, em um certo momento, vem o ponto de retorno. No ponto máximo do desenvolvimento material – e esse pico material é ao mesmo tempo o ponto mais baixo da *involução* espiritual –, temos que tomar a curva, ou o ponto de virada. Nós descemos, e agora o caminho é ascendente. O espírito vai evoluir e a matéria vai *involuir*. Evolução e *involução* são os dois lados do mesmo processo.

Então, quando falamos de evolução progressiva, estamos falando de uma reação contínua entre o que está dentro e aquilo que é externo: sem o impulso da consciência – a própria entidade –, não poderia haver qualquer ação no corpo e por meio do corpo no ambiente.

Claro que o ambiente tem um efeito na consciência. Essa é a interação entre espírito e matéria. Mas é sempre o espírito – a consciência – que toma a iniciativa de agir. O espírito é decisivo. É este processo que é descrito extensivamente nas duas partes da obra *A Doutrina Secreta*, de Helena Blavatsky. A primeira parte descreve como nasce um universo. A segunda parte narra como a humanidade veio a existir. Na verdade, ambos os processos são quase idênticos. É sempre a *involução* do espírito simultaneamente à evolução da matéria.

A chamada descida da Mônada na matéria significa uma *involução* das potências espirituais em veículos materiais, que coincidentemente e ao mesmo tempo, por meio da compulsão das energias, desdobram as suas próprias capacidades latentes; e isto representa a evolução da matéria.

Sete princípios de consciência, sete Rondas e sete raças-raízes

O homem tem sete princípios de consciência. Três desses princípios poderiam ser chamados de espirituais e três de materiais. O desejo – *kāma* – está exatamente no meio. O ser humano precisa desenvolver estes sete princípios ao longo da vida do planeta Terra, período que é chamado de um *Manvantara*.

Segundo textos antigos em sânscrito, a vida da Terra dura quatro bilhões, trezentos e vinte milhões de anos. Você pode ver a famosa combinação 4-3-2. São números importantes em muitos ciclos. (Veja o capítulo sobre o *Kāli-Yuga*.) Neste período o homem pode ter o controle total sobre toda a sua consciência. Tudo pode ser desenvolvido, ou seja, todas as possibilidades que estão dentro do reino humano. Ele é um homem-deus.

Note bem: um homem não vai mudar se ele não fizer nada para isso. Ele tem livre-arbítrio. Se não quiser, ele não cresce e não se desenvolve. Mas as possibilidades estão sempre surgindo. Ele pode usá-las e acabar por tornar-se um homem-deus.

No entanto, o desenvolvimento é gradual, em um processo de evolução e *involução*. No início do grande ciclo, *Ātman involui* e *Sthula-Śarīra* (o corpo físico) evolui. Em seguida *Buddhi involui*, com uma evolução simultânea de *Linga-Śarīra* (o duplo astral). Daí *Manas* desce e *Prāna* (vitalidade) se desenvolve. O desejo é o ponto de virada.

A quarta etapa é, portanto, sempre a mais perigosa. Agora, temos de virar. Precisamos voltar para onde o processo começou, porque agora a evolução física é transformada em uma evolução espiritual. A substância *involui* e o espírito evolui. O ser humano está se tornando mais espiritual, e a matéria tornando-se mais etérea.

Então, *Manas* vai evoluir e *Prāna involuir*. Daí *Buddhi* evolui e *Linga-Śarīra involui*. E, finalmente, voltaremos para o "lugar" de onde viemos. *Ātman* evolui e *Sthula-Śarīra* – ou a matéria – *involui*.

Quando falamos da *involução* dos aspectos mais físicos, não se deve pensar que eles desaparecem. O espírito os controla. O espírito é o mestre deles. Se, por exemplo, falamos da *involução* de *Prāna* e da evolução de *Manas*, queremos dizer que a vitalidade, em um determinado momento, não é mais líder, mas é controlado pelos pensamentos, pela mente.

O processo de *involução* e evolução é universal. O nascimento de um ser humano, a sua vida e a sua morte ocorrem conforme o mesmo processo. Quando um bebê nasce, *Ātman* se envolve no corpo (*involução*), e o físico, o *Sthula-Śarīra*, evo lui. Isto não significa que *Ātman*, o divino, tenha desaparecido, mas que se revestiu do físico. Está latente. Está enrolado. Muitas pessoas experimentam o nascimento de um bebê como um momento sagrado. O divino entra em contato com a matéria, com esta esfera terrestre.

Na próxima fase, o bebê vai desenvolver a percepção sensorial. Ele distingue cores, sons. O elemento *Linga-Śarīra* se desenvolve. *Buddhi involui*. Em seguida, vem a próxima fase, a da vitalidade. A criança quer tocar tudo, não quer ficar quieta por um segundo. Às vezes, a mãe ou pai gostariam que a criança tivesse um controle remoto, para que pudesse ser desligada de vez em quando. Depois, vem o desejo. "Eu quero isso"; "eu quero aquilo"; "eu quero um sorvete". Acho que os pais certamente reconhecem isso.

Daí, o ponto de virada. A criança aprende a desenvolver os pensamentos, a mente. É o momento em que a própria criança vai se chamar de "eu". Antes, ela chamava a si própria por seu nome. Os pais reconhecem isto, sem dúvida: "José quer isto"; "Maria quer aquilo". A partir desse momento, a criança também pode mais ou menos dominar a vitalidade, que em seguida *involui*. Às vezes isso não funciona completamente, mas este é o estado natural das coisas.

Na puberdade, finalmente, *Buddhi*, o idealismo, se desenvolve. O jovem vê que o mundo deve ser diferente do que é. Isso muitas vezes leva a rebelião ou a rebeldia.

No momento em que a criança se torna um adulto, e se tudo correr bem, vai desenvolver os aspectos intelectuais e espirituais sempre mais, e os aspectos mais baixos tornam-se cada vez menos importantes. Isto continua até que o homem morre e o veículo físico se desfaz. Permanecem apenas os aspectos espirituais que vivem no seu *Devachan* – seu auge, seu "mundo céu", porque no *Devachan* existem apenas coisas espirituais, ideais nobres. Por isso *Devachan* é felicidade pura.

Daí os aspectos espirituais *involuem* novamente, enquanto a matéria evolui mais uma vez.

No grande desenvolvimento da humanidade ocorre algo semelhante. No período de vida do planeta Terra – um *Manvantara* – temos a oportunidade de nos desenvolver.

O planeta é, de fato, um ser vivo. E assim como o homem reencarna, a entidade do planeta se incorpora também continuamente. No entanto, o intervalo de tempo de vida de um planeta é muito maior. Uma pessoa vive, talvez, 100 anos; o planeta vive, como disse há pouco, mais de 4 bilhões de anos. E durante esse período todos os seres têm a chance de progredir. Isto se aplica aos animais bem como às plantas e aos seres humanos. Mas agora vamos nos limitar aos humanos.

Nós, humanos, podemos nos desenvolver em um *Manvantara* e nos tornar um homem perfeito, um homem-deus. Podemos desenvolver todos os sete aspectos da consciência. Devemos fazê-lo nós mesmos. Ninguém pode fazer isso por nós. Este desenvolvimento se dá muito gradualmente e em um processo cíclico.

Se você já leu *A Doutrina Secreta,* de H.P. Blavatsky, viu o famoso diagrama dos sete globos. Nossa Terra é, na verdade, uma cadeia de sete globos. Todos os reinos da Natureza, dos elementais aos reinos dos deuses, viajam sete vezes sobre essa cadeia de globos. Todos esses seres juntos são chamados "uma onda de vida".

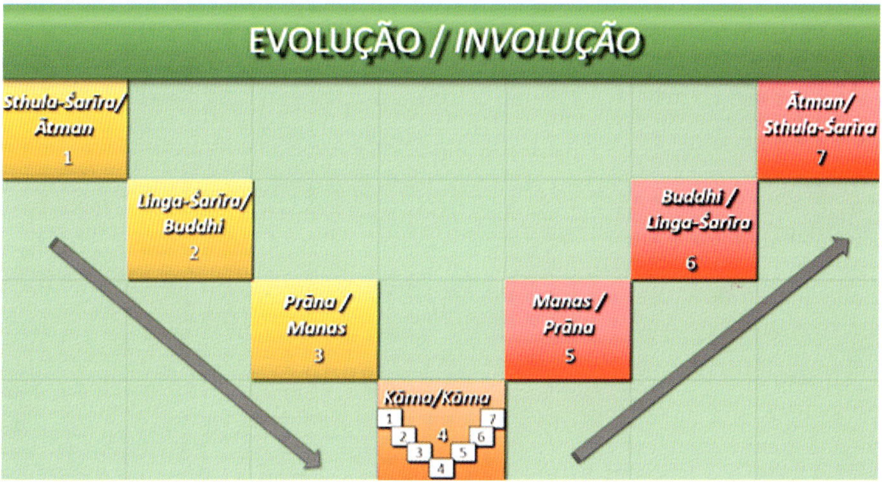

A *onda de vida* vai e viaja pela cadeia planetária. A primeira vez – na primeira Ronda –, a cadeia não existe ainda. A matéria se desenvolve na primeira Ronda. A substância evolui. Mas isso não acontece sem um planejamento. Este plano foi desenvolvido pelos deuses. Os deuses são como os arquitetos que fazem o plano da construção, em que os outros seres podem se manifestar. Isto significa que *Ātman involui,* e o *Sthula-Śarīra* evolui. Toda a *onda de vida* passa pelos sete globos em que o aspecto físico se desenvolve, com uma descida, ou *involução,* simultânea do Espírito, ou *Ātman.*

Em seguida, vem a segunda Ronda. Aí os globos já estão formados. *Linga-Śarīra* evolui, *Buddhi involui.*

Estamos falando de períodos com duração de milhões de anos. A Terra era, naturalmente, muito diferente do que é agora – era muito mais etérea. Consequentemente, fósseis desses períodos não foram encontrados, pois a matéria era muito sutil.

Na terceira Ronda, *Manas* – a mente – *involui*, e *Prāna* – a vitalidade – evolui.

Depois temos a quarta Ronda – a período global atual. Essa Ronda é inteiramente dominada pelo desejo – *Kāma*. É neste período global que ocorre o ponto de virada.

Agora nossa história da evolução fica ainda mais complicada. Todo princípio de consciência é composto também de sete aspectos. Tudo que existe é composto. Tudo é constituído pelos mesmos elementos. Como acima, assim abaixo.

Vemos isto também na música. Uma nota musical – diga mos, o *Fá* – tem todos os outros tons nela mesma. Chamamos isto de sobretons. Normalmente, não podemos ouvi-los. Mas, em alguns tipos de música, como as *Ragas* da Índia, se a pessoa tiver bom ouvido, pode escutá-los.

Do mesmo modo, o desejo pode ser dividido em sete aspectos. Há um aspecto *átmico* de *Kāma*; um aspecto búdico do *Kāma*, etc. Estes subaspectos são desenvolvidos um por um em ciclos menores. Estes ciclos são de muita grandeza para nós, embora muito mais curtos do que uma Ronda. Estes ciclos são chamados de raça-raiz. Esse termo, cunhado pelo teosofista A.P. Sinnett, muitas vezes deu origem a mal-entendidos e confusões, porque muita gente pensou que tinha a ver com raça física. No entanto, a raça-raiz não tem nada a ver com uma raça física. É uma mentalidade que pertence a um ciclo, uma certa fase da vida da humanidade, ou da maioria da humanidade. Pode ser comparada a uma classe na escola.

A encarnação dos *Manasaputras*

Uma coisa mágica aconteceu na terceira raça-raiz da quarta Ronda. Na segunda parte de *A Doutrina Secreta,* Madame Blavatsky descreve amplamente aquele acontecimento. É a descida – ou a encarnação dos *Manasaputras*, os Filhos de *Manas*, os filhos da Mente. Na terceira raça-raiz *involuiu Manas* e evoluiu *Prāna*. Mas *Manas* tinha descido. Estava lá. Ainda latente, mas existia. E por que *Manas* – a mente – *involuiu*, também poderia ser evoluído. Pois o que está enrolado pode se desenrolar.

Os *Manasaputras* – entidades que foram humanos no *Manvantara* anterior – encarnaram na raça humana quase sem sentidos desenvolvidos, ainda intelectualmente dormentes. Eles tocaram com seu pensamento divino nosso pensamento dormente, nossa mente latente e, da mesma forma que se pode acender uma vela com outra, eles acenderam o pensamento em nós. Nós nos tornamos seres humanos, seres com responsabilidade.

Leia a história do Gênesis e você vai ver que a Serpente é o símbolo dos *Manasaputras*. Se Adão – o homem – comer do fruto da árvore do conhecimento do bem e do mal, ele se tornará igual aos deuses. Então, ele pode se transformar em – evoluir para – um ser divino.

Leia o mito grego de Prometeu – também o símbolo dos *Manasaputras* –, que roubou o fogo dos deuses e deu ao homem. O fogo é o pensamento ardente, que os *Manasaputras* acenderem em nós.

Como a serpente foi castigada? Tiraram as pernas dela. Ela teve que se arrastar sobre a terra. Como Prometeu foi castigado? Foi acorrentado por Zeus a uma rocha. O mesmo símbolo. Ambos foram exilados para a Terra, uma esfera, um mundo que é um submundo para eles. Mas a compaixão deles foi tão grande! O desejo de ajudar a humanidade os fez superar a dor.

Os *Manasaputras* não nos deram a mente. Devemos ter isto muito bem claro. Tampouco os pais dão a mente a seus filhos. Mas, se um pai ou uma mãe são bons educadores, eles conversam com seu filho, contam histórias, leem contos de fadas, em suma, enfocam sua consciência na consciência do filho, resulta daí que a mente da criança desperta novamente. Assim, os deuses acordaram nossa mente, nossa capacidade de pensar. Os *Manasaputras* deram-nos a luz, acenderam em nós a luz, como você acende uma vela com outra vela.

Atlante

Daí veio a quarta raça-raiz. O ponto alto do desenvolvimento físico e o ponto baixo da *involução* espiritual. Esta raça-raiz é chamada Atlante. Existem inúmeros mitos e tradições sobre este continente. Conhecemos, por exemplo, a história de Platão sobre a ilha Atlântida. Nas obras *Timeu* e *Crítias*, o grande filósofo grego fala sobre essa ilha. A ilha, que tinha mais ou menos o tamanho da Irlanda, existiu realmente, mas também é um símbolo do imenso continente de Atlântida, que ficou imerso principalmente no que hoje é o Oceano Atlântico. Você poderia andar da África, ou do sul da Europa, até o Brasil, sem molhar seus pés.

Mas atlante é acima de tudo uma mentalidade. Na quarta raça-raiz do quarto período global, nós desenvolvemos o desejo. A evolução física estava no auge. Pessoas adoravam a matéria. Foi também a época de magos malvados. A palavra "mago" ou "mágico" faz a gente pensar nos contos de fadas do mundo das crianças. Mas eram cientistas. Para os povos da Idade Média, os cientistas de hoje seriam magos/mágicos, aqueles que fazem coisas mágicas. E quando a mentalidade é egoísta, as magias são malévolas.

Hoje em dia, cientistas tentam manipular a matéria em usinas nucleares. É o que também fazem os biólogos nos seus laboratórios, quando tentam colocar em um animal um pedaço de DNA de um outro ser, ou talvez em um ser humano. É o que acontece quando tentam clonar um animal ou um homem. São consequências *kármicas* do passado longínquo da Atlântida. Esperemos que a maioria das pessoas esteja menos apática e seja me nos interessada nisso do que naquele tempo distante. Tomara que nós todos possamos assumir a nossa responsabilidade e pa remos de manipular a vida, para que desastres possam ser evitados. Vamos nos render totalmente e egoistamente à matéria como na Atlântida? Nós aprendemos. Crescemos. Passamos do ponto mais baixo. Estamos no arco ascendente.

Agora estamos na quinta raça-raiz do quarto período global. Neste ciclo, o *Kāma* do *Manas* é desenvolvido, enquanto o *Prāna* do *Kāma* é *involuído*. Isso não significa que o *Prāna* desaparece. Mas aprendemos a controlá-lo, a dominá-lo.

Se estudar a mentalidade de hoje, você verá essas características – *Manas* e *Kāma* – em muitas atividades humanas. O desejo é sempre a característica geral. Mas o desejo é satisfeito através do intelecto. O intelecto é usado para satisfazer os desejos. Por isso a técnica é tão importante na nossa sociedade. A técnica é um bom exemplo da combinação de desejo e intelecto. Claro que existem muitas diferenças individuais. Estamos falando da grande maioria das pessoas. Contudo, entre nós já há pessoas que estão, em termos de mentalidade, na sexta raça-raiz, na qual *Buddhi* se desenvolve. Esses são os idealistas verdadeiros, são os verdadeiros teósofos. E um teósofo é aquele que age teosoficamente. Não precisa ser um membro de uma organização teosófica.

Como é possível que essas pessoas já estejam vivendo aqui? Isso acontece porque todo ser humano tem livre-arbítrio. Ninguém precisa seguir a multidão.

As raças-raízes podem ser divididas em ciclos menores. Há subciclos, e sub-subciclos etc. Os povos antigos também podem ser divididos em ciclos. Os antigos gregos, por exemplo, fizeram isso. Falaram de uma época de ouro, de prata, de bronze e uma época de ferro. Isto é descrito no capítulo sobre o *Kāli-Yuga*.

As dores de crescimento

Diz-se muitas vezes que o crescimento é sempre acompanhado de dor. A evolução, então, traz sempre desalento? Há sempre dores do nascimento quando entramos em uma nova era? A pandemia é um exemplo de tal surto de crescimento? Será que o crescimento, por definição, é uma experiência dolorosa?

Porém, crescer, desenvolver, é a coisa mais natural que existe. Eu nunca vi uma criança que não queira aprender: aprender a ler, ou aprender matemática, ou a explorar o mundo.

Quando há o maior caos no mundo? Quando há guerras, pandemias, conflitos, insegurança? Muita gente tem medo da mudança do clima. Temem que vão perder o conforto. Sempre ocorre agitação quando há uma transição de uma fase para outra – em outras palavras, a cada vez que termina um ciclo e um novo começa. Pois o fim de um ciclo é sempre o início de um ciclo maior, um ciclo mais nobre.

Ciclos não são círculos. Um ciclo é como um parafuso ou uma escada em espiral. Você vai em círculos para cima.

Subir não significa sofrer. Mas o apego às antigas formas causa sofrimento. O apego aos bens traz desalento. O medo de perder aquilo que possui e o medo das coisas novas – tudo isso cria dores de crescimento. Em resumo, nós interpretamos a mudança como dor porque não queremos o novo e porque estamos ligados às velhas formas.

Vou dar um exemplo de um caso individual. Alguém estava com medo de algo desconhecido. E o medo trouxe-lhe muita dor. Estou falando de um velho homem na França, uma pessoa amável que sofreu terrivelmente porque já não via sua filha há muito tempo e, por isso, não podia ver seus netos. Perguntei-lhe: "Por que o senhor não visita sua filha?" Em seguida veio uma longa história, mas o sentido foi de que sua filha havia se casado com um africano, o que ele não podia aceitar. Seu sofrimento era totalmente desnecessário. Ele só tinha que aceitar o seu genro e ele seria o homem mais feliz do mundo.

Vou lhe dar um outro exemplo do continente em que vivo, Europa. Em muitos países europeus, há agitação, há medo, por causa dos refugiados, do Iraque, da Síria e de outros países, que vão para Europa. Países constroem muros. Pessoas se revoltam. O problema dos refugiados já é considerado um problema enorme. Mas por quê? Há 450 milhões de europeus. E o número estimado de refugiados é de 1 a 2 milhões. Digamos que sejam 4 milhões. Isso ainda é menos que 1% da população europeia. Por que deveríamos ter medo?

Eles têm uma religião diferente, diz-se. Eles são muçulmanos. Mas isso é ruim? Podemos aprender uns com os outros, não é? Em alguns países da Europa, como a Alemanha, a população está diminuindo. A Alemanha precisa dos estrangeiros para manter a população estável. Logo, é simplesmente o medo do novo que faz com que a fase atual da civilização europeia se passe com tanta dor.

Temo que isso não seja só o caso na Europa. Os Estados Unidos construíram um muro para que mexicanos e outros latino-americanos não ultrapassem a fronteira. Há um muro no norte da Índia para evitar que Bengala entre no país. Há um muro na Arábia Saudita. O muro mais notório fica em Israel, impedindo a passagem dos palestinos.

Por que esses muros? Por que governos gastam milhões de dólares para construir muros, de modo que seus vizinhos não se aproximem? Por que nos segregamos? Por que não queremos dividir o que temos?

São dores de crescimento. Nós evocamos o sofrimento em nós mesmos. E é totalmente sem sentido, porque pessoas sempre fluirão sobre a Terra, como o sangue em nosso corpo. Enquanto algumas partes do mundo forem muito mais ricas do que outras, haverá um fluxo de pobres para os países ricos. Sempre haverá um fluxo de pobres para os países ricos, como em vasos comunicantes a água sempre flui para o ponto mais baixo. Uma diferença na pressão do ar gera tempestade. E isso vale também para a humanidade. Há enormes diferenças de riqueza entre as pessoas, tanto riqueza física, mental e espiritual. Isto causa revoltas, batalhas e guerras.

Guerras e conflitos geralmente ocorrem devido a um medo do novo, ou um regresso à antiga tradição. As pessoas têm medo de perder sua fé, querem restaurar a velha ordem, não podem aceitar que existam novas ideias. O resultado é o conflito e a guerra.

Porém, não precisamos nos desesperar. Não precisamos temer o futuro. Algumas pessoas pensam que o futuro está em nossa frente. Pensam no futuro como se fosse uma espécie de país para onde viajamos. Mas o futuro não vem ao nosso encontro, ele vem de trás sobre nós. O que fazemos agora e o que fizemos ontem determinam o nosso futuro. Tudo está em nossas próprias mãos.

É por isso que é tão importante não tomarmos a atitude errada para com as mudanças que ocorrem no mundo. Não devemos tentar ir contra as mudanças, mas devemos usá-las. Devemos fazer uso das coisas novas altruistamente, para o bem-estar geral da humanidade.

Mudanças fornecem oportunidades para melhorar. A humanidade já passou o ponto mais baixo do ciclo de vida. Estamos no arco ascendente. Para caminhar o arco ascendente é necessário, como mencionado, autoconhecimento. Mas o autoconhecimento é também o conhecimento da ligação entre todos os seres. Conhecer a Si mesmo – *Ātma-Vidyā* – nos dá, sobretudo, o sentido de unidade. Há unidade por trás da diversidade das coisas. É essa percepção que precisa ser nossa bússola na evolução progressiva.

Já existem pessoas que seguiram o seu caminho usando essa bússola e já desenvolveram mais ou menos as qualidades e características da sexta sub-raça. Estes verdadeiros idealistas – teósofos *de verdade* – serão as primeiras sementes da sexta raça-raiz. Toda a Terra vai mudar no futuro distante. Países afundarão e outros países subirão do oceano. E o que é mais importante: a mentalidade vai mudar.

Já há os primeiros sinais deste futuro. Esses sinais não estão no céu, não estão no mar, mas nos seres humanos. Você pode ser um desses sinais. Se entendeu a mensagem dos Mestres e de HPB, e a preza como o tesouro mais sagrado da sua vida, você é a semente desse futuro elevado. Pode-se dizer que ainda somos muito poucos. Mas cada pancada de chuva começa com as primeiras gotas.

Joias 6 e 7

Dois Caminhos e O Conhecimento do Ser Superior

A união com a compaixão divina

Com as cinco Joias da Sabedoria, discutidas nos dois capítulos anteriores, podemos resolver todos os enigmas da vida. Aplicando-as, você terá respostas para as perguntas sobre: quem você é; por que vive na situação em que vive; por que nasceu em uma determinada família, rica ou pobre; por que tem talentos ou por que lhe faltam talentos. E, acima de tudo, a quinta Joia também lhe dá uma dica sobre como você pode ser mais do que é agora. Como pode crescer em consciência. Como pode ativar todos esses poderes e talentos dentro de você, ainda adormecidos e latentes, mas que podem ser acordados.

A nossa filosofia de vida parece terminar aqui. Porém, não resolvemos o enigma da vida. Há ainda mais duas Joias, que são talvez as mais importantes.

Dois Caminhos

O que quer dizer a sexta Joia, os Dois Caminhos? Esta Joia refere-se principalmente à motivação. Na verdade, as cinco primeiras Joias da Sabedoria mostram qual é o sentido da vida: desembrulhar o que está envolto ou enrolado, ou seja, desenrolar, desenvolver, evoluir o que é potencial em sua consciência. Isso significa para nós, seres humanos, que temos de evoluir tudo o que pertence à consciência humana. Todos esses poderes humanos têm que ser ativados. Mas por que devemos fazer isso? Há duas respostas possíveis:

1. Para nos libertarmos da vida manifestada e saborearmos a felicidade do *Nirvāna*.

2. Para sermos capazes de ajudar, apoiar, incentivar e inspirar nossos semelhantes, os nossos companheiros peregrinos no Caminho da Evolução.

Se trilharmos o primeiro caminho, iremos mais rápido, em um certo sentido, porque forjaríamos muito menos laços *kármicos* com nossos companheiros seres humanos e com os estados e situações que já conquistamos. Você não precisa mais se ocupar com pessoas, com problemas que você já superou.

Entretanto, ao percorrer o Segundo Caminho, você se conecta com os problemas de todos os tipos de pessoas. Eles o prendem em áreas que não têm mais nada a lhe oferecer.

Talvez uma comparação o ajude a compreender isto melhor: você está com vários outros alunos na escola. Você corre à frente. Já está estudando o novo material e também está trabalhando arduamente para dominar isso. Você é um precursor. Não olha para trás. Você não se importa se os outros alunos estão atrás de você.

Há também um outro aluno, também um precursor. Mas ele se envolve intensamente com os outros. Ele lhes ensina, explica-lhes as dificuldades e, portanto, compromete-se com todos os tipos de situações que ele já superou há muito tempo.

Esse segundo precursor é alguém que não é impulsionado pela ambição pessoal, nem se esforça para sua própria felicidade. Seu objetivo não é entrar no *Nirvāna*, ou conseguir a salvação. Sua preocupação é com os outros. Seu objetivo é a felicidade dos outros.

Este precursor é alguém que segue o caminho da compaixão. A compaixão vem em primeiro lugar para ele. Ele está preocupado com o total, com todos os alunos da turma, ou seja, com toda a humanidade ou, melhor ainda, com todos os seres vivos. Ele pode ir mais devagar do que o primeiro precursor, que, claro, também executa atos nobres, é espiritual, tem uma visão profunda da Natureza, mas que é, apesar de tudo, conduzido por um egoísmo sutil, porque ele quer atingir a grande salvação.

Ele quer se libertar do sofrimento e das limitações da vida manifestada. Por esta razão, ele executa ações nobres. Por isso, concentra-se em coisas espirituais.

Mas ele faz isso porque quer alcançar *Moksha* – como os hindus chamam a grande salvação – ou o *Nirvāna* – como dizem os budistas.

A pessoa que percorre o caminho da compaixão pela própria compaixão tem, no entanto, uma maior compreensão da Natureza. Tem uma compreensão mais profunda de como a Natureza funciona.

Na verdade, quem trilha o caminho espiritual para alcançar a sua salvação individual é alguém que tem ainda alguns traços egoístas, apesar de ser muito espiritual. Pode-se chamar isso de egoísmo espiritual, que é muito mais difícil de reconhecer e, consequentemente, também muito mais difícil de superar e de derrotar do que os atos materialistas egoístas, mais brutos.

Posso dar um exemplo do que aconteceu há muitos anos. Foi o caso de uma freira que trabalhou durante toda a vida em um hospital para os pobres. Ela trabalhou muito duro. Dedicou sua vida a cuidar de pessoas doentes. Ela realmente foi dedicada. Um dia, um paciente que foi curado foi a ela para agradecer pelo belo trabalho que ela tinha feito.

"Você não precisa me agradecer", disse ela.

"Eu sei", disse o paciente curado, "a senhora faz isto por causa do amor que sente por todos os doentes."

"Oh, não", disse a freira, "eu faço isto por um lugar no céu."

Embora ela tivesse trabalhado muito duro por aqueles que sofriam, seu objetivo principal era a própria felicidade. Isso dificilmente pode ser percebido, porque nunca se sabe o motivo mais profundo dos outros. E esta freira era realmente uma pessoa muito nobre; no entanto, tinha um objetivo egoísta: queria garantir um lugar no céu.

Atualmente, existem cursos que prometem tudo: melhor saúde, prosperidade, boa sorte em casos de amor e até mesmo sucesso nos negócios. Embora possa haver aí alguma espiritualidade, esses cursos não são os cursos que foram recomendados por H.P. Blavatsky e seus Mestres, porque os Mestres são belos exemplos desses homens santos que vivem para a compaixão. Eles não querem nada de volta pelo que fazem para os outros. Eles são exemplos do que na *Bhagavad-Gitā* é chamado de *Karma Yoga*: agir por causa do ato e não pelo resultado; agir sem pensar em recompensa alguma.

Pratyeka-Yana e *Amrita-Yana*

Espiritualidade com um germe de egoísmo é o que no budismo é chamado *Pratyeka-Yana*. Em *A Voz do Silêncio*[33], especialmente no terceiro capítulo, você observa que HPB distingue dois tipos de Budas: o *Pratyeka* Buda e o *Amrita* Buda.

Pratyeka é uma palavra sânscrita composta por "*prati*", que significa "para", e "*eka*", significando "um". Então, *pratyeka* seria: cada um para si próprio. *Amrita* significa "imortal".

Logo, há dois tipos de Budas: um que vive para si mesmo e outro que é imortal.

A sexta Joia da Sabedoria mostra a diferença entre esses dois caminhos; entre o *Pratyeka* Buda e o *Amrita* Buda, o Buda da Compaixão.

Portanto, há dois caminhos que levam à libertação. Tem-se que escolher entre esses dois caminhos. Há muito o que dizer sobre essa escolha, porque ela faz surgir algo muito notável e interessante.

Provavelmente, podemos explicar isto melhor citando o sábio persa Zoroastro (Zaratustra). Zoroastro é, na verdade, um título, assim como Cristo ou Buda são títulos. Houve também muitos Zoroastros. Nas antigas obras persas, encontramos o seguinte ditado:

> Os espíritos originais, que no começo se manifestaram como gêmeos, são o melhor e o pior, em pensamento, palavra e ação. Entre estes dois, os sábios escolhem o certo; os tolos, não.

Esse é um ditado profundo sobre o qual podemos refletir e meditar muito. Quais são esses espíritos originais? Qual é o melhor ou o pior?

---

[33] *A Voz do Silêncio*, de H.P. Blavatsky, Editora Teosófica. (N.E.)

Na mesma obra de Zoroastro, há uma indicação que pode dar uma resposta. Zoroastro diz:

> O melhor e o pior são peças de madeira que são friccionadas uma contra a outra; mas o fogo é bom.

O significado disto é que o melhor e o pior são fundamentalmente um. Na verdade, há unidade na vida. Mas se houver manifestação, há dois. Há espírito e matéria; há luz e escuridão, há bem e mal. Por isso, espírito e matéria são chamados gêmeos. Eles vêm da mesma fonte, da mesma vida universal. O bem e o mal são pedaços de madeira, e o atrito que existe naturalmente entre os dois traz o fogo, que é bom.

O homem que aprendeu a perceber a lei do *Karma* sabe que o melhor e o pior são consequências do que ele pensou e do que ele fez no passado. E graças ao melhor e ao pior ele pode se tornar mais sábio; pode aprender a ver a ilusão do que é chamado de felicidade e de infelicidade. E o mais importante: pode experimentar a unidade da vida. Pode experimentar que a mesma vida corre em todos nós. Assim se torna sábio, livre de qualquer desejo; renuncia ao desejo pelo fruto da ação. Por isso ele é livre, feliz. Ele faz, mas apesar de estar envolvido na ação, não quer nada para si e não recebe nada. Só tem um objetivo, que é ajudar seus semelhantes, mostrar-lhes o caminho neste labirinto que é a vida exterior.

Ele não tem mais que escolher. Não tem que perguntar se faz alguma coisa para si mesmo ou para os outros. Ele já escolheu. Escolheu a unidade. Os outros não existem mais, o "eu" não existe mais. Existe só o "nós".

> Os tolos pensam que escolhem. No entanto, eles não escolhem.

Os tolos são guiados pelos impulsos dos desejos. A escolha deles sempre decorre de uma opção que eles pensam que os fará felizes. Os desejos egoístas mandam neles. Não há escolha quando sua motivação vem dos seus desejos. Quem vive para seus desejos é um tipo de escravo. Servilmente, segue os impulsos. Contudo, satisfazer ou matar os seus desejos não traz felicidade. É como saciar a sede com água do mar. Quanto mais você bebe, mais sede terá. Os sábios, no entanto, não querem nada para si mesmos. Vivem como vive o sol. O sol dá a todos sua luz, seu calor e sua vida, sem que ele queira alguma coisa em troca.

Isso é precisamente a diferença entre o *Pratyeka* Buda e o Buda da Compaixão. Pois apesar de o *Pratyeka* Buda ser uma criatura nobre, e executar ações nobres, ainda tem um objetivo em vista: alcançar o *Nirvāna*. O Buda da Compaixão não tem um objetivo pessoal. Ele vive para todos. E exatamente por não ter objetivo pessoal, ele enxerga mais longe e tem uma visão bem mais ampla.

Por que é que a visão é maior quando não existe objetivo pessoal? A sétima Joia responde essa pergunta.

Ātma-vidyā

A sétima Joia é a mais sublime, mas também a mais difícil de entender. É a Joia na qual todas as outras Joias se juntam. Na verdade, aquelas outras Joias não poderão ser compreendidas corretamente se você não incluir esta Joia da Sabedoria. A sétima Joia pode ser descrita assim: *o conhecimento do Divino Eu, e como o UM torna-se muitos (Ātma-vidyā).*

Ātma-vidyā significa o conhecimento do *Ātman*. *Ātman* é uma palavra que dificilmente pode ser traduzida para o português ou para qualquer outra língua moderna. Há pessoas que a traduzem como "alma". Em inglês, costuma ser traduzida como *Self*, que em português seria EU, mas não é a personalidade, e sim o Eu Superior, a Individualidade, ou o Eu Divino.

Ātman é a parte mais elevada de um ser humano: a consciência pura, o Eu cósmico, que é o mesmo em cada morador deste globo e em cada um dos corpos planetários ou estelares no espaço. É a percepção e o conhecimento do "Eu sou". *Ātman* é pura cognição, a ideia abstrata de si mesmo.

Não difere em nada durante toda a manifestação, exceto no grau de autorreconhecimento.

Quer dizer: não existe *meu Ātman* ou *seu Ātman*. O seu *Ātman* é o meu, e o meu é o seu. Somos, no fundo, no âmago de nosso ser, no coração de nosso coração, UM. Por isso deve existir a fraternidade universal. Somos, na realidade, partes um do outro.

A ideia de unidade é a essência da sétima Joia da Sabedoria, e, portanto, a essência de todas as sete Joias da Sabedoria. Então, unir-se ao seu Eu mais profundo é o mesmo que unir-se à totalidade da vida.

Esta é a essência de um fragmento bem conhecido do Evangelho de Mateus, cap. XXII, versículos 34-40. Os discípulos perguntam a Jesus qual é o maior mandamento. Ele responde:

> Ame o Senhor, o seu Deus, de todo o seu coração, de toda a sua alma e de todo o seu entendimento. Este é o primeiro e maior mandamento. E o segundo *é* <u>semelhante</u> a esse: ame o seu próximo como a si mesmo. Destes dois mandamentos dependem toda a Lei e os Profetas.

Acho que muitas pessoas conhecem este trecho da Bíblia. Mas também penso que poucas compreendem o seu alcance.

Se amar com todo o seu coração o seu Deus é o mesmo que amar o seu próximo, Deus e o seu próximo são semelhantes. Está escrito literalmente assim. O segundo mandamento é o mesmo que o primeiro. Deus então não é um ser que está fora do homem. Deus é o nosso Deus interior, é *Ātman*, a fonte do nosso ser. E essa fonte é a mesma em todos os outros. Portanto, se você ama a Deus, deve amar o seu próximo.

É realmente muito simples. E se está escrito que você deve amar o próximo como a si mesmo, esse "*a si mesmo*" não significa o eu pessoal. Como pode ser isso? O eu pessoal, que é tantas vezes egoísta, pensa que é o centro do mundo e se considera muito mais importante do que outros. Se você tem esse amor-próprio, você simplesmente não ama o seu próximo. Amar a si mesmo significa amar o Eu Superior.

Se realmente queremos seguir este mandamento, devemos amar tudo. Devemos amar a unidade. E para amar alguma coisa, deve-se conhecê-la. Então, devemos tentar formar uma imagem da unidade.

Sem nenhuma ideia da unidade essencial, que é a força subjacente da diversidade da vida manifestada, não conseguimos compreender reencarnação, *karma*, a lei das hierarquias e todas as outras Joias da Sabedoria.

A verdadeira Religião

É uma das tarefas mais difíceis para nós, estudantes de Teosofia, obter uma imagem mais ou menos clara da sétima Joia da Sabedoria. Dizemos conscientemente "mais ou menos" porque, sem qualquer dúvida, esta sétima Joia é a mais difícil de entender, e ninguém, mesmo o Buda mais avançado, compreende-a totalmente.

No entanto, todos nós podemos entender alguma coisa. Podemos entender – pelo menos de certa forma – que há Unidade no Universo.

Às vezes percebemos esta Unidade. Acho que para a maioria de nós isso não acontece muito frequentemente, mas acontece. Por exemplo, quando estamos em uma praia linda e tranquila, ou em uma floresta misteriosa, ou quando estamos no alto de uma montanha e vemos as estrelas cintilantes numa noite escura, aí parece que nós nos perdemos e ao mesmo tempo nos encontramos. Nós nos afastamos do eu inferior, que vive na ilusão de separação, e nos identificamos – mais ou menos – com o Eu Superior, que percebe a Unidade de tudo o que vive.

Em toda literatura religiosa e espiritual, encontram-se instruções para se chegar a um senso de unidade. A literatura esotérica sânscrita está repleta delas, especialmente nos chamados *Upanishads*, os livros sagrados da Índia. No seguinte trecho do *Chhāndogya Upanishad* há um diálogo entre o professor Uddālaka e seu aluno Svetaketu.

> Meu filho! As abelhas produzem mel recolhendo o *néctar* de várias flores, e misturam tudo em um néctar comum. Não há nada no mel para que o néctar de uma única flor possa ser reconhecido. Assim *é* com os variados seres que se afundam na Essência, no sono profundo ou na morte. O que quer que sejam, tigre, leão, lobo, urso, lagarta, mosca, mosquito, eles se tornam conscientes de suas vidas individuais quando nascem ou acordam de um sono profundo.
> A Essência *é* a semente; todo o resto *é* apenas o que ela expressa.
> *É* a verdade, *é* o EU (*Ātman*), Svetaketu. Você *é* essa Essência.

Neste fragmento, podemos reconhecer facilmente a quarta Joia, *Swabhāva*: o que você é, você se torna, seja um urso, seja um homem ou uma mosca. Porém, o mais importante é que a forma é uma ilusão. Você é *Ātman*. Você é a Essência.

Tat twam asi, dizem os sábios na Índia antiga. Traduzido literalmente significa: você é Aquilo. Os sábios simplesmente não tinham palavras para descrever esta Essência. Chamaram-na simplesmente AQUILO. Você é o infinito. Um outro fragmento do mesmo *Chāndogya Upanishad*:

> "Meu filho! Rios que fluem para o leste e para o oeste emergem do mar, retornam ao mar e, tornando-se o mar, esquecem a sua identidade. Esses seres não sabem que eles se originaram desta Essência e voltarão à mesma Essência."
> "Pegue uma fruta da *árvore* Banyan, meu filho." [A Banyan – *the Banyan tree – é* uma *árvore* considerada sagrada na *Índia.*]
> "Aqui está ela, senhor", disse Svetaketu.
> "Quebre-a", disse Uddālaka. "Quebrei-a, senhor." "O que você vê lá?"
> "Sementes minúsculas, senhor." "Quebre uma aberta, meu filho."
> "Quebrei-a, senhor." "O que você vê lá?" "Nada, senhor", disse Svetaketu.
> Uddālaka disse: "Meu filho. Esta imensa *árvore* Banyan cresceu de uma semente tão pequena que você não consegue vê-la. A Essência *é* a semente; todo o resto *é* apenas o que ela expressa. *É* a verdade, *é* o EU (*Ātman*), Svetaketu! Você *é* essa Essência."

Se você ler a *Bhagavad-Gitā*[34], poderá encontrar em quase todos os capítulos uma referência a essa essência, a unidade da vida. Krishna diz, por exemplo, no capítulo 7: "*Aham Ātman*. Eu

---

[34] *Bhagavad-Gitā*, Editora Teosófica. (N.E.)

sou *Ātman*. Meu assento *é* no coração de cada ser." Esta citação mostra não só que Krishna não é um deus que está fora do homem, mas que é o divino em todos nós. Cada um de nós é a divindade. Estamos ligados à mesma origem divina. Somos como os raios do sol; embora diferentes como raios, temos a mesma origem.

Não é só na literatura hindu que podemos encontrar referências à unidade. A tradição sufi alude constantemente à unidade, como, por exemplo, neste poema de Jalal ad-Din Rumi, poeta persa do século 13:

> Alguém foi até a porta da Amada e bateu. Uma voz perguntou:
> "Quem está aí?"
> Ele respondeu, "Eu".
> A voz disse: "Não há lugar para mim e você."
> A porta ficou fechada. Depois de um ano de solidão e privação,
> ele voltou e bateu. Uma voz de dentro perguntou:
> "Quem está aí?'"
> O homem disse: "Você."
> A porta se abriu para ele.

É a busca da unidade que está no fundo da verdadeira religião. Religião não é o mesmo que fé ou crença. Religião vem da palavra latina "*religare*", que significa "religar, ligar novamente". Se você acredita em um Deus que está fora de você, obviamente acha que deve unir-se com algo fora de você. Mas se você aceita a Teosofia e assume que tudo está dentro de você, tem de unir-se com seu EU mais profundo, seu deus interior, com *Ātman*.

Existe ainda uma outra derivação da palavra "religião" que foi dada pelo filósofo romano Cícero. Ele diz que religião vem de "*re-*

legere", significando literalmente "reler, ler de novo", mas figurativamente significa "escolher" ou "praticar". Em outras palavras, tem que executar, colocar em prática, o que você escolheu, o que aprendeu. Refere-se, portanto, à disciplina.

Se juntar esses dois significados da religião – religião como unir-se com o divino em você e com a disciplina –, você obtém uma ideia de como deve viver a sétima Joia da Sabedoria: tem que se disciplinar para que você se una com o divino. Deve disciplinar a sua personalidade, que se acostumou a viver no senso de separação, para que perceba a unidade da vida.

Aliás, a palavra "*yoga*" tem os mesmos dois significados. *Yoga* significa literalmente "jugo". E um jugo reúne dois bois; portanto, tem o mesmo significado de unificação. Também aqui significa: unificação por meio da disciplina.

Há um exercício inspirador para imaginar a unidade, que é dado por William Quan Judge, um dos fundadores da Sociedade Teosófica. Em seu livro *Cartas que me ajudaram*[35], ele diz:

> Eu não sou separado de nada. "Eu sou Aquilo que é", isto é, eu sou *Brahmā*, e *Brahmā* é tudo. Mas, encontrando-me em um mundo ilusório, estou rodeado por certas aparências que dão a impressão de que sou separado. Assim, passarei a um estado mental e aceitarei que sou todas essas ilusões. Sou os meus amigos – e por isso fui a eles, em geral e em particular. Sou os meus inimigos – e portanto os senti a todos. Sou o pobre e também o perverso; sou o ignorante.
>
> Os momentos de obscuridade intelectual são aqueles em que sou influenciado pelos ignorantes que são eu mesmo. Tudo isto é a minha nação. No entanto, existem muitas nações, e a elas me di-

[35] William Q. Judge, *Cartas que me ajudaram*, pp. 48-49, Editora Teosófica.

rijo mentalmente; eu as sinto e sou todas elas, com o que elas têm de superstição, de sabedoria ou de maldade. Tudo, tudo sou eu mesmo. De uma maneira imprudente, eu estava prestes a parar, mas o Todo é *Brahmā*, portanto fui em direção aos *Devas* e *Asuras*; o mundo elemental, esse também sou eu. Depois de seguir um pouco esse curso, foi mais fácil voltar à contemplação de todos os homens como sendo eu próprio. Esse é um bom método e deve ser seguido, pois é um passo em direção à contemplação do Todo.

É um exercício, uma meditação ótima para ao menos entender alguma coisa da sétima Joia da Sabedoria. "Alguma coisa", porque é muito difícil entender tudo.

No fundo, só podemos falar sobre a Unidade usando comparações. Todas as religiões do mundo usam imagens sugestivas para dar alguma ideia do que seja a Unidade. Budistas falam da gota de orvalho que flui de volta ao oceano. Na verdade, a gota de orvalho nunca se separou do Oceano, mas achava-se na ilusão de que ela e o Oceano fossem dois. Cristãos falam sobre o Reino do Céu para expressar a unidade. No Islã, falam sobre o regresso à casa – a volta da alma.

Talvez a melhor comparação com a unidade seja a árvore Banyan, uma árvore tropical. Esta árvore forma galhos, e deles pendem gavinhas que atingem o solo e se formam raízes. Assim, tornam-se árvores independentes; no entanto, fazem parte da gigantesca árvore-mãe, como podemos chamá-la.

A vida é assim. Cada ser é uma parte da árvore da vida. Embora sejamos entidades independentes, com livre-arbítrio, somos também como uma folha de uma árvore universal.

A Banyan é uma ilustração magnífica de que no âmago do nosso ser somos todos um. Somos uma árvore viva.

Ao mesmo tempo, esta imagem da Banyan mostra também como o Um – a Unidade – torna-se muitos. Mostra o processo de emanação. Há uma fonte de onde todos os seres se originam. Todos os seres – homens, deuses, animais, plantas, átomos etc. – estão enraizados na mesma fonte. A sétima Joia também descreve como o Um torna-se muitos.

É difícil distinguir, na enorme variedade dos fenômenos, as diferentes espécies. Há tantas espécies de aves, pássaros, plantas, insetos! Entretanto, mais difícil ainda é conseguir ver a Unidade por trás desta diversidade.

Fraternidade é um fato da Natureza. Portanto, fraternidade não é um objetivo, não é algo que você tem que obter. É um fato. Somos partes da mesma árvore, de modo que a mesma vida flui em todos nós. Nós não precisamos lutar pela fraternidade, temos que percebê-la. Temos que aprender a estar conscientes do fato de que somos todos um.

A grande questão relacionada a essa sétima Joia é como nós não percebemos essa unidade. E isso é óbvio. Se olharmos apenas para a distribuição da prosperidade da Terra, veremos a enorme desarmonia. Alguns têm tudo; outros não têm praticamente nada.

Com a ajuda das outras Joias, podemos obter uma resposta a esta pergunta urgente. Em essência, um ser humano é um ser nobre, mas no processo de emanação e evolução ele desceu ao mundo material, esquecendo-se de suas próprias origens. Ele está perdido no labirinto da existência material, onde considera o mundo exterior como sendo a realidade. Vivemos na ilusão da separatividade. Não estamos cientes de que somos uma parte dessa "árvore de vida". Os seres humanos não são ruins, mesmo quando agem egoisticamente. Eles são ignorantes. Eles não têm conhecimento da unidade subjacente de todas as coisas e, portanto, exigem mais do que eles realmente precisam. O resultado é o nosso mundo desarmônico.

Por isso, precisamos da sétima Joia na nossa filosofia, porque ela prova, ela mostra, que o egoísmo não é natural. A compaixão é natural. O Universo é construído de compaixão.

Pratyeka Buda e *Amrita* Buda

Já comentamos que existem seres humanos que têm a percepção da unidade: são os Budas.

Um Buda é um ser humano desperto. As partes superiores de sua consciência são totalmente ativas. No entanto, existem diferenças entre Budas. A sexta Joia trata disto: o *Amrita-Yana* e o *Pratyeka-Yana*, ou duas maneiras diferentes de alcançar o estado de percepção da unidade da vida.

O *Pratyeka-Yana* é o caminho que você segue sozinho, para si mesmo. Vai se tornar um Buda no final. Um *Pratyeka* Buda é um ser humano muito santo e nobre. Ele despertou seu Eu Superior. Ele vive nele. No entanto, ele se tornou um Buda por que tinha uma espécie de anseio, um desejo. Um desejo espiritual e nobre, mas, não importa como, um desejo. Ele queria retirar-se deste mundo materialista, cheio de sofrimento e imperfeição. É por isso que ele realiza atos de compaixão, a fim de alcançar a bem-aventurança do *Nirvāna*.

Já quando você caminha pelo *Amrita Yana*, não tem desejo algum. É o caminho da compaixão. Você não simplesmente age com compaixão, você é compaixão. Ao seguir essa senda, você, ao final, se torna um Buda, mas não porque quis ser um Buda.

O *Amrita* Buda não tinha qualquer desejo pessoal. Ele não queria nada para si. Ele se identificou com a humanidade, com tudo o que vive. Ele não queria crescer. Ele cresceu por causa de sua compaixão, não porque ele quis. Ele não apenas cresceu espiritualmente, mas identificou-se com todos os seres vivos. Seu único objetivo era ajudar e servir à humanidade. Ele cresceu em todas as direções: a sua compaixão abrange mais e mais, não apenas seus compatriotas, mas todos os seres humanos, sim, até mesmo animais, plantas, tudo o que vive. O *Amrita* Buda sacrifica sua própria felicidade pela felicidade dos outros. Ele tem direito ao *Nirvāna*, mas renuncia ao *Nirvāna*. Ele renuncia à sua própria felicidade para o benefício de outras pessoas que estão menos avançadas.

Na epopeia hindu *Mahābhārata* há uma história maravilhosa sobre este sacrifício. Yushudara, um dos *Pandavas*, os heróis deste grande épico, atinge depois de muitas andanças e de muitas provações o topo do Monte Meru, o símbolo de *Moksha* ou *Nirvāna*, a libertação de todo sofrimento. Ele é acompanhado por seu cão fiel. Em seguida, ele ouve uma voz celestial que lhe diz: "Seja bem-vindo a este mundo abençoado. Mas o seu cão não pode entrar."

Diz Yushudara: "Se esse cachorro não pode entrar, eu também não quero entrar neste céu. Prefiro ficar com meu cachorro, que também nunca me deixaria."

Ele sacrifica a sua felicidade por um ser menos desenvolvido do que ele. Esse é o verdadeiro espírito do *Amrita* Buda.

De certa forma, você pode comparar um *Amrita* Buda e um *Pratyeka* Buda com a individualidade e a personalidade. A palavra "individualidade" é derivada do latim "*individium*", que significa: unidade indivisível. Também usamos a palavra "mônada".

Personalidade vem de "*persona*", que significa "máscara". É o veículo através do qual o verdadeiro homem – a individualidade – funciona.

Um peregrino de *Amrita* percebe que ele é Um com o todo e, por isso, não há diferença entre ele e os outros. O peregrino de *Pratyeka*, por outro lado, ainda vive sob o encanto da ilusão, porque acha que existe uma diferença entre ele e os outros. Apesar de ser espiritualmente evoluído, não percebe que ele – como entidade – é apenas uma folha na árvore da vida. Pensar que "essa folha" pode vi ver e existir por si só, mesmo quando cumpre o seu dever em relação aos outros, é uma ilusão. Ele ainda vive em uma espécie de máscara.

O peregrino de *Amrita*, pelo contrário, entende muito mais da sétima Joia, porque escolheu principalmente a compaixão. Compaixão é unidade na prática. Seu objetivo é viver para o todo, servir a todos. Um peregrino de *Amrita* só pode viver e pensar para o todo.

O conhecimento da sexta Joia é muito importante. Talvez você pense que ela esteja longe, porque estamos falando sobre Budas, seres humanos nobres e avançados. Mas a evolução deles começou com um passo, teve um princípio, um ponto de partida. É por isso que devemos nos perguntar: quero viver para minha própria felicidade, para minha própria alegria, ou quero viver para os outros? Quero crescer espiritualmente para o meu descanso, para evitar problemas, para ter uma vida feliz? É este o propósito da minha vida?

Mas se você formula essas perguntas, será que tem realmente uma ideia clara da sétima Joia? Será que você realmente compreende a ideia da Unidade?

Não! Porque, se compreendesse a Unidade subjacente de todos os seres, não iria fazer qualquer distinção entre você e os outros, e você jamais procuraria a sua própria salvação.

Às vezes estamos cansados deste mundo infeliz. Ansiamos por paz de espírito. Almejamos beleza. Há muitas organizações espirituais que prometem paz e muito mais. Aprendemos a meditar, desenvolvendo pensamentos espirituais, a fim de nos distanciar deste mundo exterior. Iremos até mesmo ajudar os outros. Iremos realizar atos de compaixão. Mas há sempre um motivo egoísta sutil. O motivo para agir com compaixão é alcançar a felicidade de um mundo espiritual.

Há também seres humanos que estão sempre prontos para os outros. Não querem crescer espiritualmente. Não se preocupam em ter paz para si mesmos. O foco deles é ajudar e servir aos outros. Eles aprendem e crescem também, mas apenas para serem mais capazes de ajudar seus semelhantes. O objetivo deles não é o crescimento, mas o bem-estar dos outros.

Dou-lhes um exemplo. Você está estudando a Teosofia. Está concentrado(a) em um livro interessante e espiritual. O telefone toca. Na verdade, você quer continuar com o seu estudo. O que faz? Você atende o telefone?

Suponha que você não atenda o telefone e continue com sua leitura. Desse modo você vai desenvolver uma característica da espiritualidade para si mesmo, considerando-a mais importante do que a comunicação com os outros. Assim, inconscientemente, você entra no Caminho *Pratyeka* e trabalha para sua própria felicidade. Mas pode haver felicidade só para você? HPB afirma em *A Voz do Silêncio*:

> Pode haver felicidade quando tudo que vive tem de sofrer?
> Quererás te salvar ouvindo todo o mundo chorar?[36]

[36]*A Voz do Silêncio*, de H.P. Blavatsky, p. 244, Editora Teosófica. (N.E.)

É muito importante concentrar-se sempre no todo e nunca desejar recompensas espirituais individuais. Assim você evita entrar no Caminho *Pratyeka*. Assim você realmente entende a sétima Joia e automaticamente trabalha para a bem-aventurança dos outros. Você não considera isso como um sacrifício, mas um caminho normal, natural, de vida. É o caminho dos Budas da Compaixão.

Por isso, a sétima Joia é muito prática. O conhecimento do Eu promove a compreensão de conexões e relacionamentos com os outros. Você percebe que é o outro, o que torna a compaixão o atributo mais natural na vida. Você está apto a usar as outras Joias, como a reencarnação e o *karma*, para ajudar os outros, para mostrar aos outros o caminho, para tentar realizar a fraternidade universal.

Claro que vai cometer erros. Claro que você tem que fazer escolhas. Você precisa de sabedoria. Você se pergunta: como posso ajudar meus semelhantes da melhor maneira? Se ficar parado nisso, você pode, por vezes, perder completamente o ponto. Mas você vai aprender. Você não está preso às ideias antigas. Vai aprender rapidamente a ajudar seus irmãos. Você escolheu trabalhar para o todo. Então você estará sempre focado no bem-estar, na felicidade de todos. Vai ser um colaborador da Natureza espiritual. Vai ser como HPB nos aconselha em *A Voz do Siêncio*:

> Auxilia a Natureza e trabalha com ela; e a Natureza te terá por um dos seus criadores e te obedecerá.[37]
>
> Ou:
>
> Viver para beneficiar a humanidade *é* o primeiro passo.[38]

[37] *Ibid.*, p. 116. (N.E.)

[38] *Ibid.*, p. 157. (N.E.)

Karma e o Poder da Não Violência

H.P.B

Uma parte substancial do trabalho dos teosofistas consiste em construir um muro místico: o muro protetor sobre o qual H.P. Blavatsky fala em *A Voz do Silêncio*[39]. Obviamente, não é um muro físico. Não é um muro tolo que os países querem construir para impedir que outros entrem em seu país. Não; é um muro místico, construído pelos Mestres com seus pensamentos e suas aspirações, mas também por pessoas devotas, por teosofistas. É um muro muito real, que protege os humanos mais fracos de más influências.

[39] *A Voz do Silêncio*, de H.P. Blavatsky, p. 216, Editora Teosófica. (N.E.)

A glorificação da violência

Uma dessas más influências – talvez a pior – é a glorificação da violência. Não é muito difícil notar que muitas vezes as pessoas querem resolver as situações difíceis, situações que causam irritação, de maneira violenta.

Nós vemos essa característica na sociedade. Alguém se sente prejudicado, e a única reação que parece possível é prejudicar o outro.

Poderíamos realmente dar dezenas de exemplos disso. É a base de muitos processos, de divórcios, do motorista no trânsito que xinga o outro, dos *e-mails* furiosos, da bronca no *Twitter* e no *Facebook*, etc. Pode-se dizer que isso não é violência, porque violência é coisa física, quando você bate ou golpeia o outro, ou – pior ainda – quando quer matá-lo.

Grandes conflitos, no entanto, começam como pequenos conflitos. Guerras, às vezes, são criadas por causa das coisas mais triviais. As chamadas missões de paz são muitas vezes também violentas. Tudo isto é violência.

Mas a violência também é: falar mal de uma pessoa, machucá-la psiquicamente ou mentalmente; sim, mesmo machucá-la em seus pensamentos é violência. Pois pensamentos – sendo seres vivos, como o Mestre K.H. escreve em uma carta a Sinnett – são ações em forma embrionária. Eles certamente não são sem consequências.

Himsa e *Ahimsa*

Portanto, quando falamos de violência, fazemos isso no sentido de *Himsa*. *Himsa* – uma palavra sânscrita – pode ser traduzida como "mal"; às vezes é traduzida como "violência". Podemos descrevê-la melhor da seguinte maneira: aquilo que vem do egoísmo. Todas as consequências que têm a ver com uma mentalidade do homem que se coloca fora da comunidade, fora da humanidade, fora da Natureza, são *Himsa*. Vou tentar explicar isto mais tarde.

O oposto de *Himsa* é *Ahimsa*, que pode ser traduzida como "não-violência". Isso também será elaborado mais tarde.

De qualquer jeito, *Himsa*, ou violência, tem a sua origem numa mentalidade. A mentalidade de que o outro é seu adversário, seu concorrente, de tal maneira que você acha que ele quer machucar você, e por isso você quer machucá-lo.

Competição

Toda a sociedade é, em grande parte, baseada na competição – basta olhar para a economia. Porque, no fundo, essa é baseada na luta, na vitória à custa do outro, que então perde. O esporte é provavelmente o exemplo mais significativo disso. O esporte é, de fato, violento. E não só esportes como boxe, pois o futebol muitas vezes também parece com boxe, porque tem muita violência. Podemos até dizer que um atleta de elite trata seu próprio corpo com muita violência – veja-se o grande número de lesões que eles sofrem. Tudo isso é verdade, mas nós simplesmente queremos dizer que o esporte realmente apela ao egoísmo. "Eu" devo vencer, ou "nossa equipe", ou "nosso país". Mas nossa vitória é sempre à custa dos outros, não é?

Agora, pode-se dizer que o esporte não é tão ruim assim; quem não gosta de futebol!?

Mas é um sintoma, uma característica do mundo atual, um mundo cheio de uma mentalidade de Abel e Caim, uma mentalidade de luta, uma mentalidade de superação; e você está em risco de perder – ou o que sente como perda. E isso poderia ser qualquer coisa: a perda de um emprego, a prioridade que você acha que tem sobre outro motorista...

A violência, então, parece ser uma reação natural; tornou-se tão comum que já não a experimentamos como tal.

No meu pais, Holanda, a eutanásia *não* é considerada como algo violento. No entanto, você permite que um outro o prive de sua vida de maneira violenta. É chamada de morte suave, mas na verdade é uma morte violenta.

Violência não é natural

Nós afirmamos que essa violência não é nada natural. Talvez nos reinos inferiores da Natureza haja violência – pelos menos nós, humanos, consideramos isto como tal: um animal come o outro – mas, na verdade, isso é um reflexo da natureza humana, uma doutrina extremamente complicada que nos faria desviar muito do assunto, se fôssemos refletir sobre isso.

Toda a Natureza é um aglomerado de seres cooperantes que juntos têm que viver em harmonia, simplesmente porque eles não podem existir um sem o outro.

Nós, seres humanos, por exemplo, não podemos viver, existir, sozinhos, sem os nossos companheiros seres humanos. Nós não podemos nascer sem pelo menos a ajuda de um homem e uma mulher, e só podemos permanecer vivos graças à ajuda de tantos outros. Também precisamos dos seres dos reinos inferiores da Natureza.

Nosso corpo é composto de bilhões e bilhões de seres vivos: células, órgãos, bactérias etc. Até os átomos que compõem essas células são, assim como nós, seres vivos. Então, apenas para nosso veículo físico, nosso corpo, precisamos de muitos outros seres. E isso é somente uma ilustração. Há simbiose em toda parte: uma parceria que beneficia a todos. Revoltar-se contra isto é violência, e é, portanto, um ato antinatural.

Visão errada

Por que então agimos violentamente com tanta frequência? Porque nós temos uma visão errada da vida! Muitas pessoas nunca se dão conta da visão que elas têm da vida, mas implicitamente assumimos que somos seres isolados.

Queremos dizer com isso que somos um ser que pensa que pode viver sem os outros, que vive no sentimento da separação – o que é, segundo o budismo, a maior heresia, e então a principal origem de *Himsa*.

Nós acreditamos, em nossa sociedade individualista, que podemos viver sozinhos. Longe especialmente de pessoas que vivem mais distante de nós – pessoas em outras cidades, em outros países, mais pobres, nas favelas. Nós pensamos que não precisamos delas para viver bem. Pelo menos muita gente pensa assim.

Então, eles – os outros – também não devem apelar para nós. Não é nossa responsabilidade ajudá-los. E se às vezes os ajudamos – se jogamos umas moedas na caixa de coleta ou algo assim –, não é nossa obrigação, mas bondade.

Essa bondade – esse sentimento ético – parece ser nada mais que um sentimento; um sentimento que muitas vezes é passageiro, porque em circunstâncias difíceis esquecemos facilmente que devemos também pensar nos outros.

Ética

Entenda bem: não dizemos que ética é um sentimento. Pelo contrário, assumimos a unidade da vida. Acreditamos que todos os seres vivos são originários da mesma fonte e se entrelaçam numa gigantesca teia de vida, e o que uma entidade faz afeta os outros. Por isso que a ética é um fato para nós, é uma verdade!

Ética verdadeira não é uma série de regras de comportamento inventadas por pessoas, mas são leis universais, que no fundo são os padrões habituais do Universo, baseados na cooperação, no amor e na compaixão.

Existe uma cooperação entre todos os seres que compõem o Cosmos. Abnegação e compaixão são os padrões habituais do Universo. Violar ou ignorar essas leis, esses padrões, traz sofrimento.

Infelizmente, essas leis são frequentemente violadas. Daí culpamos os outros, ou o destino cego, o azar, a má sorte, até forças obscuras.

No entanto, seria muito mais lógico atribuir a situação em que você se encontra a si mesmo, ao seu próprio pensamento, ao seu próprio comportamento, às próprias *ações*.

Karma

Em sânscrito, a palavra para ação é "*karma*". Conhecemos esta palavra no sentido de causa e efeito. Com essa descrição, é incluída nos dicionários de todas as línguas modernas. A palavra "*carma*" se tornou também uma palavra portuguesa.

O conceito, no entanto, nem sempre é tão claro quanto o de outras palavras; isso ocorre porque nós tendemos a segurar velhas imagens de pensamentos antigos, que foram usados por muitos séculos e que foram alimentados com a energia dos pensamentos de bilhões de pessoas. Não é fácil deixar os velhos pensamentos! O *karma*, portanto, tem algo a ver com "ação".

Todo ato é uma causa que mais cedo ou mais tarde resultará em certas consequências. Naturalmente, essas consequências correspondem à natureza daquela ação. Um ato egoísta produz consequências semelhantes. Um ato para treinar o corpo para uma competição esportiva nunca levará a consequências espirituais; e tentar entender constantemente a doutrina do *karma* não trará, como consequência, a obtenção de uma medalha de ouro nas Olimpíadas.

Karma é algo dentro de você. É uma certa regularidade, uma certa lei. Você obtém o que você mesmo fez. Você é, portanto, seu próprio *karma*. Suas próprias ações, que se originam em você mesmo, determinam quem você é e em que circunstâncias você vive. Então não existe: eu e meu *karma*. Cada um de nós é o próprio *karma*. Você é seu *karma*.

Nós dizemos isso enfaticamente, pois há uma tendência de ver *karma* como algo fora de si mesmo. Tal como: eu tenho um *karma* favorável; ou: se meu *karma* estiver bem favorável a mim, eu ganho na loteria.

Não há bom *karma*; nem há *karma* ruim. *Karma* é uma lei neutra, que garante que toda causa receba o resultado apropriado.

E, como esperamos esclarecer mais tarde, nós mesmos somos essa lei, pelo menos somos parte dela. Não podemos nos excluir dela, porque a vida mesma é essa lei e porque existe unidade na vida.

Se considerar o *karma* como algo que está fora de você, a filosofia do *karma* se apresentará como uma outra palavra para Deus: uma força desconhecida fora de nós, que determina nossas vidas e nos deixa sofrer ou nos dá felicidade.

Isto é completamente contrário aos ensinamentos do *karma*. O *karma* não é um ser, mas uma lei; uma lei universal, uma lei da Natureza, exatamente como a lei da gravidade é uma lei da Natureza. E essa lei significa que toda causa leva a uma consequência que corresponde àquela causa. Como você semeia, você colherá.

Pensamentos

E quem determina o que semeamos? Quem determina como um ser humano age? (Nós só vamos tratar do *karma* humano, mas na verdade isso se aplica a todos os seres.)

Agora chegamos ao núcleo dos ensinamentos do *karma*. Existe algo fora de nós que nos força a fazer certas ações? Existe uma força fora do homem que o usa, como um marionetista usa suas bonecas? A resposta é um claro "não".

O que, então, determina como nós agimos? O que determina quem somos, como são as nossas circunstâncias, como está o nosso *karma*? São nossos pensamentos que determinam isso. É nosso pensamento que, em última análise, é a causa das ações que realizamos.

Pode verificar. Um pensamento está na base de todas as ações que realizamos. Nós não podemos agir sem pensar. Agimos até quando somente pensamos. Agimos, no sentido de que produzimos *karma*. Um pensamento é, de fato, uma causa que mais cedo ou mais tarde acaba em uma consequência.

É por isso que a *Bhagavad-Gitā* diz que pensar também é agir, ou seja, também produz *karma*.

> Todas as ações, menos aquelas que são feitas como um sacrifício, levam ao cativeiro do mundo material. Por isso, abandona o mo-

tivo egoísta.[40] (3:9)

Ou:

Quem vê inação na ação e ação na inação *é* um sábio entre os homens.[41] (4:18)

Se você ler *karma* ao invés de "ação" e não-*karma* para "inação", este versículo significa simplesmente que, se parar de agir, mesmo assim colherá *karma*; mas se agir sem motivo pessoal, se agir sem se ligar no fruto da ação, você se livrará do *karma* pessoal.

De qualquer forma, pensamos e por isso agimos, e por isso fazemos *karma*. E quem determina o que pensamos? Somos nós mesmos.

Como já disse, pensamentos são seres vivos. Eles são seres vivos muito inconscientes; podemos compará-los a átomos, embora eles não vivam em nossa área física. Podemos compará-los a energias.

Pensamentos: seres vivos

Quando você ouvir pela primeira vez que os pensamentos são seres vivos, isso pode parecer estranho. Mas os pensamentos atendem a todos os requisitos que atribuídos pela biologia à vida.

Eles podem nascer. (Não costumamos falar do nascimento de uma ideia?) Eles podem se multiplicar. Pense nas redes sociais, como *WhatsApp*, e como elas contribuem para que pensamentos possam se multiplicar rapidamente. Eles têm seu próprio caráter? Eles podem crescer em força?

E quando eles crescem em força? É quando eles recebem muita "comida", muita nutrição, ou seja, muita atenção.

---

[40] *Bhagavad-Gitā*, Editora Teosófica. (N.E.)
[41] *Ibid*. (N.E.)

E qual é a "comida" deles? Quem lhes dá atenção? É a consciência humana. Quanto mais atenção dermos a um pensamento, mais forte ele se torna.

O biólogo inglês, Rupert Sheldrake, fez experiências interessantes a esse respeito. Ele observou, por exemplo, que as palavras cruzadas no jornal são mais fáceis de resolver à noite do que pela manhã. Por que isso? Porque dezenas de pessoas já resolveram essas palavras cruzadas e, portanto, fortaleceram o pensamento da solução.

Em um grande experimento, Sheldrake mostrou a milhares de pessoas na Inglaterra um determinado enigma e observou quantas pessoas sabiam a solução. À noite, ele mostrou a solução na BBC – a rede de televisão inglesa. No dia seguinte, ele mostrou o mesmo enigma a milhares de pessoas na Austrália. E o que aconteceu? O número de pessoas que sabiam a solução foi muitas vezes maior. Esta experiência ocorreu antes do advento da Internet; logo, os australianos não viram a solução na TV.

Como explicar isto? Ou os australianos são muito mais inteligentes do que os ingleses, ou, porque milhões de ingleses viram a solução na TV, esse pensamento tornou-se muito mais forte e, assim, mais fácil de ser recebido pela mente humana.

E a mente humana atrai pensamentos, atrai essas energias mentais, quando o caráter do homem se assemelha à característica do pensamento.

A mente humana: um transmissor e receptor

Compare a mente humana a um transmissor e receptor de rádio. Envia pensamentos e recebe pensamentos. E, com a frequência com que envia pensamentos, também os recebe.

Por isso, se enviarmos pensamentos violentos, então também receberemos pensamentos violentos. Atraímos os pensamentos que quisermos. Não pensamos certos pensamentos porque alguém nos manda, mas de nossa própria livre vontade.

Claro que nascemos num certo ambiente, num país, numa certa época, em que domina um certo tipo de pensamento. Mas nós não nascemos lá sem razão, sem causa. A doutrina do *karma* não pode ser separada da doutrina da reencarnação. Nem todas as causas que semeamos nesta vida serão cristalizadas em consequências antes de nossa morte. Algumas causas que criamos nesta vida realmente vão se transformar em consequências na mesma vida, mas outras serão armazenadas, por assim dizer, no armazém de nossa consciência, e só se tornarão consequências numa próxima vida. Por isso, as circunstâncias do nosso novo nascimento, os pais com quem nascemos, o país, a família, a escola onde estudamos, todas essas circunstâncias são consequências de nós mesmos, de nossos pensamentos e atos. São as consequências das causas que surgem de nossas ações, e nossas ações vêm dos pensamentos que geramos. Desse modo, é sempre a nossa mente que determina quem somos, onde estamos e em que circunstâncias nos encontramos.

Aliás, as circunstâncias não determinam a felicidade. É a sua reação às circunstâncias que determina se você é feliz ou infeliz. A felicidade está sempre em suas mãos.

Amor e ódio

Então, o nosso caráter é sempre atraído por aquela situação, por aquele pai e mãe, por aquele país e por aquela época com os quais se corresponde.

Talvez isso seja difícil de imaginar, mas essa ideia se torna mais compreensível se você perceber que existem duas forças de ligação no Universo: amor e ódio. Ou se você quiser usar palavras menos duras: simpatia ou antipatia.

É perfeitamente compreensível que o amor seja uma força de ligação, porém é muito mais difícil imaginar que o ódio também seja uma força que conecta. Mas é assim.

Veja, se você ama alguma coisa ou alguém, você pensa muito nele ou nela. Há um vínculo. Você procura o outro. Quer ficar perto dele. Se pessoas amam música, farão música juntos. Se você gostar de filosofia, vai conversar com pessoas que também gostam de filosofar, não é? É assim que você cria causas comuns: *karma* comum. É assim que você faz seus amigos, para o presente e para o futuro.

Mas se você odeia alguém, também pensa nele. Então você deseja algo ruim para ele. Espera que algo vá mal com ele. E porque os pensamentos são seres vivos, e como todos os seres retornam ciclicamente, eles retornam a você, e você cria um vínculo com seu inimigo. E se você sente uma inexplicável antipatia por alguém em uma nova vida – uma nova reencarnação –, isso não é uma coincidência ou má sorte, mas é por causa de seus próprios pensamentos da vida anterior.

Você pode verificar isto por si mesmo se você se perguntar de quais pessoas do passado ainda se lembra. De quais professores, por exemplo, você se lembra? Provavelmente dos que você gostou e daqueles que não gostou. Alguns professores você achou gentis e outros você achou desagradáveis. Mas provavelmente também havia professores dos quais você não gostou nem desgostou. Você era neutro em relação a eles. Você se esqueceu deles. Eles, portanto, não causaram uma impressão em sua consciência. Você não tem conexão com eles, porque não pensou neles.

Mas os simpáticos, bem como os que não gostou, causaram essa impressão, e o resultado é que você tem um relacionamento com eles e, consequentemente, irá encontrá-los novamente.

Assim, o ateu fanático tem muito em comum com o crente fanático. Ambos estão constantemente pensando em Deus. O ateu quer provar que Deus não existe. O crente quer provar que ele existe, sim. Eles querem convencer outra pessoa de que eles estão certos. Assim, eles forjam um vínculo estreito um com o outro.

É por isso que alguém pode nascer numa família que ele odeia, e a família o rejeita. É a famosa ovelha negra da família.

Se você pensar profundamente sobre isso, entenderá por que a ideia de *Ahimsa* é tão importante na construção de uma sociedade harmoniosa. Se você lutar contra algo, ou contra alguém, você torna seu adversário mais forte, pois assim você alimenta com seus pensamentos aquilo contra o qual você está lutando. Se você está lutando fortemente contra algo ou alguém, só está tornando seu oponente mais forte.

Caráter

Então, é o seu caráter que determina quem você é, onde você nasce e com quem você vive. Mas o que é um caráter? E como você o obtém?

Você faz seu caráter pensando. Você vê como é importante saber que pensamentos são seres vivos! Porque são seus pensamentos que fazem o seu caráter.

Um caráter, portanto, não é algo que permanece o mesmo para sempre. Não; Buda estava certo quando disse que tudo sempre muda. O caráter também está mudando constantemente. Há um axioma esotérico centenário que diz:

Você semeia um pensamento e colhe uma ação.
Você semeia uma ação e colhe um hábito.
Você semeia um hábito e colhe um caráter.

E esse caráter é atraído pela época e pelas circunstâncias em que pode se tornar ele mesmo. É por isso que você pode dizer:

Você semeia um caráter e colhe seu *karma*, seu destino.

No passado – em uma ou em várias vidas anteriores –, criamos as causas que nos levaram a nascer numa determinada família.

Teia de vida

Agora, você não deve pensar que existe um *karma* puramente individual, porque isso não existe. Veja-se como uma teia de vida. Toda pessoa, todo ser, é uma teia de vida; e, como uma aranha, estamos constantemente girando naquela teia, em nosso futuro. Toda teia de vida também é uma teia de destino.

Mas essa teia está entrelaçada com uma teia maior, faz parte dela, e esta teia faz parte de outra ainda maior, etc. Tudo está entrelaçado em um todo grandioso. É justamente por isso que o *karma* pode existir. O que fazemos tem um efeito no todo.

Já falamos sobre amor e ódio como duas forças de ligação. São essas forças que criam comunidades, clubes, países, sociedades, até universos.

É verdade que forjamos laços mais intensos com algumas pessoas do que com outras. Tem a ver com um interesse comum, com o amor, mas, infelizmente, esses laços não são alimentados somente pelo amor, mas também pelo ódio ou por violência, no sentido de *Himsa*. E esse vínculo é negativo, no entanto existe e pode ser tão estreito como se tivesse surgido por simpatia ou amor.

Se as pessoas soubessem o que o ódio faz, sem dúvida odiariam menos. A mulher que continuamente repreende o marido que a abandonou, ou o homem que constantemente repreende sua esposa, adultos que se queixam de seus pais e de sua má infância, vizinhos que difamam uns aos outros, todo pensamento de negatividade e de antipatia se liga ao problema do ódio. Todo pensamento é um impulso *kármico*, uma causa que leva a uma consequência. É por isso que tanto o amor quanto o ódio se ligam ao objeto do amor ou do ódio.

De qualquer forma, um grupo de pessoas criou juntos um grande número de causas. Isto é chamado *karma* de grupo. É por isso que pode haver algo como o *karma nacional*. Todas as pessoas contribuíram para a calamidade ou a prosperidade de um povo.

O *karma* nacional de um país tem tudo a ver com o *karma* de outras nações. Isto é particularmente claro no campo da economia. Se um país entrar em recessão, isso influenciará outros países. A recente pandemia mostra, acima de tudo, que o mundo inteiro está ligado, tem um passado em comum e, por conseguinte, um *karma* em comum.

E há um limite em algum lugar? Podemos dizer que o *karma* termina em algum lugar?

Não, existem somente limites relativos. Mas nós assumimos a ilimitabilidade. A vida se estende por todos os lados. E com isso não queremos dizer apenas que ela se distancia cada vez mais de nós no sentido espacial, mas também que pode ir mais para dentro, para reinos mais elevados da Natureza, para o que podemos chamar de mundos espirituais, os mundos de deuses. Os deuses também estão sujeitos à lei do *karma*. Eles também agem e colhem consequências.

Se pensamos profundamente sobre isso, podemos entender que, se quisermos compreender o funcionamento do *karma*, teremos que nos elevar a essa unidade da vida. Por isso um dos Mestres de Sabedoria e Compaixão disse: "*Karma* é *Ātman*."

Ātman é o EU mais profundo em nós; o Eu divino, que percebe a unidade de vida.

Tudo vive. Tudo age. Tudo, portanto, produz *karma*. Por isso só quem conseguiu realizar essa unidade – que vive continuamente no sentido de unidade – é capaz de compreender a essência do *karma*.

Ação e reação são iguais e opostas

Porém, o princípio do *karma* é tão simples que toda criança o entenderia. Como uma pedra que você joga na água de uma lagoa faz movimentar todas as moléculas de água, assim nossas ações provocam uma vibração na Teia Universal da Vida, uma perturbação na harmonia do Universo. Aquela pedra na água tem sua influência em todas as partículas de água. Nossa ação afeta toda a vida.

E essa ação acabará evocando reações contrárias, até que o equilíbrio esteja restabelecido. Mas como a perturbação parte de um ponto determinado – quer dizer, da pessoa que agiu –, está claro que somente é possível restabelecer o equilíbrio e a harmonia voltando a convergir até aquele mesmo ponto todas as forças postas em movimento a partir dele. Por isso, as consequências dos atos e pensamentos de um homem devem voltar para ele mesmo, e com a mesma força com que foram postos em ação. Então, ação e reação são iguais e opostas; "opostas" porque a direção em que a reação ocorre é para aquele que agiu, para aquele que causou o *karma*; "iguais" no sentido de que sua característica é idêntica à da ação.

Se for uma ação violenta, então a reação é também violenta. "Quem pega a espada perecerá pela espada" é uma afirmação verdadeira; isso corresponde plenamente ao *karma*. Por outro lado, ações e pensamentos de não violência também evocam consequências idênticas, consequências de uma natureza muito mais favorável. É por isso que a violência no mundo tem como causa os pensamentos violentos do povo. E isso se aplica tanto a um indivíduo quanto a uma coletividade.

Ahimsa

E a solução para isso é simplesmente criar causas de uma característica oposta: a não violência.

Como já disse, há uma palavra em sânscrito que indica esse conceito muito melhor. E essa palavra é *ahimsa*. É uma palavra muito antiga. Podemos encontrá-la em muitos textos religiosos bem antigos da Índia, como nos *Vedas*, no grande épico *Mahābhārata* e em outros escritos.

Ahimsa é, como já disse, uma negação, significa não-*Himsa*, que poderia traduzir-se como "mal". E "mal" significa todos os pensamentos e ações que vêm do egoísmo. O egoísmo surge quando se vive na ilusão de que se está separado do resto da vida e que, portanto, se permite muito mais do que o que é correto.

O egoísmo é como uma célula cancerosa, que exige muito mais do que precisa, eventualmente resultando em sofrimento total. E esse total, a vida, reage. Nesse sentido, *Himsa* é o mal.

Por trás da palavra *Ahimsa* está um mundo com os mais sublimes pensamentos filosóficos. O ponto de partida – como se pode encontrar em muitos escritos antigos – é que existe uma unidade essencial e que, por causa dessa unidade, tudo tem que funcionar em conjunto.

Himsa significa desfavorecer alguém de qualquer maneira, e surge quando não se percebe que todo mundo está enraizado na mesma vida. *Ahimsa* é o oposto disso. Poderia chamar *Ahimsa* de lei da ética negativa. No sentido daquilo que não se deve fazer: "Não cobiçarás a casa do teu próximo. Não matarás. Não mentirás", etc. Não podemos prejudicar o outro de maneira alguma. E "de maneira alguma" é essencial.

O homem astuto sempre inventa desculpas por sua conduta pouco fraterna. Ele esquece ou nega os mandamentos que prescrevem sua fé ou a cultura em que ele vive. Ele inventa artimanhas e reviravoltas, em que muitas vezes até mesmo ele acredita, para ignorar aquilo que ele sabe que não é ético.

Num país cristão como os EUA, por exemplo, ainda existe a pena de morte, embora todo norte-americano deva conhecer o quarto dos Dez Mandamentos cristãos: não matarás.

Ahimsa significa que você não quer prejudicar ou ferir outra pessoa, nem fisicamente, nem mentalmente, nem psicologicamente, nem emocionalmente, seja por ações ou por pensa mentos. É a regra de ouro – a ética da reciprocidade, que pode ser encontrada em todas as religiões:

> Cada um não deve tratar os outros da forma que não gostaria que ele próprio fosse tratado. [Esta é a forma negativa.]

> Eu prefiro a forma positiva:

> Cada um deve tratar os outros como gostaria que ele próprio fosse tratado. [E "os outros" é um sinônimo para tudo que vive.]

Na Índia antiga, essa regra foi professada por muitos. O grande rei budista *Asoka* tornou-a a principal filosofia de seu país. E ele tomou *Ahimsa* tão amplamente que envolveu o reino animal. Ele propagou o vegetarianismo e fundou muitos hospitais de animais.

Os jainistas – um grupo religioso muito antigo na Índia – elaboraram os ensinamentos de *Ahimsa* em toda a sua extensão. Eles distinguem diferentes formas de *Ahimsa*: eles nunca causarão dano a qualquer animal, e até mesmo comer certas plantas ou mel é rejeitado.

Os jainistas foram fortemente representados na cidade natal de Gandhi, o grande herói da libertação indiana, o homem que popularizou a luta não violenta e cuja influência ainda é grande, e não apenas em sua terra natal. Gandhi também foi fortemente influenciado por esses jainistas, e sua estrita luta não violenta – sua resistência não violenta – foi e é um instrumento extremamente útil para combater a injustiça e estabelecer a justiça, porque – e isto é muito importante – sua atitude fundamental de não violência não o impediu – foi exatamente o contrário – de ser extremamente ativo e de lutar contra a injustiça.

Agir corretamente

Karma é agir, e agir é *karma*. Você sempre age, você sempre faz *karma*. Por isso, é importante agir corretamente.

Ahimsa nunca quer, nunca significa, que você tenha que ser passivo e deva aceitar injustiça. Temos que agir corretamente. E, segundo a *Bhagavad-Gitā*, agir corretamente é quando você age sem se apegar ao fruto de sua ação. Você age como o sol brilha. O sol ilumina a todos e não quer nada em troca. Isto é a única maneira de afinar ou sintonizar o seu *karma* – e isto quer dizer afinar você mesmo com a unidade divina que é a base de tudo, e é também a única maneira de trazer harmonia e paz ao mundo.

Deixe-me tentar esclarecer isso através da combinação de *Ahimsa* e *karma*.

Se todos nós aplicássemos a ideia de *Ahimsa*, não haveria mais luta na sociedade humana. Se estivéssemos todos conscientes do fato – apenas isso – que o outro quer tanta paz e felicidade como nós, nunca machucaríamos o outro, de modo que nunca causaríamos qualquer causa de efeito não natural, no sentido de que nunca iríamos contra a grande Totalidade da vida. Daí, o *karma* nunca teria a oportunidade – digamos assim – de bater de volta.

Compaixão

E *Ahimsa* certamente não é a mais alta forma de ética. A mais alta forma de ética é quando você sacrifica sua própria felicidade pela felicidade dos outros. Compaixão, no fundo, é até mais nobre do que *Ahimsa*.

Compaixão ou sacrificar-se pelos outros é um caminho mais elevado ainda. Renunciar à sua própria felicidade é o caminho do *Bodhisattva*, que recusa o *Nirvāna* para ficar na vida terrestre, para que possa ajudar seus companheiros seres humanos. No entanto, se *Ahimsa* fosse aplicado, a maior parte da miséria da humanidade desaparecia.

Os líderes

É claro que é extremamente importante que os líderes de um país, ou os líderes de uma cidade, de uma escola, de uma fábrica deem o bom exemplo. Você não pode esperar que um homem simples tenha a ideia de *Ahimsa* quando ele vê que seus superiores não fazem isto. Isso pode levar a um círculo vicioso ou a uma situação em que todos fiquem esperando um pelo outro, enquanto ninguém faz coisa alguma.

Se os executivos de um país, de uma cidade ou de uma fábrica continuam com políticas egoístas, que beneficiam especialmente a si mesmos ou a sua classe ou grupo, será difícil os outros aplicarem *Ahimsa*.

Mas isso deveria ser uma razão para esquecer de *Ahimsa*? Eu acho que não. Seria uma daquelas desculpas de que falei, para não fazer aquilo que no fundo do coração sabemos que temos que fazer.

Os verdadeiros líderes de um país não precisam ser os reis, os presidentes, ou os ministros, os donos das grandes empresas. Se vivêssemos num país justo, seria o caso, mas não vivemos num mundo justo. No nosso mundo desarmônico de *Kāli-Yuga* – a idade do ferro –, muitas vezes se vê que os mais fortes, as pessoas desbocadas ou aqueles que são os mais estudiosos porém não os mais sábios são os líderes. O verdadeiro líder, no entanto, diz o sábio Lao-Tsé, da China, anda atrás do povo. Ele é uma força silenciosa, talvez desconhecida, no entanto uma força muito poderosa. A multidão não o vê, mas ele está lá. Ele dá instruções, lança ideias novas, as quais ninguém sabe de onde vêm. Ele inspira. Platão diz que o Rei Filósofo é aquele quem não quer ser o líder, todavia é.

No início deste capítulo, falei sobre o muro místico: o muro protetor, feito pelos sábios, os Budas, os *Bodhisattvas*, grandes seres que protegem o homem fraco. Eles são os verdadeiros líderes. Quase nenhum mortal tem conhecimento desse muro.

O povo não sabe quem são os verdadeiros líderes. As pessoas votam em presidentes. Aceitam ditadores ou não. Votam em delegados, governadores. Eles acham que eles são os líderes. No entanto, os verdadeiros líderes só podem liderar quando sua autoridade é reconhecida, e isso só acontece quando homens e mulheres desenvolvem algo de sabedoria e compaixão em si mesmos, para que eles possam reconhecer a sabedoria nos outros.

Em outras palavras: a humanidade não está sem liderança. Os líderes estão lá. Nós só temos que reconhecê-los, forçá-los a exercer sua liderança. Ou seja, se as pessoas realmente desejarem uma liderança espiritual, eles se elevarão.

Nós poderemos fazer aparecer o verdadeiro líder quando batermos corretamente no portão espiritual. É um assunto de estudo que é muito inspirador, mas também cercado de muito preconceito. Certamente não é o caso de um líder, um Mestre, poder tirar o *karma* de nós. Não, nós teremos que realizar nosso trabalho nós mesmos. O *karma* existe: devemos colher o que semeamos.

Orar aos santos ou aos Mestres é inútil e uma perda de tempo. Se nós não nos afinarmos no tom certo, não haverá influência, auxílio e inspiração de seres que estão mais desenvolvidos do que nós. Mas se nós nos afinarmos no tom certo – o tom de compaixão, o tom de *Buddhi* –, receberemos, sem dúvida, alguma forma de ajuda, de inspiração.

Portanto, se os líderes políticos ou sociais abandonarem seu dever, nós deveremos agir como líderes. Líderes de ideias. Líderes que vivem o que sabem que é verdade. Pois nós também podemos ser líderes, num nível inferior ao dos Mestres, mas ainda líderes de nossos companheiros humanos.

Os verdadeiros líderes vivem nos aspectos espirituais de sua consciência. Portanto, eles não dão valor às aparências, ao dinheiro, ao poder, à propriedade.

Ninguém pode negar quem ele é. Quem estuda a Teosofia se torna automaticamente um líder de seus semelhantes. Então, somos – ou, pelo menos, podemos ser – os líderes de nossos semelhantes, porque estudamos várias leis que outros ainda não estudaram. Não devemos nos orgulhar disso, mas significa que devemos assumir nossa responsabilidade. Todos nós podemos ser líderes. Podemos desenvolver as características da liderança: sobriedade, coragem, sabedoria, foco em assuntos espirituais.

Se fizermos isso, e se o nosso comportamento for caracterizado por *Ahimsa*, seremos exemplos para os outros. Se quisermos ter *Ahimsa* como filosofia de vida, atrairemos a atenção de nossos companheiros seres humanos. Nós cooperaremos com a Natureza, e a Natureza nos obedecerá.

Cooperar com a Natureza

Qual pode ser o efeito quando respeitamos as leis da Natureza? Isso produzirá um efeito duplo.

O primeiro efeito é que você não semeia mais *karma*. Quer dizer, não semeia mais *karma* pessoal, *karma* causado pela personalidade. Você não se conecta mais com causas que são contrárias à Natureza, para que você permaneça livre do sofrimento.

E com "Natureza" não queremos dizer a natureza circundante, digamos: o mundo vegetal e animal. Escrevemos "Natureza" com letra maiúscula. A Natureza representa a própria vida, as qualidades da Vida Universal, as leis da Natureza, os padrões habituais que existem no Cosmos. A Natureza é perfeita harmonia, é compaixão perfeita. H.P.B. diz em *A Voz do Silêncio*[42]:

> Auxilia a Natureza e trabalha com ela; e a Natureza te terá por um dos seus criadores e te obedecerá.

E isso faz sentido. Auxiliar a Natureza significa desistir de todas as aspirações pessoais; saber-se um com a Natureza e, portanto, nunca exigir mais do que o necessário. Por isso os sábios sempre aconselharam: "Identifique-se com toda a humanidade." Ou, melhor ainda, com tudo o que vive.

O segundo efeito é que você já não dá alimento para o seu oponente. Já dissemos que ação e reação são iguais e opostas. Mas se você cooperar com a ordem da Natureza, se não for mais guiado por *Himsa*; se, em outras palavras, nunca prejudicar outra pessoa, se nunca – nem mesmo em seus pensamentos – desejar algo ruim, você priva a outra pessoa do poder, da razão, da motivação para se virar contra você. Claro que isso não acontecerá de uma só vez. Em geral, criamos muitos milhares de causas que foram mais ou menos motivadas por *Himsa* – por alguma forma de violência. E elas precisam ser resolvidas.

Uma pessoa idosa também pode ser confrontada com as consequências das causas que criou em sua juventude. E ela pode então dizer: "Mas eu me tornei muito diferente agora. Eu mudei de caráter." Ela terá, contudo, que enfrentar as consequências e lidar com aquelas que vêm das causas desarmônicas que semeou no passado.

---

[42] *A Voz do Silêncio*, de H.P. Blavatsky, p. 116, Editora Teosófica. (N.E.)

Portanto, se, para adiante, fizermos da regra de ouro de *Ahimsa* a pedra angular de nossas vidas, não significará que não mais colheremos as consequências – digamos – de natureza violenta. É bem possível que tenhamos que enfrentar muitas dificuldades e sofrimento. Isto também é *karma*. Ocorre porque estamos realmente criando um novo impulso *kármico*: uma vida de acordo com diretrizes éticas. E com isso nós implicitamente invocamos todas aquelas sementes *kármicas* que estão escondidas dentro de nós e que têm motivos desarmônicos como origem.

O fato de praticarmos *Ahimsa* e tentarmos ser compassivos significa que essas sementes *kármicas* emergirão mais cedo. Talvez elas fossem surgir em duas ou três vidas, se não tivéssemos mudado de caráter. Mas por que mudamos, sim, estamos fazendo uma evolução acelerada. Se não tivéssemos mudado do caráter, se não tivéssemos aplicado *Ahimsa*, poderíamos colher essas consequências em muitas vidas; agora elas vêm em uma vida só.

Nós tomamos – para usar uma expressão cristã – o Reino dos Céus pela força. Tornamo-nos os *chelas* dos Mestres, mesmo não sabendo.

O poder da não violência

Então, qual é o poder da não violência?

Esse poder nos conecta com os poderes espirituais em nós, mas também priva o chamado "adversário" do motivo da luta. A não violência, no sentido mais amplo da palavra, priva a outra pessoa de suas razões, de seus argumentos, de sua motivação para vê-lo como um inimigo.

Nós, humanos, fazemos nossa realidade com nossa mente, com nossos pensamentos; pensamentos são a base das ações, do *karma*. E se, simplesmente, não temos mais uma imagem inimiga em nossa mente, o inimigo não mais existe. A inimizade existe pela graça de duas pessoas ou grupos. Se uma cessa de ver a outra como inimiga, a inimizade acabará. Daí a outra pessoa terá que ajustar sua visão.

Ela não poderá mais machucar a outra pessoa. Quando uma das duas partes concorrentes cessa com a luta, a outra deve parar também, mais cedo ou mais tarde. Bater no ar é muito cansativo! Levará a uma mudança de pensamento e comportamento.

Por causa dessas considerações, Gautama, o Buda, Lao-Tsé, Jesus de Nazaré e outros Mestres aconselharam seus discípulos a amar seus inimigos. Eles foram ingênuos dando um conselho desses? Na visão de quem pensa de forma pessoal, a resposta é "sim". Mas se você criou uma imagem da vida um tanto impessoal, o apelo para amar o outro – sim, amar o inimigo – é nada mais do que a consequência lógica da doutrina do *karma*.

O outro não é seu inimigo. Todos nós somos da mesma Fonte, somos partes um do outro, órgãos do mesmo corpo universal. Nosso coração nunca pode ser inimigo de nossos pulmões e de nosso fígado ou de nosso cérebro. E como todos os órgãos do nosso corpo são necessários para que ele funcione de forma ideal, assim também todos os seres humanos – a família humana completa – são necessários para vivermos harmonicamente. Não pode faltar ninguém! O outro, portanto, nunca pode ser nosso inimigo.

Sem dúvida, haverá pessoas que afirmarão que *Ahimsa* é uma utopia, porque o homem nasceu mau. Elas dizem: leia o jornal, olhe as notícias. Veja o que uma pessoa faz com outra. No entanto, eu nego fortemente que o homem seja mau. Nós temos uma consciência, temos uma natureza superior. Ainda não aprendemos a ouvi-la sempre. Somos ignorantes. Estamos perdidos como peregrinos em nossa jornada. Mas podemos conhecer nossa verdadeira natureza.

A menina judia Anne Frank, que viveu em Amsterdã na Segunda Guerra Mundial, escreveu em seu diário: "Apesar de tudo, acredito na bondade do homem."

Duas janelas

Existe uma maneira muito prática de viver com esta imagem de *Ahimsa* sem perder seu senso de realidade. Você pode encontrar essa imagem no livro de Gandhi, *Religião Ética*. Gandhi diz: "A mente humana tem duas janelas: uma conta o que é; a outra conta como deveria ser."

A janela que nos diz o que é consiste em nossa mente cerebral: *Manas* inferior. A mente procura evidências e sinais; é simbolizada por Marta na história do Evangelho; ela é nervosa e instável, nunca estando satisfeita.

Mas toda alma também tem uma janela diferente, que oferece uma visão do ideal. Todo mundo sabe como o mundo deveria ser. Ninguém precisa dizer ao outro como o mundo tem que ser. Faça o seu ideal superpessoal forte! Forme uma imagem sobre a fraternidade universal, sobre paz e cooperação entre todas as pessoas. Como é o seu mundo ideal? Guarde esse ideal em sua mente e deixe-o colorir todos os seus pensamentos. Viva o seu ideal! Esforce-se pelo seu ideal. Não diga: se tivesse um outro presidente, se tivesse um outro governo, se tives se lido *A Doutrina Secreta*, se...., o mundo ou meu mundo seria melhor. Isto não leva a nada. Isto não ajuda. Viva seu ideal agora! Pratique-o!

Olhe através da janela espiritual em você e veja como o mundo será um dia, como o homem será e como você, então, *deve* ser agora.

Tais pensamentos idealistas – sendo seres vivos – vão de mente para mente. Quanto mais forte o ideal vive em você, mais forte você o realiza e mais e mais pessoas vão assumi-lo.

A abolição dos escravos era uma utopia no início do século XIX, não era? No início do século XX, na Europa, pensavam que as guerras entre a França e a Alemanha nunca cessariam. Havia muitos indianos no século XIX que pensavam que nunca se tornariam independentes da Grã-Bretanha. Hoje sabemos que não eram utopias, porque esses ideais foram realizados.

A fraternidade é um fato na Natureza. Muitas vezes não o reconhecemos, mas, para quem sabe, não pode ser ignorado, e um dia todo mundo vai saber.

Essa é a esperança que a Teosofia oferece, mas é uma esperança ativa, pois também nos mostra a nossa responsabilidade!

Não violência contra as armas

Você pode se perguntar: mas como se pode lutar não violentamente contra armas? Contra tanques, talvez. Contra metralhadoras.

Uma vez perguntaram a Gandhi se ele também tentaria combater Hitler com resistência não violenta. Sua resposta foi: SIM. Certamente haverá mortes – ele disse –, mas também morre gente com resistência violenta, e mais ainda. E se não há resistência alguma, muitas pessoas morrem também.

A Segunda Guerra Mundial teve 55 milhões de mortes, algumas por resistência violenta; outros não ofereceram qualquer resistência – como a maioria dos judeus –, mas foram assassinados mesmo assim. Numa escala muito modesta, houve resistência não violenta, como na Dinamarca, onde, por exemplo, o rei não fugiu; e quando os judeus tiveram que usar uma Estrela de David, ele disse: "Sou o primeiro a usar uma estrela assim." Muito poucos judeus da Dinamarca foram levados para os campos de concentração. Então, a prática de *Ahimsa* foi a mais eficaz e fez o menor número de vítimas.

Finalmente, há mais uma coisa a acrescentar: *Ahimsa* não é covardia, nem passividade. A covardia é uma forma de *Himsa*. Esta é sempre motivada para salvar sua própria pele. A covardia é sempre uma questão pessoal e, portanto, egoísta. A covardia aceita o mal, concordando com a injustiça. E *Ahimsa* – a verdadeira não violência – nunca pode aceitar qualquer forma de injustiça. *É* por isso que *Ahimsa* exige um papel ativo. Onde há injustiça, o verdadeiro homem não violento levantará sua voz, mas ele nunca fará isso de maneira violenta, ele nunca fará isso para que sua ação seja dirigida contra o outro.

Então, ele combate a injustiça, mas nunca o infrator – e isto é a consequência de aplicar o pensamento do *karma*. É uma ideia extremamente importante.

É claro que devemos proteger a sociedade contra a injustiça e a violência, mas isso não significa que tenhamos que usar o mesmo método que usou o infrator ou o perpetrador. A tendência à punição é uma forma de mal. A vingança e a retaliação nunca levam a uma coisa boa. *É a antiga lei mosaica do olho por olho; e a aplicação* dessa lei terá como consequência que "o mundo inteiro se tornará cego". Basta pensar nos conflitos do Oriente Próximo e você saberá o que queremos dizer.

Então deixe a punição para a lei impessoal do *karma*, porque ela é mais justa do que o juiz mais sábio.

A não violência não é uma filosofia mole, destinada a utópicos, pessoas de um outro mundo, mas é uma filosofia prática – sim, muito prática. Acredito que seja a única filosofia que oferece soluções para um mundo dividido. A doutrina do *karma* e os ensinamentos de *Ahimsa* resolvem esses problemas de um mundo dividido, e isso já acontece mesmo quando apenas uma parte relativamente pequena da população aplica esses ensinamentos. Os resultados são muito mais sustentáveis do que quando você faz algo com violência.

E isto se aplica a tudo. Aplica-se à educação de filhos – não castigue seus filhos; aplica-se para se estabelecer a paz entre dois grupos ou dois países; aplica-se a qualquer conflito. Além disso, é uma filosofia que nos mostra o sentido da vida, porque nos dá uma visão do que é a própria vida.

Olhe pela janela espiritual, como Gandhi disse, e veja à distância os contornos possivelmente vagos da vida espiritual. Se continuar a olhar por essa janela, você verá que, com nossa natureza superior, já vivemos nesse país espiritual há muito tempo.

Três Níveis de Recordação: Instinto, Consciência e Intuição[43]

Uma vez ouvi uma menina perguntar à sua mãe se ela alguma vez já havia visto um carro branco. "Sim, já vi", respondeu a mãe. "Eu também", disse a menina, "mas foi há tanto tempo que já não me lembro." Talvez você esteja pensando: que curioso, como é possível saber de uma coisa da qual não nos recordamos?

Porém, é possível! Existem casos de que não conseguimos nos recordar, mas em relação aos quais sabemos certamente alguma coisa. Um amigo nos contou sobre um homem de Flandres que falou em flamengo pela última vez quando tinha dois anos de idade, mas que se recordou deste idioma em seu leito de morte. Este caso foi relatado por um médico francês do século XIX.

Ele descreve uma história ainda mais notável. Certa mulher, que estava à beira da morte, costumava ser sonâmbula quando era uma menina. Era filha de um tabelião. Uma vez roubou um importante documento do seu pai enquanto estava sonâmbula e escondeu-o em algum lugar no escritório. O seu pai sofreu muitas perdas devido a isto. No leito de morte, a mulher subitamente gritou: "Eu o roubei!" E recordou-se de onde havia estado o documento durante todo esse tempo. Enquanto dormia, retirou o documento e escondeu-o, mas em sua consciência cotidiana a mulher não tinha noção alguma do que havia feito. À beira da morte, ela subitamente se recordou.[44] A lucidez terminal é um daqueles mistérios da memória que não pode ser explicada pela crença generalizada de

---

[43] Artigo publicado na revista Lucifer, nº 3, novembro de 2014.

[44] H.P. Blavatsky, "Memory in the dying" (A memória no moribundo). *H.P. Blavatsky Collected Writings*. The Theosophical Publishing House, Wheaton 1990, Vol. 11, p. 446.

que a memória está alojada no cérebro. Pelo contrário, só é possível clarificar estes casos notáveis se olharmos para os seres humanos como consciências compostas. Tentaremos elucidar.

Transmitindo e recebendo sinais que se imprimem na nossa consciência

A nossa consciência transmite sinais dos diferentes aspectos ou "níveis", ou "camadas", da sua natureza composta. Também recebe sinais. Está em sintonia com todos os tipos de seres conscientes e leva todos os outros seres conscientes a vibrar.

O que, por exemplo, observamos com os nossos sentidos – como imagens ou sons – provoca uma impressão no nosso corpo físico. Estes sinais são reencaminhados para os outros níveis da nossa consciência, mas primeiro afetam o corpo físico. Até a comida que comemos tem um efeito. Podemos nos recordar de todas estas impressões. Por exemplo, lembro-me sempre do cheiro do metrô quando penso em Paris.

Um desejo ou uma tendência produz uma impressão na nossa natureza animal. Por vezes esta impressão é tão poderosa que só muito dificilmente nos livramos dela. É o caso de um vício, por exemplo. A ideia do cigarro pode ser muito forte; pode ser difícil tirá-la da cabeça.

Da mesma forma, pensamentos pessoais produzem uma impressão na consciência humana pessoal. Muitas vezes esquecemo-nos destas impressões inferiores.

As perceções e os pensamentos impessoais, que produzem uma impressão na nossa consciência humana superior, são mais difíceis de experienciar porque não estamos frequentemente no estado de consciência superior. Por exemplo, quando compreendemos uma determinada lei matemática, essa percepção é impressa na nossa consciência.

As visões, a efetiva compreensão e a inspiração produzem impressões na nossa consciência espiritual. Por exemplo, se percebermos que matéria e consciência são em essência exatamente o mesmo, então este conceito fica gravado na nossa consciência espiritual. Na verdade já está lá – como se explicará mais adiante –, mas a consciência humana *pessoal* consegue agora se sintonizar e observá-lo.

Finalmente, existe a consciência divina que reverbera com as experiências de unidade. A maior parte das pessoas não teve estas experiências, mas se alguma vez as tiver nunca mais as esquecerá.

O que é lembrar?

O que é, então, lembrar?

Significa recordar-se de uma impressão que foi produzida em nossa consciência. Estamos recuperando uma sensação, um pensamento ou uma visão para a consciência que percebe. Lembrar-se é trazer algo para o alcance da nossa percepção outra vez: as perceções físicas, emocionais, mentais ou impessoais.

Memória: a capacidade de recordar imagens na nossa consciência

À capacidade para lembrar chamamos de memória. Uma pessoa com uma boa memória pode lembrar-se das coisas facilmente.

Como todos sabemos, existem certas coisas das quais nos lembramos bem e outras não. Existem crianças que podem facilmente distinguir dezenas de marcas de automóveis com base apenas nos faróis da frente, mas que não conseguem memorizar verbos irregulares do português.

Isto está tudo relacionado com aquilo que nos interessa ou atrai. O nosso foco é aquele onde as impressões são produzidas mais profundamente. A nossa consciência está treinada para estar ativa nesse plano, para que possa se recordar mais facilmente de determinadas impressões feitas nesse mesmo plano. Indivíduos fortemente emocionais têm uma maior propensão para recordar um insulto ocorrido há anos, enquanto uma pessoa intelectual esquecerá dele em uma semana. Podemos, portanto, receber de forma autoconsciente, na nossa percepção, impressões particulares que estão numa das camadas da nossa consciência. Recuperamos a capacidade de raciocínio matemático, recordamo-nos de um nome, de um acontecimento ou da caraterização física de um determinado local.

Memória: o local onde as impressões são feitas

No uso corrente da linguagem, também consideramos a "memória" como o *local* onde determinada informação é guardada; a memória como o "arquivo da consciência". A isto, o materialista associaria de imediato o cérebro. O cérebro é frequentemente comparado com um computador, porque no mundo digital as pessoas também falam sobre memória, que é então expressa em kilo, mega, giga e terabytes. Serão os nossos cérebros algum tipo de supercomputador?

Cérebros: repositórios de informação?

O cérebro é composto por dezenas de milhares de milhões de neurônios ou células nervosas. Todas estas células têm ligações com outras células. Estas ligações também se desconectam frequentemente. Isto tudo acontece num processo muito complexo e dinâmico, muito mais dinâmico e complicado do que o nosso computador pessoal. O modo como onde e quando esta informação poderia ser guardada neste sistema complexo e dinâmico que é o cérebro é algo completamente desconhecido.

Em geral, assume-se que a informação seja transferida de um lado do cérebro para o outro. Neste contexto, poderíamos falar de memória de curto e de longo prazo. Dizem que tudo aquilo que experienciamos ou aprendemos é gravado primeiro na memória de curto prazo e depois na memória de longo prazo. Mas como pode a informação ser gravada nas células cerebrais que mudam constantemente, que continuamente constroem e rompem ligações – sinapses – entre si? Como podem estes neurônios conter as nossas memórias? Pensamos que esta teoria não é lógica, e portanto que a memória não está localizada no nosso cérebro.

O cérebro é o *instrumento* dos pensamentos inferiores, logo, é o *instrumento* da nossa memória especialmente nos seus aspectos inferiores. Nós, seres humanos, pensadores, lembramo-nos dos nossos pensamentos. Pelo fato de vivermos neste mundo material, precisamos de um cérebro para moldar os nossos pensamentos inferiores e para traduzi-los para o domínio exterior. Mas assumir que a memória reside no cérebro é acreditar que a música reside no rádio.

A memória está em toda parte

Mas se a memória não reside no cérebro, onde poderia estar? A nossa resposta é: onde não poderia? A memória está em toda parte.

Lembrar-se significa ter a capacidade de trazer de volta impressões particulares à nossa percepção, então toda a Natureza visível e invisível pode permitir-nos lembrar dessas impressões. Provavelmente já experienciamos isto.

Por exemplo, depois de muitos anos, regressamos a um local que visitamos de férias quando éramos jovens. Quando lá chegamos, nos recordaremos de forma precisa de todas as pessoas que vimos, do que elas fizeram e do que nós fizemos. Outro exemplo: ouvimos uma velha canção no rádio e lembramo-nos de certos pensamentos idealistas da nossa juventude. O local das nossas férias e a canção são, na verdade, os lugares onde as nossas memórias permanecem escondidas. Mas nunca conseguimos desconectar estas circunstâncias da nossa própria consciência. Existe algo na nossa consciência que se identifica com aquela canção e com aquele lugar em particular. Por causa deles, lembramo-nos novamente de certos pensamentos e sentimentos.

Tudo está interligado

Isto pode ser clarificado pelo fato de existir uma Unidade essencial subjacente a toda a Natureza. Tudo está ligado. Não estamos separados de nada. As nossas experiências não são, portanto, nossa propriedade privada. Não estão armazenadas num arquivo privado do qual só nós temos a chave. Na verdade, todos têm acesso a elas.

Isto deveria nos fazer perceber a ampla responsabilidade que temos em relação à vida no nosso planeta. Simplesmente por termos um pensamento, deixamos uma marca na Natureza viva. Podemos reencontrar essa marca mais tarde – nos lembrar dela –, mas também é possível que outras pessoas a atraiam para o seu campo de percepção. E por "Natureza", não se entenda apenas a mera natureza visível, mas a totalidade da vida. Mais tarde isso será explicado.

Ākāśa

O espaço onde todas essas camadas de consciência permanecem e residem não está vazio, mas cheio daquilo que em sânscrito se chama *Ākāśa*: substância viva universal. O *Ākāśa* é esse espaço.

Portanto, o *Ākāśa* estende-se dos domínios muito divinos e espirituais aos domínios físicos. Quando o *Ākāśa* está próximo dos reinos mais densos também é chamado de plano astral ou de Luz Astral. Esta Luz Astral é um domínio que é de estrutura mais etérica que o nosso mundo físico, e é por isso que não é perceptível aos nossos sentidos.

A Luz Astral regista infalivelmente o que acontece na Terra. Neste contexto, o termo "galeria de imagens" é por vezes usado. Todos os pensamentos, emoções e desejos são gravados aqui.

O Domínio Astral não está separado de nós. Somos parte dele. Na nossa natureza emocional e animal, somos parte do astral. Nadamos, por assim dizer, através deste domínio, pois somos parte dele como um peixe é parte do mar. Constantemente produzimos novas impressões nele. Frequentemente percebemos velhas impressões. Quando isto acontece, dizemos que nos lembramos.

Mas estas impressões não têm de ser feitas por nós. Podem ser feitas originalmente por outros seres, ou por nós mesmos em vidas anteriores. Certamente temos, embora de forma vaga, uma conexão com elas, porque de outro modo nós não as perceberíamos.

Ākāśa superior e *ākāśa* inferior

De modo similar, somos uma parte integral do *Ākāśa* em nossos aspectos superiores de consciência. Não notamos isto habitualmente, porque ainda não aprendemos como nos focar neste estado de consciência. Como já ouvimos dizer, o estado superior de consciência é como um sono sem sonhos para nós. Ainda temos pouca afinidade com ele.

Como podemos conhecer apenas com a nossa própria consciência, é o nosso caráter – aquilo que somos – que determina se nós percebemos as regiões inferiores no domínio astral ou o mais elevado do *Ākāśa*. É por isso que um ser pode perceber apenas as impressões que se encaixem na sua própria consciência desenvolvida. Um animal não pode se lembrar de pensamentos humanos, porque não pode ainda pensar e consequentemente não teve experiências com eles. Da mesma forma, um ser humano não pode se lembrar de assuntos divinos, isto é, *ainda não*. Primeiro ele deve aprender como fazê-lo.

Ovo Áurico

Todas as partes da nossa consciência estão envolvidas num veículo correspondente. A consciência física envolve-se num cor po de matéria física, que é de fato a forma inferior do astral. A consciência animal e pessoal molda-se ao veículo astral correspondente, enquanto as formas superiores da nossa consciência revestem-se nas camadas mais etéreas do *Ākāśa*. Todos estes diferentes veículos formam, no seu conjunto, um agregado, algo a que chamamos de Ovo Áurico. Este Ovo Áurico é onde estão contidas todas estas diferentes formas de consciência. Por que às vezes precisamos de muito esforço para nos lembrar de determinada coisa, enquanto em outras vezes isso é feito sem es forço? Se a impressão é feita mais próxima do nosso próprio Ovo Áurico, podemos alcançá-la mais facilmente e recordamos a impressão na nossa consciência mais rapidamente. Mas algumas impressões são apenas sinais vagos que captamos de outros seres. Estas impressões dificilmente são feitas dentro de nós. São muito difíceis de lembrar.

Devemos olhar para isto desta maneira: todas as experiências sobre as quais refletimos, que se encaixam no nosso conhecimento e sobre as quais pensamos regularmente, tornam-se parte do nosso Ovo Áurico, a nossa própria natureza. Todas as outras experiências, já não. Contudo, deixarão também uma marca, mas será necessário muito mais esforço da nossa parte para seguir essa marca e rastrear a origem.

Recordando em muitos níveis

De fato, a vida é uma recordação constante: recuperação de impressões para o nosso campo de percepção. Aprender é recordar. Crescer é recordar. A nossa consciência pessoal aprende quando ativa as perspectivas e o conhecimento que flui das formas mais elevadas de consciência. Nós os ativamos e os *desenvolvemos* – desdobramos – significando que *lembramo-nos* delas. O crescimento vem de dentro. Mesmo fisicamente, uma planta ou uma flor crescem de dentro para fora. Um corpo humano cresce da mesma maneira. Isto aplica-se também à consciência. Todas as capacidades e faculdades estão no interior, mas têm de fluir para o exterior.

Instinto

Como foi referido, experienciamos impressões em todas as camadas da nossa consciência composta, sejam elas feitas por nós próprios ou por outros seres. À memória da nossa natureza veicular, à consciência física e animal, chamamos de *instinto*.

Os biólogos descrevem o instinto como um padrão de comportamento gravado, que ocorre sem que este comportamento tenha sido aprendido ou experienciado antes. É suposto ter sido herdado geneticamente. O instinto é encontrado tanto em seres humanos como em animais. Pense-se, por exemplo, nos movimentos reflexos.

Também dizemos que o instinto é herdado; contudo, não dos nossos antepassados, mas de nós próprios. As experiências adquiridas neste nível animal em vidas passadas não se perdem quando morremos. Contudo, não levamos conosco estas experiências para o *Devachan*, porque naquele estado de consciência revivemos e processamos apenas as nossas experiências *espirituais*. Quando a consciência se manifesta novamente e começa a construir um corpo físico, todos os agregados de qualidades ganhos no passado vão se tornar ativos novamente.

Isso pode explicar as capacidades miraculosas dos animais. Um belo exemplo é a borboleta monarca. Durante várias gerações essas borboletas migram do México para o Canadá. As borboletas que emergem no Canadá retornam para o local do México onde os seus bisavós tinham nascido. Onde obtiveram o conhecimento para fazer essa enorme viagem, para aquele local específico? Em sua consciência, onde as experiências de encarna ções anteriores são preservadas.

A completa consciência física e instintiva do ser humano é de fato a memória das experiências ganhas e anteriormente processadas. Estas variam das atividades físicas específicas, como o batimento cardíaco e a respiração, às reações instintivas e aos estímulos sensoriais. Para nós, pensadores, estes são processos que acontecem automaticamente. Mas somos incapazes de influenciá-los com os nossos pensamentos. Quando pensamos de modo desarmônico, podemos até mesmo perturbar esses processos.

Também podemos pôr essa nossa consciência animal em uso. Podemos treiná-la. Podemos disciplinar a nossa consciência instintiva de um modo tal que nos seja possível, por exemplo, digitar com dez dedos. Podemos concentrar-nos totalmente nos pensamentos e palavras que queremos usar, enquanto os nossos dedos encontram automaticamente as teclas certas no teclado.

Pensamento pessoal

A consciência instintiva do ser humano tornou-se no que atualmente é – ou pelo menos no que deveria ser – ao longo de incontáveis fases de desenvolvimento: um veículo apto para a verdadeira consciência humana. Mas, a consciência pensante passou, ela própria, por várias experiências que estão nela armazenadas.

No entanto, as experiências do dia a dia não têm um cará ter duradouro. São experiências pessoais, facilmente esquecidas. É por isso que a memória das experiências pessoais é realmente falível. Como a consciência pessoal normalmente dá crédito à realidade do mundo externo em contínua mudança, suas impressões são, na maior parte das vezes, de uma natureza transitória. Um ser humano simplesmente não tem capacidade para ver as suas experiências a partir de uma perspectiva correta.

Façamos a comparação com uma equipe de futebol que ganhou um jogo. Cada jogador irá se recordar do jogo a partir de sua própria perspectiva. O goleiro sabe que falhou na tentativa de evitar um gol e o atacante sabe que marcou. Contudo, o enquadramento mais abrangente está faltando. O treinador que estava junto à linha do campo tem uma visão mais geral; sua memória parece ser mais exata. Neste exemplo, o treinador é a consciência humana superior e cada jogador representa a consciência pessoal.

Caraterísticas das memórias pessoais

Muitas vezes as pessoas dizem que a memória é falível. Isto é verdade quando falamos de impressões pessoais. Também sucede que a consciência pessoal está muitas vezes cega em relação ao seu próprio comportamento. Recordemos o caso da menina sonâmbula: ela fez algo de que a consciência pessoal nunca se recordou. Apenas quando ela se tornou idosa e pouco antes de falecer, quando a sua consciência pessoal se uniu temporariamente à sua consciência humana superior, é que se recordou subitamente do que havia feito. Reparem, a consciência superior é muito mais capaz de perceber essas impressões e de compreender a sua verdadeira importância.

Quando o homem pessoal se lembra de algo, dá um colorido a essas memórias de acordo com a consciência que desenvolveu até esse momento. Imagine que passou férias maravilhosas com um amigo, e que esse amigo maltrata-o posteriormente. A sua memória das férias será agora colorida com as desagradáveis experiências posteriores.

As impressões do homem pessoal não sobreviverão à morte. Irão se dissolver quando a consciência se retirar. Em cada novo nascimento, uma nova personalidade será construída. Isto acontecerá com base nas qualidades que foram desenvolvidas nas vidas anteriores. Porém, estas impressões pessoais particulares de vidas anteriores não podem ser encontradas na nova personalidade. Com cada nova vida, um novo cérebro é formado. Este cérebro, tal como o restante do corpo físico, terá que praticar novamente antes que possa funcionar de forma otimizada como um instrumento para pensar. Essa é a razão pela qual não se consegue rastrear as vidas passadas no cérebro nem na consciência pessoal.

Uma exceção a isto acontece quando uma pessoa morre na infância, pelo fato de não existirem experiências espirituais que pudessem ser processadas no *Devachan*. A personalidade de uma criança não se desintegrará, e rapidamente encontrará uma nova oportunidade, com novos pais, para se manifestar. Essa é a razão por que em todo o mundo existem pessoas que morreram na sua infância na vida anterior e conseguem recordar-se dela.[45]

Consciência

Felizmente, o homem pessoal também tem pensamentos espirituais. Ele possui interesses e ideais impessoais. Ele pensa sobre como viver a sua vida de uma boa maneira. Estes pensamentos também provocam impressões que ele retém de uma vida para outra, e que assim é capaz de recordar.

Como nos lembramos destes pensamentos espirituais? Quando estamos prestes a fazer alguma coisa que não devemos. O nosso sentido ético nos alerta neste momento.

Estas memórias são chamadas de *consciência*. A nossa consciência compreende as experiências éticas e espirituais da nossa vida

---

[45] I. Stevenson, *Reincarnation and Biology: A Contribution to the Etiology of Birthmarks and Birth Defects* [Reencarnação e Biologia: Uma contribuição à Etiologia de marcas e defeitos de nascença], Vol I and II, Praeger Publishers, Highlands Ranch (US) 1997. E: H. van der Pol, "Wetenschappelijk onderzoek vindt bewijzen voor reincarnatie" ("Scientific researchers find evidences for reincarnation"). Artigo retirado de *Lucifer*, Vol. 27, Outubro 2005, n. 5, p. 87.

atual e das anteriores, das quais nos recordamos se pretendemos agir de um modo que estas experiências nos ensinaram a *não* fazer. Portanto, a nossa consciência nunca nos aconselha de maneira afirmativa. Nunca nos diz o que fazer. Avisa-nos quando estamos prestes a fazer algo eticamente irresponsável.

A consciência é a qualidade mais nobre que o ser humano desenvolveu até o presente. Vem sendo formada pelas suas impressões mais sublimes. Reparem, não é o mais nobre que o ser humano é, mas o que de mais nobre ele experienciou até o momento. Podemos conceber a consciência como a ponte entre as consciências humanas pessoal e superior.

A nossa consciência não é infalível, pois a nossa experiência espiritual é limitada. Por vezes, deparamo-nos com uma questão ética em relação à qual nunca nos confrontamos anteriormente e sobre a qual nunca refletimos. Consequentemente, a nossa consciência permanecerá em silêncio. Se fizermos a escolha certa, então teremos somado uma experiência espiritual, mas se fizermos a escolha errada e experienciarmos as consequências que daí advêm, também aprenderemos uma lição ética. É através de novas experiências espirituais que a nossa consciência irá crescer.

Escutando a consciência

É dito que as pessoas cruéis não têm consciência. Julgo que elas tenham consciência; simplesmente não a ouvem. Tornar-se surdo em relação à voz da nossa consciência é um processo gradual. Quando temos que fazer uma escolha ética e não escutamos a nossa consciência, vamos ouvi-la num tom mais baixo quando estivermos numa situação semelhante novamente. Se fizermos isso consecutivamente, a voz da nossa consciência irá se desvanecer, até parecer que não existe.

A educação desempenha um papel importante nisto. Os pais podem estimular ou reprimir a consciência da criança. Uma vez ouvi um rapazinho dizer à sua mãe, "Olha o que eu roubei", sem que a mãe desse uma resposta negativa de qualquer gênero. Não foi propriamente um incentivo a aprender a ouvir a consciência. Também conheço um caso de uma mãe que pediu a seu filho para devolver um brinquedo que havia roubado. Esse é um modo de estimular a consciência da criança. Quando alguém age contra a sua consciência, irá se arrepender na primeira vez. Mas, quando ignoram esse remorso, a voz da consciência vai se tornando mais fraca, ou melhor, a sua voz é ouvida cada vez menos. É isto que ouvimos em relação aos assassinos e criminosos; depois do seu primeiro crime, a sua consciência entra em jogo. Eles não dormem, mas sofrem. No entanto, depois da segunda, terceira ou quarta vez, torna-se um hábito. Eles não mais escutam a sua consciência falar. É uma situação temporária, porque eles serão confrontados com as suas ações a certa altura.

A lição que se pode aprender daqui é a de escutar a consciência. Nós *somos* a nossa consciência. A nossa consciência é o portal para os aspectos superiores de nós próprios. Se não a escutamos, fechamos o portal.

Intuição

Quando estes aspectos superiores da consciência aparecem espontaneamente, sem raciocínio intelectual, designamos isso por *intuição*. Intuição também é uma espécie de lembrança. Os tipos de consciência mais espirituais têm as suas próprias experiências e impressões ao seu nível, também. Essas marcas estão igualmente registradas na natureza *akáshica*. E nós, vivendo na consciência pessoal, também temos acesso a elas. Podemos contemplá-las. A intuição é a percepção imediata da verdade. É sabedoria espiritual, e manifesta-se como uma visão direta e impessoal.

Podemos pensar: "Estas não podem ser as minhas marcas. O alcance da consciência está confinado ao pessoal. Posso, na melhor das hipóteses, atingir a minha consciência, e já é suficientemente difícil ouvi-la continuamente." Recorde-se, porém, de que não há separatividade na Natureza. Tudo está interligado. Também somos estas consciências superiores, se nos identificamos com elas.

Aprender, dizia Platão, é recordar. Isto significa que podemos ativar as experiências espirituais a partir da corrente de consciência que somos. Tornamo-nos conscientes delas.

Em *Fédon,* Platão descreve uma história mítica sobre como as almas humanas vivem no mundo dos Deuses antes de nascerem. Aí veem as verdadeiras Ideias. Mas, quando nascem, têm de beber água do Rio Lete, o rio do esquecimento, e esquecem-se daquilo que viram. As almas que beberam bastante lembram-se de muito pouco, e as almas que beberam pouco lembram-se bastante. Mas cada alma está familiarizada com essa realidade espiritual, e quando olhamos de perto para dentro de nós próprios e ouvimos com atenção, sabemos disto.

Podemos, autoconscientemente, tentar despertar esta memória divina em nós próprios. É possível treinar a intuição. Podemos aprender a focarmo-nos no que é verdadeiramente humano, espiritual, mesmo na consciência divina em nós. Como? Buscando por este tipo de memória, que H.P. Blavatsky chama de "reminiscência"; recordando ativamente estas imagens espirituais.[46]

[46] H.P. Blavatsky, *A Chave para a Teosofia*, Capítulo VIII, Editora Teosófica.

Do pensamento cerebral ao pensamento universal

Como fazê-lo? Como nos conectamos com estas influências espirituais? Como nos sintonizamos com a "oitava do nosso piano", a nossa consciência pessoal, de modo a nos identificarmos com a verdade e a compaixão da nossa consciência superior em nós? Primeiro, devemos nos esvaziar. Não devemos dar lugar a quaisquer pensamentos pessoais. Podemos nos perguntar quantos pensamentos reservamos todos os dias para assuntos que, à luz da espiritualidade, não têm importância alguma. Olhemos, por exemplo, para o que a televisão tem para oferecer e percebe remos como o nosso aspecto de pensamento inferior é estimu lado por todo tipo de informação e sensações desnecessárias. Quantas vezes nos preocupamos com a nossa prosperidade, sobre aquilo que pode correr mal, com possíveis doenças ou com a própria morte? Se nos esvaziarmos destas preocupações diárias, se afinarmos a nossa oitava num tom diferente, os pensamentos espirituais virão até nós naturalmente.

Não raras vezes atribuímos um nível de realidade ao mundo externo e ilusório, que o mesmo não merece. Podemos perceber, contudo, que a nossa felicidade não depende de ilusões. Entender que estávamos preocupados com nada de importantenos nos dá um sentido de liberdade e espaço para perceções novas e mais abrangentes.

Há que reconhecer estas novas percepções e *alimentá-las*. Podemos fazer isto focando a nossa atenção. Meditando nas ideias universais. Criando uma imagem de pessoas compassivas, de um mundo onde as pessoas trabalham em conjunto e se ajudam mutuamente na prática. Pensemos de modo amplo e impessoal. Vivamos o ideal mais elevado que possamos imaginar.

A tônica espiritual irá alterar, inclusive, os nossos pensamentos cotidianos. Claro que ainda teremos que recolher o lixo e ir às compras para satisfazer as nossas necessidades diárias, mas mesmo os pensamentos necessários para estas atividades simples serão iluminados se pensarmos nelas com um Ideal de compaixão mais alargado. Assim, enobrecemos o eu pessoal e também o eu animal e o eu físico. No fim das contas, o nosso cérebro será igualmente iluminado.

Não devemos apenas pensar com o nosso cérebro. Devemos pensar a partir do ponto de vista maior, universal.

Somos uma corrente de consciência. Os nossos aspectos superiores residem nos planos espirituais. Tenhamos isso presente. Imaginemos um mundo justo e equitativo, onde a ajuda e a cooperação mútuas não são a exceção, mas a norma. Imaginemo-lo de forma tão nítida e clara de modo a recordarmos esta imagem no nosso dia a dia, em cada ação que empreendemos e em cada pensamento que temos. É desta memória que a humanidade em sofrimento necessita, acima de tudo.

Kāli-Yuga

Uma idade de crescimento ou de decadência espiritual?

Vivemos tempos de inquietude. De acordo com algumas pessoas, os tempos são bastante densos e sinistros, e estamos caminhando rapidamente para a nossa perdição. "Vivemos no fim dos tempos", dizem as pessoas. Diz-se que isto está relacionado com o *Kāli-Yuga*, a Idade do Ferro. É, na verdade, o *Kāli-Yuga* uma idade tão obscura?

Esta é uma investigação dos antigos textos hindus e de nossa era moderna.

Ideias-chave:

- As idades têm tudo a ver com os ciclos cósmicos.
- Um ciclo pode ser dividido em quatro idades, que estão relacionadas entre si através de 4: 3: 2: 1.
- Cada uma destas idades tem uma fase inicial e uma fase final.
- O *Satya-Yuga* é a idade espiritual e de paz. É a fase infan til. As pessoas não têm ainda muita responsabilidade.
- O *Kāli-Yuga* começou em 3102 a.C., durante uma circunstância cósmica especial.
- No *Kāli-Yuga* a ética está sob pressão; tudo é intenso e acontece rapidamente; há uma forte influência da Luz Astral; há grandes oportunidades para crescimento e declínio espiritual.

- Durante o *Kāli-Yuga* o novo grande ciclo (raça-raiz) desponta.
- Cada novo ciclo começa com um pequeno número de pessoas com uma mentalidade diferente.

Tal como todos os outros povos da Antiguidade, os hindus tinham uma visão cíclica do tempo. Não há um início absoluto, o momento em que o tempo começou. Em sentido absoluto, o Universo não começou com um *big bang*, depois do qual a vida e o tempo vieram à existência. Da mesma forma, uma vida individual não começa com a concepção.

Os antigos textos hindus retratam o conceito de ilimitado. A bem conhecida afirmação dos *Upanixades*, "*TAT twam asi*" – "tu és AQUILO", ou "tu és o Ilimitado" – expressa isto de modo conciso.

Portanto, nada é criado no sentido literal da palavra; nada foi feito a partir do nada. Tudo esteve sempre lá. E tudo – o Cosmos, o homem ou o átomo – aparece ciclicamente. Mal a consciência adormecida desperta novamente, o tempo começa. O SER eterno, a nossa essência mais profunda, não conhece o tempo, apenas a Duração ilimitada.

O que são idades?

No que se refere ao tempo, a primeira coisa que podemos notar é que está relacionado com a percepção de movimentos de objetos ou corpos. Tomamos o ciclo astronômico como a unidade do tempo, por exemplo, a rotação do nosso planeta em torno do seu eixo. Isto nos dá o ritmo do dia e da noite. Dividimos este período em 24 unidades, a que chamamos horas. Além disso, a Terra orbita em torno do Sol em 365,25 dias, ou seja, revolve 365,25 vezes em torno do seu eixo, enquanto completa a sua órbita em torno do Sol.

Portanto, são sempre fenômenos externos, como a rotação da Terra em torno do Sol e a da Lua em torno da Terra em órbitas cíclicas, que interpretamos e explicamos através de determinadas unidades de tempo.

Contudo, quando não estamos neste mundo dos fenômenos, por exemplo, quando dormimos, quando sonhamos ou quando estamos mortos, desconhecemos de todo o tempo. Não existem relógios nos nossos sonhos. Quando acordamos depois de um sonho, muitas vezes não sabemos se dormimos por uma ou duas horas ou apenas por alguns minutos. A forma como valorizamos o tempo depende do nosso estado de espírito. Não parece que as duas horas no cinema passaram muito mais rapidamente do que a meia hora na cadeira do dentista? Em resumo, o tempo está sempre relacionado com a manifestação — com as coisas, com os fenômenos, com a interpretação, com a apreciação – e, portanto, é uma ilusão.

Em sânscrito, isto é chamado de *Māyā*, que significa "medida". Tudo o que pode ser medido é uma ilusão, ou seja, é de uma natureza transitória e não tem sustentabilidade por si só. É a consequência de algo que se esconde por trás dessa aparência. Portanto, uma idade é o período em que *algo é* manifestado.

Por exemplo, um homem nasce. A sua "idade" começa. Depois de cerca de 70 anos ele morre. Então, num certo sentido, também o tempo para, pelo menos para ele, dado que não há manifestação. Só quando este homem nasce outra vez e reaparece neste mundo ilusório, existe de novo uma noção de tempo.

Devemos entender as grandes idades da mesma forma. Elas são os ciclos de vida de um ser ou de um grupo de seres.

Yugas

Como já foi explicado, no ilimitado só existem pontos de início e de fim relativos. No Oriente, estes são descritos como a inspiração e expiração da divindade *Brahmā*. Quando *Brahmā* expira, existe um início relativo: a manifestação começa. Quando *Brahmā* inspira, há um fim relativo: a manifestação cessa de existir. Contudo, depois de um período de repouso, *Brahmā* expira novamente, e uma vez mais o Cosmos vem à existência.

Portanto, existe um processo cíclico contínuo de expiração e inspiração. Temos de ver a noção de *Yuga* dessa perspetiva. *Yuga* é uma palavra sânscrita que literalmente significa "ciclo". Um ciclo não é tanto um círculo, mas uma espiral. Como numa escada em espiral, sobe-se em círculos.

Existe outra palavra sânscrita que expressa a mesma ideia: *Kala-Chakra*, a roda do tempo. O tempo gira como uma roda. As idades vão e vêm, e voltam de novo. E sempre retornam num nível ligeiramente superior.

Ora, esta roda gira numa determinada proporção, que é 4, 3, 2, 1, repouso, e depois 4, 3, 2, 1 outra vez, e assim por diante. De acordo com a literatura sânscrita, estas proporções numéricas existem em toda parte na Natureza. Aplicam-se da mesma forma à vida num planeta, a um sol, bem como à vida da Terra, ou a uma fase da vida na Terra. Sempre encontramos esta mesma relação do 4, 3, 2 e 1. Portanto, um ciclo consiste de quatro idades.

Os quatro *Yugas*

O famigerado *Kāli-Yuga* é uma destas quatro idades. É parte de um grande ciclo de mais de 4 milhões de anos, chamado pelos hindus de *Mahā-Yuga*, ou Grande *Yuga*. Mil *Mahā-Yugas* constituem um ciclo de vida de um planeta. Nesse *Mahā-Yuga* estas quatro idades são assim designadas:

Satya-Yuga -	4
Tretā-Yuga -	3
Dwāpara-Yuga-	2
Kāli-Yuga -	1

Os números que colocamos à frente de cada idade indicam as proporções entre estes quatro *Yugas*. Portanto, o *Satya-Yuga* – literalmente, a idade da verdade – é quatro vezes mais longo que a idade mais curta, o *Kāli-Yuga*.

De fato, não interessa a que ciclos se aplicam estes cálculos. Eles são universais, e portanto aplicáveis à vida de um sistema solar – a vida de *Brahmā* – como à de um planeta, de um povo e até do homem. A única coisa que precisamos fazer é tomar os números 4, 3, 2, 1 como ponto de partida e colocar, por exemplo, um, dois, três ou dez zeros à frente. Quando diz respeito a eras de pequena duração, devemos colocar um ou mais zeros antes de um ponto. Contudo, estes números também indicam as caraterísticas destes *Yugas*, ou seja, estão associados com o *Dharma*. *Dharma* significa Lei ou Dever, no sentido da lei natural divina. Portanto, também podemos entender o *Dharma* como a religião, a filosofia, a ciência e a ética verdadeiras. É a expressão da perfeita harmonia e unidade. Quando o *Dharma* é praticado, temos uma sociedade baseada na ética, na dignidade humana, na compaixão e no respeito. As pessoas vivem de acordo com as regras éticas universais.

Nas metáforas típicas dos hindus, diz-se que o boi do *Dharma* – o símbolo da vivência de acordo com o *Dharma* – está apoiado nas quatro patas no *Satya-Yuga*, em três no *Tretā-Yuga*, em duas do *Dwāpara-Yuga* e apenas numa no *Kāli-Yuga*. Desta forma, a decadência, a degeneração da ética é salientada.[47]

Podemos encontrar uma ideia similar na Grécia antiga. Aí, as quatro idades eram chamadas de Idades do Ouro, da Prata, do Bronze e do Ferro. O nível interno da civilização decresce continuamente. Os babilônios devem ter conhecido também estas idades, avaliando pelo sonho de Nabucodonosor mencionado na Bíblia (*Daniel* 2:32-33). Ele sonha com uma estátua gigante com uma cabeça dourada, peito de prata, ventre de cobre e pernas de ferro. É uma representação simbólica da evolução da humanidade, que se estende por mais de quatro idades.

Quanto tempo duram estas idades?

Como já foi explicado, em princípio podemos aplicar estes quatro *Yugas* a cada ciclo de vida, pequeno ou grande. Contudo, na maior parte dos casos, eles são aplicados ao que se designa por *Mahā-Yuga*.

A duração destas quatro idades é fornecida em antigos textos hindus, como o *Vishnu Purāna*. Ali, os números elementares 4, 3, 2 e 1 surgem novamente. No entanto, cada uma das quatro idades tem

[47] *Mahābhārata*, Livro 3: Vana Parva: Markandeya-Samasya Parva: Secção CLXXXIX, http://www.sacred-texts.com/hin/m03/m03189.htm

uma fase inicial e outra terminal. Por outras palavras, existe uma alvorada e um crepúsculo. Em sânscrito, isto é designado, respetivamente, por *Sandhyā* e *Sandhyānsa*. A duração, quer da *Sandhyā* quer da *Sandhyānsa*, é de um décimo do respectivo *Yuga*. Isso é explicitado na imagem abaixo:

Yugas em anos divinos

Sandhyā	400	
Satya-Yuga	4.000 +	= 4.800
Sandhyānsa	400	
Sandhyā	300	
Tretā-Yuga	3.000 +	= 3.600
Sandhyānsa	300	
Sandhyā	200	
Dwāpara-Yuga	2.000 +	= 2.400
Sandhyānsa	200	
Sandhyā	100	
Kāli-Yuga	1.000 +	= 1.200
Sandhyānsa	100	
TOTAL		12.000

Caso queiramos saber quanto isto representa em anos terrestres, teremos que multiplicar estes números por 360.

Este número está relacionado com a rotação de outros planetas em torno do Sol. Afinal de contas, os ciclos na Terra estão relacionados com os movimentos de outros corpos celestes. Existe uma relação próxima entre o Sol e os planetas. Eles influenciam-se mutuamente.

Conforme mostra a tabela, existe uma regularidade matemática nestes ciclos orbitais. Há uma correspondência entre as suas frequências. Note-se que a tabela tem os números arredondados.

Ao longo de muitos séculos de existência, os planetas podem mudar ligeiramente a sua velocidade de rotação. Isto tem a ver com o livre-arbítrio, que todo ser vivo tem.

A rotação de Júpiter e a de Saturno têm as durações mais longas. Quando se multiplica os seus períodos orbitais (12x30), obtemos o número 360. Um ciclo completo leva 360 anos terrestres. Assim, para os planetas visíveis a partir da Terra, todas as combinações possíveis estão identificadas.

É por esta razão que o número 360 era muito importante para os hindus e também para os babilônios, os maias e muitos outros povos. Portanto, se quisermos saber a duração dos *Yugas* em anos terrestres, teremos que multiplicar os anos divinos por 360. (Ver quadro.)

Yugas em anos solares		
Satya-Yuga	4.800 x 360 =	1.728.000
Tretā-Yuga	3.600 x 360 =	1.296.000
Dwāpara-Yuga	2.400 x 360 =	864.000
Kāli-Yuga	1.200 x 360 =	432.000 +
TOTAL		4.320.000

Satya-Yuga

Podemos observar vários aspectos na tabela acima. Primeiro, que para o homem as durações das idades são quase infinitamente longas. Estamos habituados a pensar em anos ou séculos, no máximo. Uma idade com uma duração de mais de quatro milhões de anos está além do nosso referencial.

Em segundo lugar, podemos observar que as idades mais virtuosas, nas quais o *Dharma* está mais implantado na sociedade, duram mais que as idades menos virtuosas. O *Kāli-Yuga* dura não mais que um décimo da era completa e é quatro vezes mais curto que a Idade de Ouro, o *Satya-Yuga*.

Os antigos gregos e romanos referiam-se a esta idade como o século de Saturno. Esse foi o século da inocência. Corresponde ao período de tempo no qual o homem não tem nenhuma ou quase nenhuma responsabilidade e não é, portanto, sobrecarregado com preocupações. É a fase infantil. As crianças também vivem num mundo paradisíaco. Ainda não têm grandes responsabilidades. A criança pouco desenvolveu os aspectos da sua consciência. Assim, ainda não tem todas as faculdades e é muito menos responsável do que um adulto com as capacidades normais.

No *Mahābhārata* é dito que nesta idade não existem ricos nem pobres. Não havia necessidade de trabalhar, porque tudo aquilo que fosse necessário era obtido pela força de vontade. Não havia doenças, não se perdiam capacidades com o envelhecer. Não havia ódio nem vaidade.

O *Satya-Yuga* era uma idade de abundância, na qual a vida decorria calmamente. Não existiam grandes problemas, era um ambiente calmo, mas bastante estático. Provavelmente é um atrativo às pessoas das sociedades contemporâneas, pois temos um forte desejo pela serenidade. Contudo, a questão aqui é se realmente desejaríamos viver uma vida sem desafios. Alguém suspira pelo tempo em que era bebê?

A vida no *Satya-Yuga* era calma e pacífica. A duração da vida estava alinhada com isto, dado que os textos antigos referem que esta duração de vida também está relacionada com os mesmos números 4, 3, 2, 1. No *Satya-Yuga* as pessoas viviam durante 400 anos, no *Tretā-Yuga* por 300 anos, no *Dwāpara-Yuga* por 200 anos e finalmente no *Kāli-Yuga* por 100 anos. Para nós, estes números parecem improváveis, embora em antigos mitos, como por exemplo no Antigo Testamento, as pessoas supostamente tinham ainda mais idade. Não é referido que Matusalém viveu 969 anos?

É claro que isto são médias, contudo, no que se refere a indivíduos, a duração de vida no *Kāli-Yuga* é quatro vezes menor que no *Satya-Yuga*.

Kāli-Yuga: a Idade Obscura

O descanso bem-aventurado do *Satya-Yuga* é gradualmente substituído por mais inquietação. Não vamos discutir aqui as outras duas fases. Elas têm uma posição intermédia entre a paz da Idade de Ouro e a inquietude da Idade do Ferro. Podemos vê-las como uma versão proporcionalmente mais calma do *Kāli- Yuga*. Esta última tem uma má reputação. A guerra e a violência, e todos os sofrimentos com elas relacionados, são muitas vezes atribuídos a esta Idade Obscura.

Nandi, o boi do *Dharma*, é usado como uma metáfora para a decadência ética nas quatro idades. Por exemplo, no *Mahābhārata* é dito: "(...) no *Satya-Yuga*, a ética é como um boi, entre os homens, que se apoia nas quatro patas. No *Treta-Yuga*, o pecado levou uma dessas patas, a ética ficou apenas com três patas. No *Dwāpara-Yuga* existe tanto pecado como ética, e portanto se diz que a ética só tem duas patas. Na idade negra de *Kāli* (...), a ética existe entre as pessoas com três partes de pecado. Portanto, diz-se que a ética aguarda entre as pessoas apenas com a quarta parte que lhe resta. Saiba, Ó Yudhishthira, o período de vida, a energia, o intelecto e o poder físico do homem diminuem em cada *Yuga*."

De acordo com o *Surya Siddhanta* – um livro astrológico com uma idade incomensurável –, o *Kāli-Yuga* começou à meia-noite do dia 23 de janeiro de 3102 a.C.. Portanto, o *Kāli-Yuga* começou há 5.116[48] anos. No início do período, havia uma disposição planetária peculiar – quase todos os planetas estavam alinhados. Começou com a morte de Krishna, que é a descrita no grande épico *Mahābhārata*. O fulcro deste épico notável é uma guerra entre dois lados de uma família. Parece que este conflito dá uma indicação clara

[48] O texto foi escrito em 2014. (N.E.)

das características do *Kāli-Yuga*: guerra, infidelidade e violência, em suma, tudo aquilo que podemos ler também nos jornais dos dias de hoje. Em muitas obras em sânscrito, o *Kāli-Yuga* é descrito como uma época na qual o *Dharma* definha. É um tempo de ignorância. As pessoas não mantêm as suas promessas e acordos; não entendem que a ganância é algo errado; e alguns não se apercebem de que o homicídio ou mesmo a hostilidade não são toleráveis.

Nos livros hindus, como o *Vishnu Purāna*, esta idade obscura é descrita da seguinte maneira: Os bárbaros serão os donos na fronteira do rio Indo. Os reis estarão viciados no poder e estarão continuamente em guerra uns com os outros. O mais forte será aquele que governará. Haverá violência, malícia e peversidade. O bem-estar diminuirá. A riqueza será a única forma de devoção. A palavra dos ricos prevalecerá. Os pobres não terão escolha. O único compromisso entre sexos virá da paixão. A erudição será ridicularizada. Não haverá compaixão. Haverá todo tipo de vício, que advirá do fato de as pessoas verem o seu trabalho como esgotante e insatisfatório. A divisão natural entre as quatro castas cairá. Os instrutores sábios (*Brahmanes*) não serão reconhecidos. Os guerreiros (*Kshatriyas*) não mais serão corajosos. Os comerciantes (*Vaiśyas*) já não serão honestos; e os servos (*Śudras*) já não serão humildes.[49]

A Luz Astral

Contudo, levanta-se a questão: estas caraterísticas, que na verdade caraterizam a nossa presente era, são causadas pelo *Kāli-Yuga*?

William Quan Judge (um dos Fundadores da Sociedade Teosófica) disse que as pessoas são bastante afetadas pela Luz Astral

[49] Ver: H.P. Blavatsky, *A Doutrina Secreta*, vol. II, pp. 84-85, Editora Pensamento.

no *Kāli-Yuga.*[50] Uma das caraterísticas da Luz Astral é que todas as ações e pensamentos são aí gravados. É como se fosse uma galeria de imagens.

As pessoas são influenciadas pela Luz Astral. Claro que a influência não ocorrerá indiscriminadamente, mas apenas se nos identificarmos com uma certa camada desta esfera astral. Portanto, uma pessoa focada no material, que esteja sobrecarregada com fortes desejos egoístas, irá obter imagens e impulsos correspondentes da Luz Astral. Assim, durante o *Kāli-Yuga*, as pessoas recebem impulsos de determinadas camadas da Luz Astral com pletamente distintas de quando se está nos outros *Yugas*.

Todos os desejos materiais, toda adoração ao corpo e à matéria, derivam de impressões que os nossos antepassados imprimiram na Luz Astral durante o *Kāli-Yuga* do último *Mahā-Yuga* (de que falaremos adiante). Para clarificar: nós próprios somos esses antepassados! No presente *Kāli-Yuga*, essas impressões ainda pesarão sobre nós.

Somos confrontados com todas as nossas inclinações materiais do passado. Portanto, estamos confrontados com causas que nós próprios criamos. Colhemos aquilo que semeamos.

Colhemos agora as causas do último *Kāli-Yuga*. Isto também explica, por exemplo, por que os novos desenvolvimentos, como a tecnologia de informação, são aceitos e usados tão rapidamente. Apanhamos o fio do último *Kāli-Yuga*.

---

[50] W.Q. Judge, *An Epitome of Theosophy* [Um Epítome da Teosofia]. Incluído em *Echoes of the Orient* [Ecos do Oriente], Volume 3, p. 60, Point Loma Publications, San Diego, 1987.

Kāli-Yuga: a idade intensa

Kāli-Yuga é a idade mais rápida. As consequências sucedem-se quase imediatamente às causas, pelo menos em comparação com os outros *Yugas*. Isto conduz a pressão e tensão. Muitas coisas acontecem ao mesmo tempo. Uma nova moda ou tendência, uma revolução política ou uma invenção tecnológica mal aparecem e já algo novo acaba por surgir.

Não parece isto o nosso mundo de hoje? Os países mudam de governantes como as pessoas mudam de roupa. Por todo lado acontecem revoluções. Novas modas e invenções sucedem-se numa velocidade incompreensível. Em poucos minutos ouvimos e vemos o que está acontecendo em outra parte do mundo. A mídia nos informa sobre o que está ocorrendo durante todo o dia. Os desenvolvimentos vão se enrolando, tal como fazem os cães sobre si próprios quando são pequeninos.

O *Kāli-Yuga* é uma idade de rapidez. E, embora possa parecer contraditório, é nesta era em que o maior crescimento espiritual pode ser conseguido.

Nos *Yugas* mais calmos existiam *chelas* – estudantes dos Mestres de Sabedoria – que, por essa razão, ansiavam pelo *Kāli-Yuga*. Um crescimento mais rápido é aí possível, pois os resultados das nossas tentativas são obtidos mais rapidamente. Cada ato e cada pensamento resultam em consequências quatro vezes mais rápidas comparativamente ao *Satya-Yuga*. Isto aplica-se a ações motivadas por desejos egoístas, mas também a atos motivados pela compaixão. Portanto, podemos atingir uma compreensão da elevação espiritual, a maestria, mais rapidamente. Podemos contribuir mais para os nossos semelhantes.

O *Kāli-Yuga* é o grande paradoxo. É a idade mais densa e, ao mesmo tempo, é a idade na qual podemos atingir a sabedoria e o discernimento espiritual mais rapidamente.

O homem faz os tempos; os tempos não fazem o homem

Portanto, com base nos conhecimentos da *Theosophia*, não gostaríamos de afirmar que o *Kāli-Yuga* é uma idade maligna. Uma idade, em si própria, é neutra. Será um dia de inverno pior que um de outono? Será um dia de 2014 pior que um de 1914? As idades são neutras. As pessoas é que dão o colorido às eras. O homem faz os tempos; os tempos não fazem o homem.

Evidentemente, cada idade oferece as suas próprias possibilidades. Durante o inverno fazemos coisas diferentes de quan do é verão. Contudo, o recurso a essas possibilidades está dependente do próprio ser humano. Nós próprios é que fazemos a idade. Não há nenhum fado que nos traga a guerra, a violência ou o crescimento espiritual. É o homem que se encarrega disso. Cada um de nós faz as suas escolhas individualmente e decide se usará as oportunidades de uma idade para o maior crescimento espiritual ou para o egoísmo e o cultivo de um sentimento de separatividade. Deste modo moldamos coletivamente a sociedade. O tempo não o faz, nós próprios o fazemos.

Ora, o *Kāli-Yuga* força-nos a fazer mais escolhas que qualquer outra era. Quando há pressão e tudo é tão intenso, somos forçados a mostrar quem realmente somos.

Compare-se a uma situação de guerra. Nos tempos de paz e de felicidade não há necessidade de mostrar quem somos. Contudo, quando há tensão e perigo, somos forçados a fazer escolhas. Por exemplo, escolhemos nos salvaguardar à custa dos demais, ou sacrificamo-nos e ajudamos os nossos irmãos, ignorando perigos mortais? Este gênero de situações de pressão forçam-nos a assumir uma posição. Se escolhermos a unidade e o TODO, cresceremos.

Durante o *Kāli-Yuga*, o sofrimento pode ser enorme. Há adversidade, há provação. Contudo, a adversidade pode ser um incentivo para o desenvolvimento espiritual. Através da luta, através da dor, somos capazes de praticar a paciência, a perseverança, o nosso sentido de proporcionalidade, de compaixão. Também podemos mostrar que princípios formam a verdadeira base para os nossos atos.

Muitas vezes o homem eleva-se a grandes alturas em circunstâncias estranhas, em tempos de caos, guerra, tirania ou pobreza extrema. Não é verdade que esses infortúnios sejam necessários para o crescimento da consciência, mas parece que, exatamente durante estes tempos duros, as pessoas têm uma noção mais profunda do significado da vida e exprimem isto realizando grandes obras.

Tudo se torna mais líquido sob pressão. Portanto, o *Kāli-Yuga* pode funcionar como um catalisador por meio do qual os elementos inferiores e superiores, tanto do homem individualmente quanto da humanidade, se separam. Em tempos difíceis, temos a oportunidade de apelar aos aspectos mais nobres da nossa consciência e mostrar aquilo que somos intrinsecamente: um ser divino.

Kāli-Yuga como um ano de finalistas

É por essa razão que uma separação entre as pessoas tem lugar no *Kāli-Yuga*.

Um grupo de pessoas com uma nova mentalidade emerge, enquanto outro grupo fica preso ao passado. Este último grupo está ligado ao estatuto que tem e não está preparado para percorrer a linha ascendente. É uma mentalidade conservadora.

A nova mentalidade demonstra mais universalidade. Estas pessoas estão dispostas a seguir novos trilhos e desenvolvem novos poderes para fazê-lo.

Podemos comparar esta situação à de uma turma no seu último ano. Agora é a altura. Os alunos estudaram durante alguns anos, mas agora têm de prestar provas. A quantidade de trabalho de casa aumenta. Os testes, que não eram tão levados a sério nos primeiros anos e não pareciam muito importantes, são agora essenciais. Eles sobrecarregam o estado mental, criando tensão. Alguns candidatos não conseguem lidar com essa tensão e voltam ao nível anterior. Devido à velocidade e à pressão, um rápido declínio pode suceder. Espera-se que aproveitem mais satisfatoriamente futuras oportunidades, que logo surgirão. Outras pessoas lidam melhor com a pressão e passam no exame. Então, novos desafios aguardam-nas em um nível superior. O *Kāli-Yuga* é como o ano de finalistas. Os candidatos têm que se preparar gradualmente nos três *Yugas* anteriores, mas é esta idade que lhes dá a oportunidade de terminarem com sucesso os seus testes, para que possam avançar para a fase seguinte em suas vidas.

Portanto, no *Kāli-Yuga* começa o novo grande *Mahā-Yuga* da nova raça-raiz. Contudo, uma nova raça não é exatamente a mesma coisa que o *Mahā-Yuga*.

Períodos globais e raças-raízes

De acordo com a *Theosophia*, a evolução da humanida de tem lugar em sete grandes movimentos cíclicos, chamados de períodos globais. Em cada período global, as pessoas têm a possibilidade de desenvolver um dos sete princípios de consciência (ver esquema dos "Sete Períodos Globais" abaixo). Por sua vez, cada um dos aspectos da consciência é também setenário. O pequeno imita o grande. Assim, podemos, por exemplo, dividir novamente o aspecto do desejo em sete sub-aspectos. Podemos também subdividir cada período global em sete sub-períodos, que são chamados de raças-raízes no jargão teosófico (neste diagrama mostramos as sete raças-raízes no quarto período global).

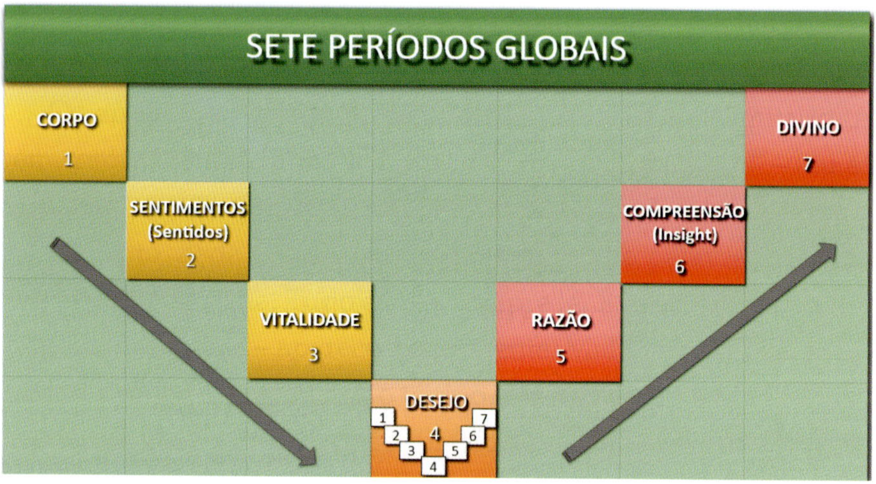

Presentemente, a maior parte da humanidade está no quarto período global e na quinta raça-raiz. No quarto período global, o desejo (*Kāma*) está em desenvolvimento e, dado que estamos na quinta raça-raiz, o aspecto intelectual do desejo em particular é desenvolvido. Se olharmos para a mentalidade geral de hoje, também reconheceremos muito facilmente esta caraterística. Não vivemos num tempo no qual muitas pessoas tentam satisfazer seus desejos por meio do intelecto? Não é este enorme desenvolvimento de tecnologia atribuível a isto?

A meio de cada raça-raiz – quando a raça-raiz está no seu *Kāli--Yuga* –, a raça seguinte vem à existência (ver a figura a seguir).

Contudo, essa nova raça não aparece de um momento para o outro. A noite muda imediatamente para o dia, ou há um crepúsculo? Da mesma forma, a nova raça vem gradualmente à existência. À medida que os milênios passam, a sua influência aumenta gradualmente e torna-se o fator dominante no planeta.

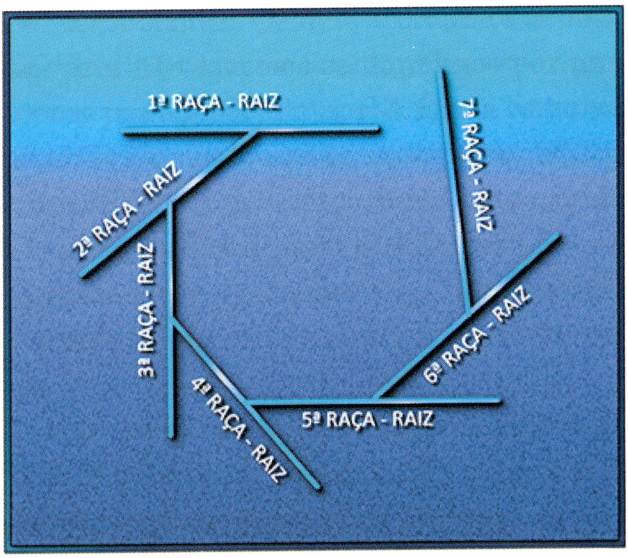

A transição de uma raça-raiz para outra

Vamos ilustrar isto com a transição da quarta para a quinta raça-raiz, a atual.

A quinta raça-raiz surgiu no ápice da quarta raça-raiz, que se chama de Atlante – usando uma designação moderna – e viveu na Atlântida, mencionada por Platão em dois dos seus diálogos. Naquele tempo, e muito mais do que hoje, fizemos do aspecto desejo o poder dominante nas nossas vidas. Era a época em que a humanidade estava mais afundada na matéria e dependia do poder do desejo de modo mais acentuado do que hoje. O desejo é a ponte entre os aspectos espirituais e os mais materiais. Sempre que se está na quarta fase – quer seja o ciclo grande ou o pequeno – existe um ponto de virada. O poder do desejo, primeiro dirigido à matéria, inclina-se para os aspectos espirituais. Isto significa que, durante a fase da Atlântida, algumas pessoas começaram a ter outra mentalidade, diferente da habitual. Sem dúvida foram consideradas esquisitas, a princípio. Eram pessoas estranhas, que se afastavam do padrão geral, pessoas que tinham desenvolvido mais o aspecto intelectual da sua consciência e, por isso, identificavam-se menos com o desejo puro.

A certa altura, estas pessoas começaram a formar uma comunidade. Isto não significa que se reuniram numa espécie de clube, mas que seguiram orientações semelhantes, demonstrando formas de pensar semelhantes.

De fato, cada mudança na mentalidade começa com um ser humano, ou com um pequeno grupo de pessoas. Alguém vive de acordo com um certo conceito, uma certa ideia. As pessoas são atraídas e desenvolvem a mesma mentalidade. Ao início, esse pequeno grupo afasta-se da grande maioria. No entanto o seu número aumenta, e a certa altura estas pessoas são tão numerosas quanto aquelas que ainda não vivem de acordo com esta nova ideia. Portanto, durante um certo tempo, existem duas mentalidades diferentes, uma ao lado da outra.

Os ciclos entrecruzam-se. Podemos ver isso em toda parte. Não é como se um ciclo terminasse completamente e imediatamente outro se iniciasse. Da mesma forma, uma nova geração não toma o lugar de outra quando esta desaparece. Habitualmente, um casal tem filhos quando está entre os vinte e os quarenta anos de idade, ou seja, quando estão no meio do seu ciclo de vida. Somente quando a velha geração tem cinquenta, sessenta anos, ou ainda mais, é que a nova geração se torna o fator decisivo no mundo. Portanto, durante muito tempo duas ou mais gerações coexistem e vivem em conjunto. Aprendem uma com a outra através de interação contínua. O mesmo acontece numa escala maior. Quando os atlantes estavam no ápice da sua civilização – no seu *Kāli-Yuga* – e quando quase toda a humanidade estava nessa fase de desenvolvimento, surgiram as primeiras pessoas da subfase seguinte – a quinta –, na qual vivemos hoje. No meio de uma raça raça-raiz, a outra aparece.

Esse número de pessoas também cresce e, por fim, as sementes da nova e quinta humanidade ficam isoladas geograficamente. Agora há uma raça-raiz *sui generis* – cria a sua comunidade com o seu próprio *Swabhāva*, a sua caraterística individual. Entretanto, a antiga humanidade termina o seu caminho em números cada vez menores e separa-se da nova humanidade. A separação destas duas humanidades anda de mão em mão com as alterações geográficas, dado que estes processos estão relacionados de modo muito próximo com a vida da própria Terra, que também muda interna e externamente. Portanto, antigas massas de terra afundam e novas emergem.

A raça-raiz e o *Mahā-Yuga*

Uma raça-raiz não é exatamente o mesmo que os hindus designam por *Mahā-Yuga*. Tão logo a nova humanidade é formada, age como um grupo independente e separado, tornando-se o poder dominante na Terra; porém, ainda existirão pessoas com a velha mentalidade da quarta raça-raiz durante milhões de anos, até que a quinta raça-raiz atinja o seu *Kāli-Yuga* e as primeiras pessoas da sexta raça-raiz comecem a se desenvolver. Só aí as pessoas da quarta raça irão desaparecer.

Elas desaparecem porque os corpos já não são adequados para a consciência expandida. O mesmo acontece com as roupas. Quando somos adolescentes, com treze ou catorze anos, já não conseguimos vestir as roupas da nossa infância. Esse tempo passou e essas roupas não mais são fabricadas, enquanto as roupas que estão à venda nas lojas são cada vez mais compradas.

Dito por outras palavras: toda a humanidade gradualmente encarna em novos veículos, os novos corpos da quinta raça-raiz. Isso aconteceu porque a mentalidade mudou, mas não acontece ao mesmo tempo para todos. Cada homem ou cada grupo tem o seu próprio andamento e determina o seu processo de desenvolvimento.

Existem líderes e retardatários. É por isso que existe sempre uma diferença no desenvolvimento entre as pessoas.

Líderes e retardatários

Levanta-se a questão de como é que são possíveis tantas diferenças individuais, enquanto as leis cósmicas determi nam ainda os ciclos na Terra. Podemos comparar a totalidade da humanidade a um grupo de corredores; alguns vão à frente, existe um grande número no meio e finalmente há também os retardatários. Os líderes já são capazes de avançar para a fase seguinte da maratona (que aqui significa a quinta raça-raiz), enquanto a grande maioria não chegou ainda a essa fase.

Também podemos muito bem comparar a humanidade com uma turma de alunos. Para cada ano letivo, existe um currículo definido. Inialmente, abordam-se as frações; mais adiante – digamos que em setembro, vêm as raízes quadradas, e assim sucessivamente. Entretanto, um aluno mais rápido pode já ter começado com as raízes quadradas em agosto, enquanto outros ainda não estão preparados para isso em outubro. Ora, quando, a determinada altura, a maior parte dos alunos estiver pronta para somas complicadas e lhes seja permitido usar as calculadoras, isso também terá influência nos alunos que não estejam ainda preparados para isso.

Embora as diferentes idades também apresentem o seu próprio "material de aprendizagem", cada homem determina a sua própria jornada evolutiva. A evolução da humanidade não é um processo automático, que acontece ao mesmo ritmo para todos. O indivíduo sempre determina se ele faz uso das possibilidades que se lhe apresentam. À medida que mais pessoas escolhem novas possibilidades, a certa altura a escala sobe para uma nova fase de evolução. Então, dizemos que a humanidade está na quinta raça-raiz, porque essa nova mentalidade tornou-se o fator decisivo. Entretanto, metade da humanidade está ainda na quarta raça. Os contatos entre ambos os povos subsistem. Na verdade, a interação entre as culturas resulta em importantes lições de vida e cria uma forte atração em direção a uma nova fase evolutiva. De fato, as novas possibilidades que a nova raça traz consigo também têm a sua influência nos retardatários, tal como os melhores alunos de um determinado ano também influenciam os outros alunos.

No antigo épico da Índia, o *Rāmāyana*, existem alusões a estas duas humanidades que existiram lado a lado e que, a certa altura, estiveram em guerra uma com a outra. De um lado, estavam Rāma e os seus amigos, símbolo da nova humanidade, a quinta subfase, e do outro lado estavam os *Rākshasas*, liderados por Rāvana, também apresentados como demônios ou gigantes. Eles representam os atlantes, e em particular as gerações degeneradas.

Depois do *Kāli-Yuga*

Viver no *Kāli-Yuga* é viver dentro de uma panela de pressão. No final, a alta pressão resulta no isolamento geográfico das sementes de uma nova humanidade, enquanto a velha humanidade termina o seu percurso em números progressivamente decrescentes.

Esta nova humanidade, sendo de início uma pequena minoria, está então no seu *Satya-Yuga*: a idade de ouro e pacífica, na qual tudo acontece quatro vezes mais devagar que no *Kāli-Yuga*. Entretanto, milhões de pessoas estão ainda na fase antiga. E, pouco a pouco, mais pessoas fluem para uma nova fase, pois embora nos influenciemos mutuamente, a evolução é sempre um processo individual.

Então, vem o momento no qual ocorre uma separação definitiva entre os dois tipos de humanidade, simultaneamente com a alteração geográfica. Durante a transição da quarta para a quinta raça-raiz, foi a água que transformou a superfície da Terra; durante a transição da quinta para a sexta raça-raiz será principalmente o fogo, por meio dos vulcões e dos terremotos.

Embora só tenham passado 5.000 dos 432.000 anos da totalidade do *Kāli-Yuga*, na Europa grandes alterações irão começar depois de cerca de 16.000 anos, de acordo com a *Theosophia*. Seguramente, a separação não acontecerá de um dia para o outro, mas durante séculos. No final, grandes partes da superfície na Europa Ocidental, entre outras, irão afundar, enquanto novas terras irão emergir.

Kāli-Yuga: expectativa, esperança, desafio e progresso

Em todos estes processos, nunca devemos nos esquecer de que nós próprios somos aqueles que atravessamos estas fases. Nós próprios passamos de um estado autoinconsciente para um esta do cada vez mais autoconsciente. Em todo este processo, o *Kāli-Yuga* é indispensável. Esta nova sexta raça será de uma natureza mais nobre do que a natureza da fase em que estamos no momento. A sociedade será muito mais baseada na compreensão e na compaixão. Para chegarmos a este estado mais evoluído espiritualmente, temos de atravessar o *Kāli-Yuga*. Separamos o ouro do ferro com o calor. A pressão tem que aumentar, de modo a se atingir o espiritual.

Portanto, a nossa presente Era não precisa ser uma Idade obscura, pelo contrário, deve ser de expectativa, esperança, desafio e progresso. Somos capazes de escrever história. As oportunidades para o crescimento, para dar impulsos espirituais aos nossos semelhantes, nunca foram tão grandes como agora. Só precisamos fazer uso delas.

Rāja e *Hatha Yogas*[51]

Para a maior parte das pessoas no mundo ocidental, a prática do *yoga* é uma forma popular de exercício físico e de controle da respiração. Este sistema particular de *yoga* é conhecido como *Hatha Yoga*. Contudo, existem muitos outros sistemas de *yoga*, como o *Rāja Yoga*. Este capítulo debruça-se especialmente sobre estes dois sistemas de *yoga*, por vezes contraditórios.

Neste mundo caótico, muitas pessoas estão à procura de paz e tranquilidade em sua vida. Elas necessitam de tranquilidade mental e emocional para manterem o controle sobre a sua vida turbulenta.

Por essa razão, a prática do *yoga* tem sido popular entre os ocidentais desde há muitos anos. Em quase todas as cidades podemos fazer um curso de *yoga*. Existem milhões de pessoas que praticam *yoga*. Mas será que os instrutores destes cursos e os seus próprios alunos compreendem o propósito essencial do *yoga* e que energias todas estas disciplinas físicas podem evocar?

O que é o *yoga*?

Yoga é uma palavra sânscrita que se tornou parte do vocabulário de quase todas as línguas modernas, mas a explicação nos dicionários está, na maioria dos casos, limitada a um único sistema de *yoga*: o *Hatha Yoga*. Contudo, na antiga Índia, sempre existiu um grande número de outros sistemas de *yoga*. Na *Bhagavad-Gitā*[52]

[51] Publicado na revista *Lucifer*, nº1, fevereiro de 2013.
[52] *Bhagavad-Gitā*, Editora Teosófica. (N.E.)

– uma escritura sagrada que é muito prezada no Oriente e no Ocidente, e cujo conteúdo é quase totalmente sobre *yoga* –, são descritos vários sistemas.

Literalmente, *yoga* significa "jugo". Metaforicamente, significa disciplina, portanto praticar *yoga* significa seguir uma disciplina. Um jugo, contudo, une dois bois para funcionarem como um. É por isto que o *yoga* pode ser explicado como união. Ao praticar um tipo de disciplina, nós atingimos a união.

Na Índia antiga, a escola de *Yoga* era uma das seis escolas filosóficas ou *Darśanas*. Acredita-se que esta escola foi fundada pelo sábio Patañjali. Tal como qualquer outra escola, a escola de *Yoga* não poderia existir sem instrutores ou gurus. As pessoas tinham permissão para praticar os exercícios de *yoga* apenas sob instrução de um guru. Isto é de grande importância, pois, como já se referiu antes, existem vários sistemas de *yoga*, e apenas um verdadeiro instrutor é capaz de reconhecer o método correto para cada um dos seus alunos.

Bhagavad-Gitā: diferentes formas de *Yoga*

A *Bhagavad-Gitā* explica claramente estes vários sistemas de *yoga*. Dos dezoito capítulos, dezesseis deles lidam com os vários sistemas de *yoga* (as exceções são os capítulos um e onze). Embora as diferenças entre todas estas práticas de *yoga* sejam muito sutis para o ocidental, elas são, sem dúvida, mais do que contorção do corpo, posturas e exercícios respiratórios. Dificilmente encontraremos qualquer referência a exercício físico na *Bhagavad-Gitā*. Na antiga Índia, os caminhos do *yoga* estavam associados aos quatros tipos principais de consciência humana. Ao praticar um tipo específico de *yoga*, que corresponda ao seu estado de consciência no momento, o iogue atinge a união.

A forma mais simples de *yoga* é o *Karma Yoga*, que tem como objetivo atingir a união pela ação. Devemos agir apenas por uma questão da retidão da ação em si, e não pelo resultado. As pessoas que praticam *Karma Yoga* ficarão perto da união ao servirem altruisticamente para aliviar o sofrimento, sem terem a esperança ou expectativa de receber algo em troca.

Bhakti Yoga é a prática do *yoga* através da devoção. Embora hoje em dia, na Índia, a devoção seja direcionada para deuses antropomórficos pessoais externos ao homem, a *Bhagavad-Gitā* ensina de forma clara a concentrar a nossa devoção no nosso deus interior (representado por Krishna) e no nosso ideal espiritual. No capítulo 10, *sloka* 20, da *Gitā,* Krishna diz: "Eu sou *Ātman*, Eu sou o Ser. O meu lugar é no coração de todos os seres."

A prática do *Rāja Yoga* resulta no domínio completo de todos os poderes inatos no homem, com o objetivo de usá-los para o benefício da humanidade.

Finalmente, o *Jñāna Yoga* tem como objetivo a união pela prática da sabedoria em cada situação.

Estes quatros sistemas, por ordem consecutiva, requerem do iogue uma disciplina crescente. O *Brahmane,* o tipo mais elevado de consciência, não deve, por exemplo, praticar apenas *Jñāna Yoga*, assumindo-se que domine as outras três formas de *yoga* como pré-requisito. A forma mais elevada de *yoga* é uma combinação de todos os quatro tipos das disciplinas.

Os exercícios de *yoga* devem permear todas as atividades da nossa vida diária, incluindo os nossos deveres sociais e cívicos, que variam conforme o tipo específico da consciência de cada indivíduo. O *Yoga*, na antiga Índia, não significava apenas a execução de alguns exercícios para a obtenção de paz mental, mas estava completamente integrado à vida cotidiana.

Hierarquia do Hindustão

Se homens e mulheres cumprissem os seus deveres sociais e responsabilidades por meio da disciplina do *yoga* que correspondesse com o seu estado individual de consciência, existiria uma sociedade ideal.

Assinale-se que a qualidade da consciência individual não passa automaticamente de pais para filhos, como supõe o atual sistema de castas indiano. A ideia original deste sistema está, na verdade, ligada aos quatro tipos de consciência principais, mas ao pensarem erradamente que uma criança herda a qualidade da consciência dos seus pais, esta ideia acabou por degenerar num horrível sistema de divisão, exploração e injustiça. A verdadeira ideia, de os quatro tipos de consciência formarem a estrutura de uma sociedade justa, pode ser encontrada também na "Politeia" de Platão.

TIPO DE CONSCIÊNCIA	DISCIPLINA PARA DESENVOLVER A CONSCIÊNCIA	DEVERES
Brãhmane Sábio, sacerdote, filósofo	***Jñãna Yoga*** Prática da sabedoria	Calma, auto-controle, simplicidade, paciência, integridade, sabedoria, conhecimento, percepção espiritual
Kshatriya Guerreiro, funcionário público, gestor	***Rãja Yoga*** Controle da mente	Coragem, glória, poder, determinação, não fugir do perigo, generosidade
Vaiśya Comerciante, agricultor	***Bhakti Yoga*** Devoção, humildade	Agricultura, criação de gado e comércio
Śudra Artesão	***Karma Yoga*** Ação	Complacência

União – com o quê?

Se o propósito do *Yoga* é buscar a união por meio da prática da disciplina, a questão óbvia é: "união com o quê?" Alguém que acredita em Deus pode pensar numa união com Deus. Mas na fi losofia do *Yoga* não pode ser este o caso. Todas as antigas escolas hindus ensinam a natureza composta do homem. A consciência do homem pode ser dividida em diferentes camadas, diferentes planos, que estão interrelacionados de modo hierárquico. Cada escola tem o seu próprio sistema. Na essência, a ideia é a mesma, mas algumas escolas podem ser mais detalhadas que outras na divisão. Todas as escolas partilham a ideia de uma base e de um topo. A base é o corpo, que tem a função de veículo. O topo é a raiz da nossa consciência, fonte a partir da qual os outros princípios abaixo dela fluem para a manifestação. O objetivo do *yoga* é a união do homem pessoal – o tipo de consciência que a maioria das pessoas expressa na vida quotidiana – com aquele princípio mais elevado da sua natureza composta. Em sânscrito, esta raiz do nosso próprio eu chama-se *Ātman,* uma palavra que se pode traduzir como Eu [*Self,* no original]. Não se deve pensar neste Eu como um princípio ou fim absolutos, mas sim como um horizonte relativo para nós próprios, seres humanos. Ainda não temos a capacidade de olhar para além dele. *Ātman* é a nossa principal ligação com o ilimitado. O homem pessoal deve abrir a sua consciência interior ao ponto em que ele perceba em si próprio o aspecto *Átmico* e se torne uno com ele. Então ele compreenderá que é uma parte do ilimitado, do infinito.

Entre *Ātman,* este topo relativo, e o corpo físico, existem diferentes etapas ou graus que diferem entre si em características. Quanto mais perto está a etapa ou o grau de *Ātman,* mais intensa será a consciência da unidade de toda a vida e mais sublime será esta característica. Neste capítulo, relacionamos os seguintes graus:

CAMADAS NA CONSCIÊNCIA HUMANA	
Divino	***Ātman***
Espiritual	***Buddhi***
Mente	***Manas***
Desejo	***Kāma***
Vitalidade	***Prāna***
Astral	***Linga-Śarīra***
Físico	***Sthula-Śarīra***

Corrente de consciência

Também se pode olhar para o homem como uma corrente de consciência. Nessa corrente, o raio divino atravessa etapas, níveis ou graus de consciência, e transforma-se numa força ativa a cada nível. Conjugadas, estas forças ativas formam uma hierarquia de consciência, em que os graus de desenvolvimento mais elevados funcionam como uma comporta num canal, adequando a corrente de consciência para um grau menos desenvolvido.

Cada um destes pontos de transformação é um ser vivo com uma caraterística específica. Podemos chamá-lo de Ego (um "Eu"). Em essência, cada Ego contém as mesmas qualidades que *Ātman*, o Ego Divino, a fonte a partir da qual ele flui, da mesma forma que um raio de sol possui dentro de si tudo o que é do Sol. Portanto, todo ser humano é uma composição de diferentes forças, energias e egos. Existe uma constante interação e troca entre todas estas forças. A vida corre continuamente entre essas diferentes entidades ou "transformadores" vivos.

Comunicação através da ressonância

As trocas na corrente de consciência acontecem por intermédio de ressonância.

Cada ponto de transformação funciona como um emissor-receptor que se sintoniza com a frequência do grau de consciência ao qual pertence. Na mesma frequência de ressonância na qual transmite informação (ou energia ou consciência), ele também recebe informação. Se sintonizado, por exemplo, no plano do "desejo", também receberá nessa frequência. Comparemos com a música. Se você tocar numa corda de guitarra que se encontre afinada num certo tom, outra corda, afinada no mesmo tom, irá também vibrar ou ressoar.

Cada ego pode ser dividido em sete tons, que correspondem aos sete planos de consciência.

Em princípio, cada ser na corrente de consciência tem as mesmas qualidades disponíveis que todas as outras entidades têm. A única diferença está no número destas qualidades que já tenham sido desenvolvidas. Suponha que no Ego Pessoal a nota *Lá* seja executada, os *Lás* nos outros pontos de transformação irão ressoar e vibrar também, mesmo quando afinados numa oitava superior ou inferior. Portanto, tudo está interligado, conectado, e cada pensamento, palavra ou ação vibra através de todo o nosso ser.

Especialmente no caso da prática do *yoga*, é importante entender que isto irá causar alterações na corrente de consciência. Sintonizarmo-nos num ego irá criar uma situação onde uma determinada energia poderá ou não fluir para o corpo. Se nos focarmos num dos egos superiores, o Ego Pessoal se tornará mais acessível para os impulsos e pensamentos universais; enquanto que se nós nos concentrarmos no Ego Animal, será mais difícil captar ideias universais.[53]

---

[53] B. Voorham, *Changes to body and Mind — the composite Human Constitution*. Palestra na Conferência Internacional de Teosofia, Haia, 2010.

Rāja Yoga

Que energias estão em jogo no *Hatha* e no *Rāja Yoga*?

O *Rāja Yoga* – ou *Yoga* Real – é um sistema dirigido para purificar o pensamento (*Manas*) através da concentração no Ego Humano Superior ou Ego Espiritual. É o Ego Pessoal que pratica a disciplina. Ao dominar a sua mente, ele fica mais perto de uma união com *Ātman*, o Deus interior. A disciplina é desenvolvida pela concentração no ideal mais elevado e no controle da natureza humano-pessoal. É importante entender que é o Ego pessoal – a nossa consciência diária – que deve ser disciplinado, não os egos mais elevados. Deve-se referir que ser disciplinado não significa que os elementos inferiores devam ser suprimidos ou negligenciados. De fato, os aspectos superiores da constituição hierárquica do homem guiam estes elementos no sentido de crescerem e evoluírem.

A *Bhagavad-Gitā* nos dá a seguinte noção. Arjuna vai para a guerra numa quadriga, que é puxada por cavalos. Arjuna pôs as rédeas da quadriga nas mãos de Krishna. O simbolismo é claro. Arjuna é o Ego Pessoal que luta com a sua mente ou, por outras palavras, que quer desenvolver a parte espiritual da sua consciência. Os cavalos são as forças que emergem do Ego Animal, especialmente os desejos e sentimentos egoístas. A quadriga é o símbolo do corpo físico; e Krishna representa o Deus interior. Como interpretar isto?

Porque o Ego Pessoal (Arjuna) se volta para os seus aspectos superiores (Krishna), ele é capaz de controlar os seus aspectos inferiores, o seu Ego Animal e o seu corpo. É importante perceber que é o Ego Pessoal que pratica a disciplina. Afinal de contas, é Arjuna quem está lutando, e é Krishna quem dirige os cavalos. A consciên-

---

http://www.stichtingisis.org/symposium/wp-content/uploads/2013/01/Barend--Voorham-Changes-to-bo-dy-andmind-tbvPDF.pdf.

cia expande-se apenas através da nossa atividade e autodisciplina, permitindo que alguma coisa dos mundos divinos e espirituais seja experienciada. Submeter o corpo a uma disciplina severa, seguindo uma dieta estrita ou regras ascéticas, não irá conduzir a um vislumbre dos mundos divino-espirituais.

A mente pode apenas experienciar as esferas divinas da consciência se focada nas partes mais elevadas da sua natureza; ou seja, o Ego Pessoal deve ativar em si próprio os ideais mais nobres que possa imaginar, para que eles possam ecoar nos Egos Humano Superior, Espiritual e Divino.

Dado que os egos superiores na corrente de consciência compreendem que há interligação com os outros seres, o despertar dessas forças deve ser acompanhado por amor por todos os seres vivos. O praticante do *Rāja Yoga* precisa impregnar a sua mente com amor por todos os seres.

No segundo diagrama deste capítulo, é mencionado que o *Rāja Yoga* é destinado aos *Kshatriyas*, que se pode traduzir por funcionários públicos ou guerreiros. Num sentido mais lato e ético, este tipo de função refere-se a líderes e orientadores de pessoas. A luta que estes travam é contra a sua própria natureza inferior. As qualidades que precisam ser adquiridas nesta batalha são delineadas na *Bhagavad-Gitā* e devem ser estudadas sob esta luz. A coragem dos *Kshatriyas* é necessária para conquistar os seus interesses impessoais; a sua glória vem de uma atitude impessoal. Sabedoria é a recompensa. Além disso, devem estar determinados a olhar o mundo com uma ampla visão universal. E moderação, para resolverem problemas de um modo amigável. Uma motivação altruísta é sempre essencial para o *Rāja Yoga*. Isto significa dedicar a própria vida a ajudar e inspirar outros. Uma vida tal conduz à purificação da própria consciência, pois quando nós, de forma ativa e sem interesse próprio, tentamos ajudar e inspirar a resolução dos problemas dos outros, isto estimula também o nosso próprio desenvolvimento.

Os efeitos do *Rāja Yoga* no corpo físico

Praticar *Rāja Yoga* ativa os poderes ao nível do Ego Humano Superior e do Ego Espiritual. O Ego Espiritual desperta quando contemplamos e vivemos os nossos ideais espirituais. Tal atividade *manásica* – sob a forma de visões, inspirações ou pensamentos impessoais – estabelece o contato com o Ego Humano Superior (ver o diagrama anterior, em forma de piano).

Tal como mencionado, todos os egos estão interligados, portanto a prática do *Rāja Yoga* também afeta o Ego Animal e o corpo físico.

A expressão em latim "*Mens Sana in Corpore Sano*" – mente sã em corpo são – é um exemplo da influência benéfica da mente que o praticante do *Rāja Yoga* tem em sua condição física. Quando reina a parte espiritual, o corpo físico irá funcionar mais harmoniosamente. O corpo ressoa em harmonia com a energia que procede do Ego Humano Superior e do Ego Espiritual. O resultado é um veículo são.

Praticantes do *Hatha Yoga*

O *Hatha Yoga* não é apenas um tipo de exercício físico para manter o corpo são e em forma. A tradução literal da palavra sânscrita *hatha* mostra-nos que *Hatha Yoga* é muito mais que isso. *Hatha* deriva da palavra sânscrita *hath*, que significa "supressão". Isto implica "violência" ou "força". Portanto, ao praticar este sistema de *yoga*, o objetivo é atingir a união pela força.

A maioria das pessoas que pratica *Hatha Yoga* nos dias de hoje está à procura de paz mental e alguma tranquilidade nas suas vidas frenéticas. Elas sofrem de *stress* diário e estão à procura de um bom remédio. Encorajadas pela indústria *New Age*, pensam que o *Hatha Yoga* irá ajudá-las a melhorar a sua condição mental, emocional e física, e assim a desenvolver a espiritualidade e um sentido mais forte de equilíbrio nas suas vidas. Portanto, em geral, são pessoas com uma atitude positiva.

Técnicas de *Hatha Yoga*

O *Hatha Yoga* é um sistema que exerce uma determinada influência nas energias física e psíquica por meio de certas posturas (*Āsanas*) e exercícios respiratórios (*Prāṇāyāma*).

Existe muita literatura descrevendo o impacto das posturas na consciência. A questão é, contudo, se o Ego Físico (corpo físico), considerando a sua posição no cômputo da natureza composta do homem, pode influenciar de algum modo o Ego Humano Superior ou o Ego Espiritual. Claro que, por meio da ressonância, existe uma troca de energias de "baixo para cima", mas para induzir as energias daqueles egos superiores a fluírem para o corpo físico é necessário mais do que apenas certas posturas físicas.

O corpo físico é um instrumento que envia sinais para os egos superiores. Quanto mais um ego é desenvolvido, menos esses sinais são capazes de perturbar o equilíbrio. Uma certa dor física pode, por exemplo, irritar o Ego Pessoal, mas os Egos Espiritual e Humano Superior não são afetados por isso, embora, por ressonância, eles reconheçam o sinal.

As posturas podem mudar as energias no corpo, que podem atingir os egos superiores em alguma medida; porém, para uma efetiva influência dos egos superiores no Ego Pessoal, é necessário mais. Como iremos ver adiante, o motivo para exercitar estes *Āsanas* desempenha um papel importante. O verdadeiro significado de *Āsana* – sentar-se calmamente – é eliminar tanto quanto possível quaisquer influências pertur badoras que o corpo físico possa ter no Ego Pessoal, para que o Ego Pessoal possa se concentrar completamente nos egos superio res. Encontrar um local calmo, onde se possa relaxar o corpo, é habitualmente suficiente; uma postura específica não é importante.

Os exercícios de controle da respiração têm um efeito muito mais poderoso que as posturas corporais. O *Hatha* iogue pretende, para além de paz mental, o desenvolvimento espiritual. Entretanto, o sistema de *Hatha Yoga* que ele pratica estimula predominantemente os atributos físicos inferiores. Estes atributos estão localizados ao nível do Ego Animal e da mente inferior. O Ego Animal vive no mundo astral, um mundo invisível para os nossos sentidos físicos, mas que não é certamente um mundo espiritual. Ao praticar exercícios respiratórios, como o *Kumbhaka* e o *Rechaka,* algumas partes psíquicas pertencentes ao campo do Ego Animal são paralisadas. Alguns dos processos vitais no corpo são temporariamente paralisados, bloqueando o fluxo de certas energias *prânicas* do Ego Animal para o corpo físico e vice-versa.

A motivação para o *Hatha Yoga*

A maior parte das pessoas não se apercebe que o motivo para a prática de qualquer sistema de *yoga* determina os resultados que serão atingidos. Isto também se aplica, obviamente, ao *Hatha Yoga*. Ao praticar este sistema de *yoga,* fazemos com que a nossa consciência fique mais sensível a todo tipo de influências. Sem um motivo impessoal e altruísta, ficamos particularmente mais sensíveis a todas as influências astrais ativas no plano do Ego Animal. Alguém que pratica *Hatha Yoga* com uma motivação pessoal pode atrair todo gênero de forças perigosas. Se ele soubesse mais sobre este assunto, pensaria duas vezes antes de praticar *Hatha Yoga*.

Quando o objetivo de praticar *Hatha Yoga* é manter o corpo em forma e saudável, podem existir diferentes motivações em questão. O objetivo é buscar um corpo são de forma a ter uma vida fácil e confortável, ou para cumprir melhor os deveres na vida em benefício de toda a humanidade? A última hipótese produz um resultado diferente da primeira.

Praticar *Hatha Yoga* para o cultivo de capacidades psíquicas inclui sempre uma motivação pessoal e egoísta. Especialmente em (aparentes) assuntos espirituais, um motivo egoísta funciona contraprodutivamente, porque uma caraterística egoísta atrai influências no mundo astral com caraterísti cas similares, o que pode eventualmente conduzir a resultados desastrosos.

Os efeitos do *Hatha Yoga*

No início, o *Hatha Yoga* pode trazer ao praticante algum tipo de paz mental. Alguns pensamentos que torturam o Ego Pessoal não são mais percebidos porque a "corrente descendente" está fechada.

O *Hatha Yoga* não é isento de risco, especialmente quando se praticam os exercícios obsessivamente e quando a motivação é adquirir poderes psíquicos. Todo o "sistema energético" entre os egos inferiores e superiores pode ser perturbado, resultando em todo tipo de problemas mentais e emocionais. Pode ocorrer instabilidade emocional. O *Hatha* iogue se tornará demasiado sensível a diversas influências e será incapaz de controlar os seus pensamentos.

Doenças físicas podem também ser um resultado desta prática.[54]

Finalmente – e estas são as piores consequências –, todos os tipos de problemas psicológicos podem-se manifestar; em caso extremos, perturbações psiquiátricas graves.

A partir da perspectiva de que o homem é um ser composto, isto pode ser facilmente explicado. Os exercícios de controle respiratório perturbam os processos normais e naturais. As partes inferiores da entidade composta tornam-se mais sensíveis às influências astrais e instintivas, que são originadas a partir do Ego Animal e Pessoal. A "antena", por assim dizer, está afinada para os reinos astrais inferiores, o que permite a qualquer influência astral entrar sem controle, criando perturbações nos processos psíquicos e também causando perturbações astrais na mente inferior.

Isso explica por que estes exercícios são perigosos para a saúde física e mental.

Pode-se argumentar que os resultados do *Hatha Yoga* diferem apenas um pouco do uso de álcool e drogas. Ambos bloqueiam alguns aspectos das correntes de consciência fluindo dos egos superiores para os inferiores, enquanto, por outro lado, as portas para os egos inferiores, especialmente o Ego Animal, ficam abertas de um modo incontrolável. Quando o *Hatha Yoga* conduz a um comportamento predominantemente passivo, é mais que provável que os fluxos vitais estejam bloqueados: eles não conseguem mais se manifestar. Quando surge todo tipo de novos "sentimentos", provavelmente uma restrição natural foi levantada. De fato, esses sen-

---

[54] Em um artigo do *The New York Times Magazine,* William J. Broad faz um resumo das lesões físicas causadas pelo *Hatha Yoga*. Consultado em 29 de agosto de 2012. (http://www.nytimes.com/2012/01/08/magazine/how-yoga-can-wreck-yourbody.html)

timentos e impressões não são novos. Eles já existiam no plano de consciência animal, mas estavam ocultos ou mantidos sob controle pelo Ego Pessoal.

Em alguns casos, pela prática do *Hatha Yoga* e de um estilo de vida físico estrito e ascético, as pessoas podem adquirir alguns poderes, que agora se designam por paranormais. Isto é provocado por uma sensibilidade crescente dos Egos Animal e Pessoal, que subsequentemente são abertos para receber certas influências.

Para garantir que estas influências sejam puras e espirituais, a mente deve ser impessoal e altruísta, com uma visão universal e uma motivação compassiva.

Se não for esse o caso, o *Hatha* iogue irá desenvolver apenas um poder limitado de penetrar conscientemente no plano astral com uma eficácia limitada. Não obstante possam estes poderes parecer interessantes, eles são transitórios e desaparecem com a morte.

Considerando os perigos envolvidos, podemos reconsiderar se aspirar a estes poderes é uma atividade que vale a pena.

Hatha Yoga: um remédio em casos raros

Podemos nos perguntar por que o *Hatha Yoga* cresceu de forma tão popular, apesar dos sérios perigos envolvidos. Quer no Ocidente, quer na Índia, o número de pessoas praticando *Hatha Yoga* ultrapassa de longe os que praticam *Rāja Yoga*. Existem também escolas que afirmam ensinar *Rāja Yoga*, mas na verdade elas apenas praticam uma variante do *Hatha Yoga*.

Uma explicação pode ser o fato de as pessoas presentemente serem mais atraídas pelos fenômenos sensacionalistas e procurarem a excitação e a alegria, em detrimento de seguirem de forma séria os preceitos éticos e senso comum que são parte do sistema *Rāja Yoga*. As pessoas querem resultados rápidos, embora seja uma ilusão pensar que, por meio de um truque de magia, a consciência possa ser expandida. Esta ideia vem dos anos 60 do último sécu lo, e embora se tenha provado errada muitas vezes, as pessoas ainda acreditam nisso.

Isto conduz à questão de como um sistema perigoso como o *Hatha Yoga* apareceu. A resposta a esta pergunta leva-nos ao passado longínquo quando os *Rāja* iogues ainda ensinavam as pessoas de modo mais ou menos aberto. Cada guru tinha os seus próprios *chelas* que praticavam os ensinamentos. Muito ocasionalmente, um *chela* podia sofrer de problemas físicos ou psíquicos, o que prejudicava o seu crescimento espiritual. Nessas situações, o Instrutor prescrevia algumas práticas de *Hatha Yoga*, tal como um médico prescreveria a um paciente um determinado remédio. Estes eram exercícios específicos prescritos por um Mestre, dirigidos a um aluno específico e praticados sob a sua supervisão. E a motivação do *chela* era, obviamente, altruísta, caso contrário um Mestre nunca o teria aceitado como seu aluno. Apenas naquelas circunstâncias as práticas mencionadas poderiam ser benéficas e remover alguns obstáculos no processo de crescimento.

Infelizmente, quando a autoridade dos *Rāja* iogues diminuiu, as noções do *Hatha Yoga* acabaram nas mãos de pessoas menos sábias, que pensavam que os exercícios seriam benéficos para todo mundo. Mas quem iria a uma farmácia para pedir um grama de um remédio? Isto é o que acontece exatamente quando um estudante ignorante pede a um instrutor ignorante para lhe ensinar alguns exercícios de *Hatha Yoga*.

O caminho seguro

Como mencionado anteriormente, existe uma relação entre a popularidade do *Hatha Yoga* e os pensamentos e sentimentos turbulentos dos quais sofre muita gente hoje em dia. É um sinal encorajador que estas pessoas não desistam por desespero, mas que tentem ativamente fazer alguma coisa em relação aos seus problemas.

Na nossa opinião, seria melhor se elas olhassem primeiro para as causas de sua inquietação e *stress*. Elas descobririam que estes sentimentos e pensamentos são sempre o resultado de uma visão pessoal limitada delas próprias e do mundo do qual fazem parte. Quando uma pessoa se identifica completamente com o Ego Pessoal e vive na ilusão de que está separada de uma grande corrente de vida, haverá sempre turbulência, porque a separa ção não existe. Portanto, se vivermos isolados, pensando que não somos responsáveis pelos outros, poderemos esperar uma reação natural. A causa principal da nossa inquietação reside na visão pessoal do mundo em que vivemos e de nós próprios. Todo desejo egoísta – incluindo um desejo pela calma interior – carrega em si próprio a semente da inquietação.

Por essa razão, seria muito melhor dedicar a personalidade ao serviço de todos. Este é o princípio do *Rāja Yoga*. Nesse caminho, o estudante pode às vezes cair e ter sentimentos de decepção, mas saber que ele é parte da onda de consciência sublime o fará esquecer do desapontamento e de cada movimento em falso, inspirando-o sempre a seguir em frente. Este Caminho Real é, portanto, o caminho seguro para a união com o Eu, um caminho que todos podem percorrer.

O Segredo da Felicidade

Não espere que esse capítulo seja como uma panaceia, um tipo de feitiço, uma técnica de meditação, ou qualquer outra coisa que possa fazê-lo feliz. Porque ninguém pode realmente fazer você feliz.

Jovens amantes costumam dizer, "se eu conquistar você, serei perfeitamente feliz"; mas muitos se separam. Então, a felicidade provavelmente foi de curta duração.

Cada pessoa tem uma ideia sobre o que possa ser felicidade. Alguns consideram a felicidade como uma reviravolta positiva do destino: sorte na loteria ou algo assim. Ou como uma emoção: um sentimento feliz. E o que geralmente é entendido por felicidade é algo que preferimos chamar de prazer.

Felicidade e prazer

Felicidade, como a entendemos, é um estado elevado de consciência que se encontra dentro de você. Não há nada fora de você que possa fazê-lo feliz.

Essa é a tristeza da sociedade, o sofrimento da humani dade: pensar que pode haver algo externo para nos fazer felizes. Por que tantas pessoas pensam que quando as circunstâncias externas mudarem, quando tiverem outro emprego, uma casa nova, quando tiverem as férias do sonho, elas serão felizes?

Estas são as perguntas que temos que nos fazer primeiro, antes que possamos resolver o segredo da felicidade.

Nós, efetivamente, não sabemos o que é felicidade; e apesar de todos querermos ser felizes, tenho a impressão de que, em geral, o que é entendido por felicidade poderia ser mais bem indicado com outra palavra: prazer. O prazer parece ser o mais importante da vida.

Agora, algo muito estranho está acontecendo em relação ao prazer. Você somente pode desfrutar de algo se, ao mesmo tempo, sofrer. Então você só pode sentir prazer se tiver dor também. Você sente dor e prazer simultaneamente.

Platão explica essa afirmação paradoxal em um de seus diálogos.[55] Em seu bem conhecido diálogo de perguntas e respostas – em que Sócrates sempre faz as perguntas –, ele raciocina da seguinte maneira: toda necessidade e todo desejo é algo penoso, algo que dói. Se está com sede ou com fome, você sofre. A sede é um tormento. Matar sua sede ou sua fome, ou satisfazer qualquer outra necessidade ou desejo, é agradável. Se você está com sede, é bom beber. Você então desfruta de uma bebida. Por que você está gostando da sua bebida? Porque o tormento – a sede – desaparece. Se não tem muita sede e o tormento não é assim tão grande, você desfruta menos de um copo de água do que quando está com muita sede. Isso é tudo muito lógico.

Mas nós não percebemos que essa dor e esse prazer ocorrem simultaneamente. Desfrutar desse copo d'água corre paralelo ao tormento da sede. Quando a sede acaba, beber água não é mais um prazer. Se você tiver um estômago cheio, comer é até um tormento, mesmo que seja uma refeição deliciosa.

É por isso que Platão conclui: para cada um de nós, o momento em que a sede, ou qualquer outra necessidade e desejo, termina coincide com aquele em que você deixa de gostar de beber. Em outras palavras: você só pode desfrutar se estiver ao mesmo tempo sofrendo. Toda vez que você sofre, anseia por felicidade, e se você

---

[55] Platão, *Górgias*.

deseja, você sofre. Então, quando seus colegas lhe dizem, na tarde de sexta-feira, "aproveite seu final de semana", no fundo eles desejam que você sofra também.

Se você extrapolar esta verdade simples para o seu país, ou para a sociedade, ou para toda a comunidade mundial, e ver o tremendo sofrimento no mundo, a conclusão é óbvia: esse sofrimento é verdadeiramente causado por desejos, pelo fato de existirem muitas pessoas necessitadas, muitas pessoas com sede – e não apenas sede física, mas também sede de poder, sede de prosperidade, de riqueza, sede de respeito, sede de saúde. Até pessoas saudáveis estão preocupadas com a possibilidade de que sua saúde desapareça.

Deveríamos nos perguntar quanto da nossa energia, da nossa vitalidade, do nosso poder de ação e do nosso pensamento se destina a extinguir todas essas diversas sedes, tantos desejos diferentes, e então descobriríamos quanto sofrimento e tristeza a satisfação desses desejos traz.

Se não houvesse desejos, não haveria guerra. Posso lhe garantir.

Em suma, o segredo da felicidade não está na satisfação dos desejos. De fato, quanto mais o desejo é satisfeito, maior a dor. É o mesmo que beber água do mar: quanto mais você bebe, maior a sede e, portanto, maior o sofrimento.

Aliás, nem todos os desejos são ruins, como vamos tentar esclarecer mais adiante. Em verdade, sem esses desejos, nunca conheceremos a felicidade real e duradoura.

Felicidade e tristeza estão relacionadas uma com a outra

Essa felicidade, no entanto, é diferente do que é geralmente entendido por felicidade e que acabamos de chamar de prazer. Logo, não deve ser surpreendente que Platão, no *Górgias,* também faça uma distinção entre "curtir" ou desfrutar e *bem-aventurança* ou *beatitude*, que pode se traduzir como felicidade espiritual.

Não estamos falando de jogos de palavras, mas tentando lhe dar uma dica para entender as ideias. Ambas as palavras, prazer e bem-aventurança, expressam um estado de consciência: o prazer tem tudo a ver com o estado de consciência que vem do desejo, da luxúria; enquanto que a bem-aventurança é uma situação completamente diferente, um estado de consciência que podemos descrever como uma condição na qual você percebe que há Unidade na vida, um estado que os místicos experimentam e que em sânscrito é chamado de *Ātman*.

O que geralmente é entendido por felicidade é uma certa condição que existe apenas por causa do oposto: sofrimento. Ganhar uma partida de futebol, por exemplo, é para os fãs daquele clube uma alegria, enquanto a mesma partida para os tor cedores do outro clube é motivo de tristeza.

Esse tipo de felicidade é um estado relativo que, assim, só existe dentro de um par de opostos. Se não houvesse derrota no futebol, não haveria também vitória. Podemos perguntar: os torcedores poderiam ficar felizes com uma vitória se não soubessem que haveria também a possibilidade de derrota?

Felicidade e tristeza estão, portanto, relacionadas uma com a outra. Se não houvesse tristeza, não haveria felicidade. É o mesmo com os conceitos de bem e mal, ou com qualquer outro par de opostos. Se não houvesse mal, não haveria bem. Um Bem absoluto ou um Mal absoluto – a ideia de Deus e Diabo – certamente não é algo que a Teosofia ensina. Todas essas coisas são relativas.

Se você faz da felicidade e da infelicidade um conceito absoluto, obtém imagens ilusórias, como um céu perpétuo e um inferno perpétuo. Sempre me perguntei como pode existir um céu perpétuo, com uma bem-aventurança abrangente se também há dor e sofrimento eternos no inferno. Imagine: você está em um estado supremo de felicidade enquanto sabe que existem pessoas – talvez sua família ou vizinhos – que queimam no inferno. Nesse instante, sua felicidade é imediatamente eliminada, não é? Nós não falaremos sobre essa felicidade ou prazer externo – prazer que existe graças ao sofrimento. Vamos falar precisamente desse estado de consciência que se eleva acima dos pares de opostos, acima de dor e prazer.

Realidade e ilusão

Nas diferentes religiões, encontramos o conselho para que nos elevemos acima dos pares de opostos. No budismo, uma das *Pāramitās* – as virtudes elevadas – é *Virāga,* indiferença ao prazer e à dor. E por que temos que ser indiferentes a isso? Porque assim a ilusão é superada e chegamos a um estado de verdade.

Compreender o que são ilusão e realidade é uma das chaves mais importantes para se alcançar a felicidade duradoura. É por isso que devemos ter uma visão clara sobre o que é ilusão e o que é realidade.

Muita gente acha que ilusão significa alguma coisa não existe. Há escolas filosóficas que assumem isso. São os chamados idealistas absolutos. Eles dizem, por exemplo, que nosso mundo, este mundo sensorialmente perceptível, o mundo fenomenal, não existe. Não acho que essa seja realmente uma posição sustentável, porque como poderíamos ganhar experiência e crescer em consciência se este mundo fenomenal não existisse?

Nós também afirmamos que o mundo fenomenal é ilusório, porém não assumimos o idealismo absoluto, mas o idealismo objetivo. Vou tentar lhe explicar o que entendo por isso.

Consideremos o conceito de ilusão como no Oriente, onde o termo *Māyā* é usado. *Māyā* significa ilusão. Esta palavra sânscrita é derivada de *Mā* = medir. Significa, portanto, literalmente: o que pode ser medido. Então, tudo o que tem forma, e que por isso pode ser medido, é ilusório; não no sentido de que não existe, mas no sentido de que possui uma forma, e, portanto, é temporário, é passageiro. Não dura para sempre.

"Vaidade das vaidades; tudo é vaidade", de acordo com o livro *Eclesiastes,* da Bíblia. Tudo é uma ilusão. Tem um começo e, consequentemente, um fim.

Por isso na felicidade – ou melhor, no prazer – já cabe a tristeza. É como o poeta Vinicius de Morais escreveu:

A felicidade é como a pluma
Que o vento vai levando pelo ar .
Voa tão leve,
Mas tem vida breve.
Precisa que haja vento sem parar.

Todas as alegrias, a alegria da vitória, a alegria do primeiro dia do namoro, a alegria do aumento de salário, passam.

Mas o oposto também é verdade: a tristeza de uma partida perdida, o sofrimento por uma derrota são ilusórios também.

Assim, toda a vida do homem na Terra é um grande *Māyā*: afinal, nascemos, vivemos um tempo e morremos. É tudo vaida de. Tudo vai perecer.

Agora você poderia dizer: tudo é ilusão, nunca haverá felicidade duradoura. No entanto, isso não é o que afirmamos. Pelo contrário: o fato de que tudo é *Māyā* deve ser uma causa de questionamento.

Por que tudo é ilusão? Temos que ver o mundo como se o estivéssemos olhando-o pela primeira vez. Mantendo uma mente aberta.

O conceito de *Māyā*, como nós o vemos, só pode ser bem entendido se você envolver a ideia de idealismo objetivo. Com isto queremos dizer que algo é verdade ou real para alguém se ele lhe atribuir verdade ou realidade. Assim, para a criança Papai Noel é um fato, porque ela dá ao homem com aquela longa barba branca o *status* de verdade, o *status* de realidade, o *status* de um bom santo que dá presentes para as crianças. Para o nacionalista, seu país é o melhor, porque ele se identifica perfeitamente com ele.

O que acontece, realmente, é que atribuímos uma certa verdade a alguma coisa. No entanto, se você olhar de um ponto de vista mais claro, verá que não é bem assim.

Nós nos identificamos com algo, acreditamos que é verdade e lhe damos um certo valor, mas pode ser outra coisa.

Podemos ilustrar isso com a história bem conhecida dos *Vedas*, a da Serpente e uma corda. No crepúsculo, um homem volta para casa. Ele é surpreendido por uma cobra. Mas, ao olhar mais de perto, ele vê que não é uma cobra, mas uma corda enrolada. Seu medo, no entanto, foi tão real quanto se fosse uma cobra de verdade. Da mesma maneira, milhões de pessoas estão inclinadas a conceder realidade ao mundo fenomenal.

Por exemplo, observe o valor que as pessoas atribuem ao dinheiro. É só papel. Ou, às vezes, nem isso. São apenas alguns números num computador. Porém, frequentemente, a felicidade de uma nação inteira depende dele, e inúmeros humanos estão dispostos a fazer muito, se não tudo, por dinheiro.

As pessoas acreditam que esse mundo fenomenal é real, ao passo que ele é uma ilusão, porque vem e vai, não é algo que existe em si mesmo. Existe, mas exatamente como uma sombra existe, porque algo mais funciona ou opera através dele.

Ponto de partida espiritualista

O que significa dizer que tudo é ilusão?

Se refletir sobre esse assunto, pense muito profundamente que ilusão significa que existe algo por trás dessa forma, por trás desse *Māyā*. Por trás do fenômeno temporário que vem e vai, deve haver outra coisa. Este é o chamado ponto de partida espiritualista.

Se você der um passeio numa floresta no outono, pelo menos na Europa, especialmente quando tiver chovido na noite anterior, verá todos os tipos de cogumelos. Esses cogumelos são ilusões. Claro que eles existem, mas são apenas o produto externo de toda uma rede de fios fúngicos, que os biólogos chamam de hifas. Cogumelos são apenas uma parte muito pequena dessas hifas; a maior parte está debaixo do solo, e é invisível para o caminhante. O que queremos dizer é que há algo por trás desse cogumelo, algo que é, na verdade, o mesmo, mas que pode ser chamado de origem, a fonte desse cogumelo. E o que está por trás do cogumelo, de fato, é muito mais duradouro e por isso mais real.

Esse cogumelo só existe alguns dias, a rede, o entrelaçamento, por trás dele, vive por muito mais tempo, é muito mais durável. De maneira idêntica, por trás da manifestação humana, por trás da sua e da minha vida, mas também da vida de um animal, de uma planta – sim, até de uma célula ou de um átomo – e, se olharmos para o Universo, de um planeta e de um sol, há também uma rede, um entrelaçamento, uma força. Geralmente chamamos essa força de consciência.

Mas atenção, esta força ou poder não é essencialmente diferente do que sua manifestação, assim como esse cogumelo não é essencialmente diferente da rede fúngica por trás dele. Só que a aparência externa é um *Māyā*, que vem, vive por algum tempo – alguns dias, no caso de um cogumelo, e cerca de 80, 90, 100 anos no caso de um ser humano – e depois desaparece, retira-se para essa rede que está por trás e que costumamos chamar de consciência.

Podemos estender essa comparação entre humanos e cogumelos.

Ao olhar para diferentes cogumelos, muita gente não sabe que são tipos diferentes da mesma rede de fungos; que existe uma unidade subjacente.

Agora, imagine que um daqueles cogumelos quer ser feliz. Será que ele pode ter sucesso se não levar em conta os outros cogumelos, que são também uma parte dele, que pertencem à mesma rede?

Se há consciência por trás do ser humano, se uma pessoa é nada mais que um fenômeno dessa consciência, e se essa pessoa quer ser feliz, será que isto é possível se ela se posicionar como um ser isolado?

Será que ela pode ser feliz se não perceber que é uma fruta ilusória, por assim dizer, de uma rede permanente de consciência, à qual milhões de outras pessoas também pertencem, a que em realidade todos os fenômenos pertencem?

É nessa Unidade que se encontra o segredo da felicidade. Felicidade individual, felicidade pessoal, nunca dura muito, porque é ilusória, tem um começo e um fim. Esforçar-se para esta felicidade – esse prazer a que Platão se referiu – é o mesmo que construir uma casa no gelo do inverno. A primavera vem e o gelo derrete, e sua felicidade desaparece na água.

Portanto, temos que procurar essa unidade, ou melhor, temos que nos tornar conscientes dessa unidade. Precisamos trabalhar para isso.

Você não vai ganhar felicidade de graça, tem que ir em frente, tem que trabalhar para conquistá-la. Devemos tentar perceber que somos essa unidade.

Trabalhar com a Natureza

Agora, como uma espécie de *intermezzo,* gostaria de mencionar um provérbio persa:

> Quem quer ser feliz por um dia deveria se casar. Quer ser feliz por um ano? Leia um bom livro. Quer ser feliz por toda a sua vida? Torne-se um jardineiro.

Este provérbio só pode ser explicado se assumir a composição do homem.

Em vários sistemas religiosos, a consciência humana está dividida em diferentes aspectos. A Bíblia diz que o homem é espírito, alma e corpo. A Cabala fala sobre quatro aspectos. Na Teosofia, costumamos dividir a consciência humana em sete aspectos. Todos esses formatos estão corretos. Um dá mais nuance a detalhes do que o outro.

Os aspectos de consciência que se concentram no mundo material nunca lhe dão uma felicidade duradoura. Afinal, eles se identificam com *Māyā,* ilusão.

Mas no homem também há aspectos que ultrapassam essa temporalidade e se identificam com a parte permanente do homem.

Se você se identifica com a parte espiritual, pode conhecer a verdadeira felicidade, a bem-aventurança. O que isso tem a ver com o provérbio persa?

O casamento, neste provérbio, é um símbolo do desejo, e especialmente o desejo por coisas materiais. Os desejos, no entanto, nunca se satisfazem, apenas chamam por novos desejos.

O livro é o símbolo do intelecto. O intelecto – ler um livro – lhe dá uma felicidade mais duradoura, porque você se eleva acima dos desejos meramente pessoais. Mas o intelectual ainda não é capaz de ver as maiores conexões, a conexão inseparável entre todos os seres. Analisa, separa as coisas, ao invés de ver a conexão. Contudo, o intelecto é um aspecto superpessoal, porque um verdadeiro intelectual nunca vive e trabalha para o seu eu pessoal. O "ego" não é importante para ele. Ele usa seu intelecto por causa da curiosidade científica ou algo assim. Então, ele está feliz por um ano.

Porém, se você realmente quer ser feliz, uma felicidade duradoura, tem que se tornar um jardineiro, ou seja, deve trabalhar com a Natureza. E somente trabalhando com a Natureza você será feliz.

O que é a Natureza? É somente as árvores, as plantas e os animais? Bem, sem dúvida eles pertencem a ela, mas Natureza (com "N" maiúsculo) é certamente mais. A palavra "natureza" vem do latim *natura,* futuro do verbo *nasci,* que significa: "o que nascerá", ou "o que virá à vida".

Para dizê-lo em termos do cogumelo e do fungo subjacente, as hifas: a Natureza não é apenas a fruta, o fenômeno, o cogumelo, mas igualmente e especialmente a rede de consciência que funciona por trás ou por meio dele, e de onde *nasce* o mundo dos fenômenos. Pode chamá-la de energia, se quiser. Força, consciência, vibração, vida, dê o nome que quiser.

É a essa Natureza que Spinoza, o grande filósofo judeu-holandês, chamou Deus, mas o deus panteísta: o poder divino que permeia tudo.

Torne-se um jardineiro, viva na unidade da Natureza, e você será feliz por toda a sua vida. Saiba que você faz parte da Natureza. Trabalhe junto com a Natureza, com as leis da Natureza, e nunca será frustrado pela Natureza.

Karma

Se você se separar da Natureza, as consequências irão tirar sua felicidade. Afinal, existe a lei do *Karma*, a lei de causa e efeito. Se você trabalhar contra a Natureza, exigir mais do que você realmente merece, viver à custa dos outros, terá que experimen tar o que significa quando os outros vivem à sua custa, quando a Natureza reagir aos seus atos egoístas.

Muitas vezes, o *karma* é entendido apenas em seu aspecto de restauração do equilíbrio. Os antigos gregos simbolizavam esse aspecto do *karma* com a divindade Nêmesis. Nêmesis é a deusa cruel da vingança justificada, que punia pessoas que haviam violado a ética.

Mas isso é mitologia, é uma imagem. O *karma* não castiga nem recompensa. É o próprio homem quem se castiga ou se recompensa. O *karma* só pode funcionar por causa da unidade da vida. Se não houvesse unidade, nenhuma consequência poderia seguir as ações. Veja todo o processo do *karma* ao atirar uma pedra em um lago.

Isso produz ondas que perturbam a tranquilidade da água. Todas as partículas da água começam a se mover do ponto onde aquela pedra atingiu a água, o que afeta todas as moléculas de água desse lago. Essa influência dura enquanto a força por trás dela estiver funcionando.

De maneira idêntica, toda ação perturba a harmonia do Universo. Cada uma dessas perturbações parte de um ponto determinado. Assim, o equilibro e a harmonia só poderão ser restabelecidos quando as forças postas em movimento voltarem para aquele mesmo ponto em que a ação foi executada.

Toda a Natureza é como um oceano de vida, onde tudo está ligado, onde tudo funciona em conjunto. Imagine que você se ache separado do todo, o que resulta em pensamentos e ações egoístas, em estar trabalhando contra a Natureza. Daí a Natureza atua de volta. Você obtém as consequências de seus pensamentos e ações, que serão experimentadas como sofrimento.

Deixe-me dar um exemplo: imagine um homem que só vive para seus prazeres. Ele come demais e bebe muito álcool. Então, claro, não é de surpreender que ele fique doente.

Não vemos o mesmo no mundo? Não tratamos a Terra egoisticamente, tornando-a doente? Você não acha que haverá uma reação? E a reação trará felicidade ou tristeza?

Veja as formas absurdas de nacionalismo. Em todos os lugares os países fecham suas fronteiras com muros físicos e mentais. Na Europa, fizemos acordos com ditadores para que eles construíssem campos de refugiados o mais longe possível da nossa própria fronteira, de modo que haja a menor chance de os refugiados chegarem até nós.

Karma significa causa e efeito. Nós seremos confrontados com as consequências de nossas ações, talvez nesta vida, ou talvez na próxima.

Se cooperarmos com a Natureza, surgirá uma situação completamente diferente.

Ajude a Natureza e trabalhe com ela; e a Natureza te considerará como uma de suas criadoras e fará reverência.[56]

A única maneira de alcançar a felicidade é se amalgamando com a grande Mãe Natureza. Deixe a sua própria natureza entrar na Natureza, deixe o seu *eu* inferior ser penetrado pelo Eu Superior, deixe sua personalidade se tornar suprapessoal. Isso só pode ser feito se você afinar seu comportamento individual com os poderes espirituais da vida, com a unidade que está por trás de tudo. Em linguagem diária, isso consiste em levar uma vida virtuosa, uma vida ética, em que você não vive tanto para seus próprios interesses, mas pelo bem-estar de todos.

Unidade

É claro que também precisamos conhecer a Natureza.

Nós temos que estudar constantemente, e com isso não quero dizer que temos que ler todos os livros que existem, estudar *A Doutrina Secreta* de H.P. Blavatsky – embora isto seja uma grande ajuda –, mas quero dizer que temos que refletir, pensar, meditar calmamente sobre as leis da Natureza. As leis da Natureza são os padrões de hábitos universalmente aplicáveis.

A ciclicidade é um desses padrões, uma dessas leis. É o ritmo bem conhecido de dormir e acordar, de fluxo e refluxo, de vida e morte, nascer, morrer em renascer. *Karma*, acabamos de falar sobre isso, é outra lei, outro padrão. A interconectividade de todas as vidas, o crescimento progressivo de toda a consciência são outros padrões, que devemos aprender a reconhecer e depois aprender a aplicá-los em nossas próprias vidas.

[56] H.P. Blavatsky, *A Voz do Silêncio*, Editora Teosófica. (N.E.)

Não devemos aceitar essas leis como dogmas, mas, com mente aberta, considerá-las como hipóteses. Você terá que pensar nelas de forma independente e ver ativamente se você pode descobrir a verdade delas. O caminho para a felicidade é um trabalho duro.

A Teosofia reconhece 7 leis principais, que chamamos as Sete Joias da Sabedoria. Seria bom formar uma imagem dessas leis, uma filosofia, uma filosofia de vida, não construída de dog mas nos quais você tem que acreditar, mas que você conquistou graças aos seus próprios esforços. A filosofia de vida dá respostas satisfatórias para as questões essenciais da vida, tais como: qual é o significado da vida?

A lei mais importante – a LEI das Leis – é a unidade da vida. Por que existe unidade? Agora estamos nos aproximando do núcleo da felicidade. Eis aqui onde está realmente o segredo.

A fundação de tudo, de todas as expressões da vida, é o espaço ilimitado, estendendo-se em todas as direções e em todas as eternidades como um oceano sem limites ou SER, um Oceano que é, que está sendo. Cada ser, cada átomo, sim, cada partícula de um átomo, até a grandiosa Via Láctea, ou um aglomerado de galáxias, tudo é uma parte inseparável deste espaço inconcebível, deste OCEANO do SER. É incompreensível, é impossível entender, mesmo para o mais sábio ser humano.

Naquele infinito, naquela ilimitabilidade, surge um círculo, um ponto: o começo de um cosmos. Este UM-EM-TUDO é a fonte de todo ser vivo no Universo.

Deuses, divindades, seres humanos, animais, plantas, são todos os raios, as emanações, do UM-EM-TUDO, esse Topo da hierarquia.

Esse Topo não é o deus onipotente e criativo das igrejas, pois não pode criar, porque já possui tudo que pertence ao Universo.

Todos os seres fluem dele. Somos todos emanações desse Topo, dessa Deidade, o Logos, o Verbo, como os gnósticos costumavam chamá-lo. Portanto, carregamos em nós todas as possibilidades e qualidades que o Logos também possui. Estamos, por isso, relacionados a qualquer outra entidade viva, porque elas também emanaram daquela divindade. Os primeiros versos do Evangelho de João são estes:

> No princípio era o Verbo, e o Verbo estava com Deus e o Verbo era Deus. Todas as coisas foram feitas por ele e sem ele nada do que foi feito se fez.

Isso é pura sabedoria esotérica. O UM-EM-TUDO, o Logos, o Verbo, é a nossa fonte, o fundamento primordial comum de todos os seres. Compare com os raios do sol. Todo ser é um raio do Logos e é, assim, em seu núcleo, o próprio Logos.

Uma árvore com suas raízes no ar

Deste Topo cresce, como uma árvore cresce de uma raiz, a árvore inteira do Universo: a hierarquia da vida, em que todo *ser vivo* é um ramo, de onde outros ramos – outros seres vivos – se originam.

Os antigos imaginavam o Universo como uma árvore com suas raízes no ar. Da raiz invisível – o Uno – o tronco flui; daí vêm os grandes ramos – os deuses, ou os arcanjos, ou como quiser chamá-los; os humanos vieram deles; depois animais, plantas, minerais; todo o Universo, até o menor átomo, flue dele e compõe essa árvore universal.

É assim que a grande hierarquia da vida se manifesta, e todo ser vivo em si é também uma hierarquia, consistindo de uma parte espiritual divina e de um veículo ou parte material.

Portanto, existem hierarquias dentro de hierarquias. E todas elas trabalham juntas. Juntas formam o crescimento, as emanações do UNO, da Deidade exaltada, o Topo da hierarquia universal.

Todo o Topo se sacrifica, em certo aspecto, por tudo que flui dele.

Todo o Topo espera e espera, desiste do seu próprio progresso, de modo que os outros seres que fluem dele sejam capazes de atingir o seu nível.

Ele é a grande inspiração, o exemplo, o objetivo do esforço dos peregrinos, o ponto feliz com o qual todas as consciências, afinal, se fundirão. Como é linda essa imagem!

Não é muito mais elevado e muito mais bonito do que a ideia de que um deus nos criou, e de que nossa felicidade ou infelicidade depende da graça de deus, que pode nos castigar ou recompensar?!

E essa imagem de um cosmos vivo, de onde todos os seres emanam, não é muito mais bonita – satisfazendo nossas intuições mais profundas – do que a ideia materialista de que somos apenas uma coleção de átomos, de que somos um corpo e nada mais?

Quando entendermos algo dessa hierarquia da vida, veremos em cada homem ou mulher um companheiro peregrino, um ser basicamente divino, que, como nós, às vezes caindo e se levantando, está tentando trilhar o seu caminho para a felicidade. Vamos ver esse esforço até em animais.

Esta é uma das grandes leis universais, que chamamos evolução progressiva; o que significa que todo ser, no período em que está manifestado, baseado em seu próprio *karma* e retornando ciclicamente, desenvolve mais e mais consciência, sempre percebendo uma maior consciência da unidade da vida, até atingir os limites daquilo que o reino humano tem a oferecer, para então se tornar ser humano divino. Que futuro sublime! Toda religião – cristianismo, islamismo, budismo, hinduísmo, etc. – clama por nosso retorno a essa divindade, da qual fluímos. "Voltaremos a Allah" – podemos ler em vários *Suras* (capítulos) do Alcorão. E o hinduísmo e o budismo ensinam que seremos finalmente imersos no UNO, que os budistas chamam de *Nirvāna*. Seremos libertados de nossos elementos inferiores e perceberemos a unidade. Os hindus falam de *Moksha*: é a mesma ideia. Só então, quando estivermos livres de todos esses elementos inferiores, percebendo a unidade, e quando não estivermos mais impedidos e distraídos pelos aspectos inferiores de nossa consciência, é que sentiremos que a felicidade duradoura existe, livre dos aspectos pessoais.

Peregrinação obrigatória

Você pode se perguntar: por que tivemos que deixar esse estado de unidade? Por que tivemos que descer na hierarquia da vida e cair no mundo material? Não poderíamos ter ficado "lá"? Pois, assim, não teríamos que lidar com tanta miséria e sofrimento, com toda essa luta e tentação.

A resposta se acha na lei da evolução progressiva, na peregrinação obrigatória, como é chamada. Essa peregrinação obrigatória não significa que existe um deus ou outra força fora do homem, que diz: "Você deve ir em peregrinação." Não, devido aos ciclos anteriores, devido ao próprio *karma* – sementes *kármicas* semeadas que se manifestam em efeitos –, você mesmo se predestinou a descer de novo à manifestação. Se você faz certas coisas hoje, amanhã você é confrontado com as consequências de seus atos, com as quais você terá que lidar.

Essa peregrinação envolve, primeiro de tudo, a necessidade de você desenvolver certos instrumentos novamente, certos veículos, corpos, em que você possa se manifestar e com os quais você pode ganhar experiência novamente. Compare isso com uma pessoa que nasce de novo, que reencarna depois do descanso da morte. Então, esse ser já viveu, já atingiu um certo nível de desenvolvimento na outra vida. Ele deve, no entanto, tomar novamente um corpo. Ele começa de novo como um bebê, deve aprender a andar, falar, escrever e ler, até atingir o nível em que estava na vida anterior.

Assim, os seres que se originam do Uno devem desenvolver certos veículos novamente. Têm que descer à matéria novamente e recomeçar de novo.

Ou seja: há primeiro uma evolução física. Os diferentes corpos, devem ser desenvolvidos novamente, senão o lado espiritual não pode se desenvolver. Esse lado espiritual precisa de um veículo, de um instrumento, a fim de ganhar experiência.

E quando aprendermos o suficiente, depois muitas e muitas vidas, e ativarmos todos esses aspectos espirituais dentro de nós, pelo quais controlaremos os aspectos inferiores, retornaremos à Divindade. Seremos UM com a unidade, de onde viemos, mas então enriquecidos com todas as experiências que adquirimos durante essa peregrinação, ao longo de tantos nascimentos na Terra. E o que devemos aprender nessa peregrinação? Em outras palavras, qual é o "caminho para a felicidade"? Temos que enten der a verdadeira natureza da vida: a ilusão da vida na matéria, no mundo fenomenal, e a realidade da unidade espiritual. É simples assim. Esta é a chave.

Para colocar em termos técnicos teosóficos, devemos nos tornar *Buddhi-Manas* em vez de *Kāma-Manas*, ou seja, nossa mente não deve ser movida pelo desejo, mas devemos identificar nossa mente com *Buddhi*, com nossa intuição, nosso ideal de Fraternidade Universal.

Helena Blavatsky resume isso no pequeno livro *A Voz do Silêncio*, assim:

> Viver para beneficiar a humanidade é o primeiro passo.
> Praticar as seis virtudes – as *Pāramitās* – *é* o segundo.[57]

Essas *Pāramitās* são uma expressão da ética verdadeira: de amor, compaixão, força, paciência, foco e altruísmo. Mas antes de podermos viver essas *Pāramitās*, devemos primeiramente objetivar fazer isso para o bem de toda a humanidade.

Isto não é um grande paradoxo? Só podemos trilhar o verdadeiro caminho da felicidade se for para o bem dos outros. A verdadeira felicidade é, portanto, dar aos outros os meios ou, melhor ainda, mostrar-lhes o caminho para a felicidade.

Em Berlim, vi um pôster em que estava escrito, numa tradução para o português:

> A felicidade *é* a *única* coisa que você pode passar, mesmo se você não a possuir.

Isso é semelhante a uma afirmação de Aristóteles:

> A felicidade *é* a *única* coisa que dobra quando você a compartilha.

Nas duas afirmações, há muita sabedoria. De fato, indicam que a felicidade individual não pode existir. E isso faz sentido se você assumir a ideia de unidade.

Se a unidade é a realidade, o sentimento de isolamento, o sentimento da separação, é uma ilusão e, portanto, nunca pode levar a uma felicidade duradoura.

---

[57] H.P. Blavatsky, *A Voz do Silêncio*, Editora Teosófica.

Por isso, antes de praticar as *Pāramitās* você deve ter como motivo que quer crescer e se desenvolver para o bem da humanidade, para ser uma bênção para a humanidade.

No fundo, são imagens, linguagem figurativa, porque simplesmente não temos palavras para expressar esse estado exaltado de unidade. Quando dizemos que voltamos à Unidade, isso é apenas uma maneira de falar, porque na realidade nunca deixamos essa Unidade. O fato é que nós não estamos conscientes disso. Então, temos que perceber quem realmente somos.

Porém, se você pensar cuidadosamente sobre essa citação de *A Voz do Silêncio*, que "o primeiro passo é viver para beneficiar a humanidade", vai perceber que a felicidade mais profunda não é tanto uma busca da Unidade Divina. Pode ser que esta busca seja muito espiritual, mas se o esforço for focado na nossa própria salvação, focado no *Nirvāna* – a união com o divino –, ainda há um motivo egoísta que nos impulsiona. E toda forma de egoísmo é ignorância em relação à unidade da vida. Porque, se perceber plenamente a unidade, nunca pode haver qualquer forma de egoísmo, nem mesmo egoísmo espiritual, nem um desejo pela paz e felicidade do *Nirvāna*.

Unidade é a lei mais alta. Então, quando você vive de acordo com essa Lei, você conhece Suas mais altas qualidades.

Nós dissemos que cada Topo de uma hierarquia realmente se sacrifica, a fim de que todos os seres que derivam dele possam se beneficiar de sua inspiração e eventualmente também se unirem com ele. Se você viver de acordo com essa lei universal e abrangente, e seguir o exemplo do sacrifício do topo da hierarquia, você viverá uma vida compassiva. É por isso que Helena Blavatsky chama a compaixão de a *LEI das Leis*.

Do ponto de vista pessoal, parece que você sacrifica sua própria felicidade quando recusa a sua salvação, porque sabe que outros estão precisando de você. Imagine que você pode sair de férias, mas o seu vizinho está doente e não há ninguém para cuidar dele. Você sacrifica suas férias. Isso é sofrimento? Isso é tristeza? Ou o fato de você exercer seu dever de compaixão proporciona muito mais paz e satisfação espiritual do que aquelas três semanas na praia?

Se você vir a unidade de vida, nunca mais vai se deparar com esse tipo de problema, porque você será sempre compassivo. E a compaixão será então a maior felicidade.

Estamos procurando um caminho para a felicidade, mas não há caminho para a felicidade: a felicidade é o caminho. A felicidade é viver as virtudes. E se você conceber a felicidade como a alegria de trabalhar para os outros, resolverá o segredo da felicidade.

Gostaríamos de terminar com uma citação de Helena Blavatsky, que foi encontrada sobre a mesa dela depois que ela morreu. Esta citação indica exatamente o que queremos dizer:

> Há uma estrada íngreme e espinhosa assediada com perigos de todo tipo, mas essa estrada leva ao próprio coração do Universo. Eu posso lhe dizer como encontrar aqueles que lhe mostrarão o portão secreto, que se abre apenas para dentro, e fecha rápido atrás do neófito, para sempre.
>
> Não há perigo que uma coragem destemida não possa conquistar; não há tentação que a pureza imaculada não possa atravessar; não há dificuldade que o intelecto forte não possa superar. Para aqueles que conseguem seguir em frente, há uma recompensa que vai além de qualquer descrição: o poder de abençoar e salvar a humanidade; para aqueles que falham, há outras vidas em que o sucesso pode vir.[58]

---

[58] H.P. Blavatsky, *Collected Writings*, Volume 13, p. 219.

Livros para Viver Melhor

A Voz do Silêncio

H. P. Blavatsky

A última obra de H. P. Blavatsky é um tratado de Budismo tibetano que apresenta ao mundo ocidental a ética do desenvolvimento espiritual para o bem de todos os seres.

De forma extremamente poética e inspiradora, descreve passo a passo a jornada do aspirante rumo à espiritualidade.